TYP. DRAEGER ET LESIEUR, 118, RUE DE VAUGIRARD.

SOUVENIRS
DU RÈGNE
DE LOUIS XIV

TOME VII

OUVRAGES DU MÊME AUTEUR

Souvenirs du règne de Louis XIV. Renouard, éditeur. 7 vol. in-8. Prix de chaque volume..................... 7 fr. 50
— Et pour quelques volumes tirés sur vélin à très petit nombre 12 fr.
Mémoires de Daniel de Cosnac, archevêque d'Aix, conseiller du roi en ses conseils, commandeur de l'ordre du Saint-Esprit. Renouard, éditeur. 2 vol. in-8. Prix...................... 14 fr.
— Avec supplément très rare, tiré du Bulletin de la Société de l'histoire de France. Prix...................... 30 fr.
De la Décentralisation administrative. Dentu, éditeur. Paris, 1844. Brochure.
Questions du jour : République, Socialisme et Pouvoir. Lecou, éditeur. Paris, 1849, à présent chez Douniol. 1 volume. Prix. 2 fr.
Question romaine, Croisades. Douniol, éditeur. Paris, 1860. Brochure. Prix...................... 1 fr.
Discours à la Commission de Décentralisation. Dentu, éditeur, 1870. Prix...................... 1 fr.
L'Évangéliste de la Guyenne (Nouvelle édition d'une *Mazarinade*), 1872. Librairie ancienne de A. Claudin, 3 et 5, rue Guénégaud.
Midas! Le roi Midas a des oreilles d'âne! Dentu et Douniol, éditeurs, 1873. Prix...................... 2 fr

SOUVENIRS
DU RÈGNE
DE LOUIS XIV

PAR

LE COMTE DE COSNAC
(GABRIEL-JULES)

CHEVALIER DE LA LÉGION D'HONNEUR
ET DE LA COURONNE DE CHÊNE (PAYS-BAS)
ANCIEN MEMBRE DE LA COMMISSION EXTRA-PARLEMENTAIRE
DE DÉCENTRALISATION DE 1870
ANCIEN CONSEILLER GÉNÉRAL

Ouvrage honoré de la souscription des Ministères de l'Instruction
publique, des Affaires étrangères et de la Guerre.

TOME SEPTIÈME

PARIS
LIBRAIRIE RENOUARD
HENRI LOONES, SUCCESSEUR,
LIBRAIRE DE LA SOCIÉTÉ DE L'HISTOIRE DE FRANCE
6, Rue de Tournon, 6

1880

CHAPITRE LIX

Résolution des habitants de Bordeaux de solliciter le secours de l'Angleterre. — Délibération solennelle du 4 avril. — Pleins pouvoirs des trois ambassadeurs nommés. — Lettres de créance. — Instructions de nature à livrer la Guyenne à l'Angleterre. — Attitude particulière des protestants français. — La proclamation de la république tenue en secrète réserve. — Propositions simultanées des deux résidents du prince de Condé à Londres. — Efforts du ministre de France à Londres pour contre-balancer l'effet de ces propositions. — Il demande un traité d'alliance et la suspension des hostilités maritimes. — Différence entre les dispositions du commerce et celles du gouvernement d'Angleterre. — Griefs articulés par les commissaires de ce gouvernement. — Réponses de M. de Bordeaux. — Il pousse aux concessions son propre gouvernement. — Il veut faire passer pour un succès de sa négociation les enrôlements d'Écossais et d'Irlandais qu'il obtient. — Habileté de Cromwell pour détourner le courant d'opinion qui était contraire à ses vues. — Cromwell accroît ses exigences. — Faible résistance de M. de Bordeaux. — Il conseille au cardinal Mazarin d'écrire une lettre de civilité à Cromwell. — Circonstances qui viennent amoindrir les exigences de Cromwell. — Il presse la conclusion du traité d'alliance. — Embarras de M. de Bordeaux. — De nouvelles instructions l'autorisent à conclure le traité. — Les exigences de l'Angleterre se reproduisent sous une autre forme. — Réaction produite dans la ville de Bordeaux par l'envoi à Londres des trois ambassadeurs. — Lettre inédite d'*un bon Français et bon royaliste*, du 24 avril. — Les quatre remèdes à la situation. — En présence de l'attitude menaçante de l'Angleterre, le cardinal Mazarin redouble d'efforts pour faire cesser la guerre civile. — Il fait passer le comte d'Harcourt sur un pont d'or pour lui faire abandonner sa place de Brisach et le gouvernement de l'Alsace. — Le comte d'Harcourt reçoit le gouvernement d'Anjou à la place de celui de la Saintonge et de l'Angoumois dont le marquis de Montausier refuse de se démettre. — Lettre inédite du prince de Condé à Lenet, du 26 avril. — Attitude de ce prince en présence de l'envoi de l'ambassade bordelaise.

(1653.)

A diverses reprises nous avons signalé les vieilles sympathies pour l'Angleterre qui existaient encore parmi un grand nombre d'habitants de la Guienne. Le nom anglais n'y rappelait pas un droit de conquête qui eût été humiliant, mais un droit d'héritage sous la simple suzeraineté du roi de France. Bien que ces idées fussent basées sur le vieux droit féodal, la démocratie bordelaise se les était appropriées. Elle ne doutait pas que Cromwell ne lui tendît chaleureusement la main; sa propagande protestante et républicaine lui semblait la preuve qu'il verrait tomber avec satisfaction les obstacles qui s'opposaient à la libre expansion de ces principes et à leur application prochaine. Le prince de Condé avait bien jusqu'à ce jour recherché l'alliance de Cromwell; mais il n'avait pu réussir, sans doute parce qu'il était prince; les Ormistes seraient, comme de raison, exempts à ses yeux de cette tache originelle.

Nous avons vu combien était peu populaire à Bordeaux l'alliance de l'Espagne dont on usait sans manquer jamais une occasion de manifester des répugnances presque unanimes; cette alliance d'ailleurs, depuis le retrait de la flotte espagnole, ne laissait guère d'espoir d'un secours efficace; il fut donc résolu que l'on réclamerait l'appui de l'Angleterre.

Le 4 avril 1653, une assemblée générale fut convoquée à l'Hôtel de ville; la proposition de solliciter directement l'alliance anglaise fut acclamée, et l'envoi d'une ambassade à Londres fut décidé. Cette explosion soudaine jeta le prince de Conti dans une vive perplexité, il ménageait alors en secret son accommodement avec la Cour; mais il ne pouvait résister à cet élan sans se trahir, et il en dut prendre la direction. Sa présence et celle du comte de Marsin empêchèrent seules de donner à la délibération qui fut prise le caractère républicain et démocratique qui animait la plupart de ses auteurs [1].

Les pleins pouvoirs suivants furent donnés aux ambassadeurs élus par l'assemblée :

« Nous Armand de Bourbon, prince de Conty, prince du sang, pair de France, gouverneur et

---

[1]. Voy. à l'*Appendice* la *note* dans laquelle nous rectifions un grave anachronisme commis par M. Guizot à l'occasion de la députation envoyée en Angleterre par la ville de Bordeaux.

lieutenant-général de Champagne et Brie, tant de nostre part que de celle de monsieur le prince, monsieur nostre frère, premier prince du sang, premier pair et grand maistre de France, gouverneur et lieutenant-général de Guienne et de Berry, tous deux chefs et protecteurs, en l'absence l'un de l'autre, de la ville, filleules et pays adjacents de Bordeaux;

« Avec messieurs le comte de Marchin, capitaine général, et Lenet, conseiller d'estat ordinaire et plénipotentiaire de mondit sieur et frère;

« Comme aussy nous les sieurs chevalier de Thodias, du Bougelieu, L'Archebaut, Robert et Grignon, jurats, et les sieurs Delaperrière, major, Truchon, juge de la Bourse, Dupuys, Bonnet, Trustat, gentilshommes, Chevrier, Dureteste, de Vilars, Cadroy, Croisillac, Castaing, Guiraut, Thodin, Barbarin et Vandé, tous bourgeois commis par ladite ville filleule et commune de Bordeaux, en vertu de l'union que nous avons faicte avec Leurs Altesses, et sous leur authorité, avons donné et donnons par ces présentes plein pouvoir aux sieurs de Trancas, conseiller au parlement et bourgeois de Bordeaux, de Blarut et Dezert, aussy bourgeois de Bordeaux, de s'acheminer à Londres, et là conjointement avec les sieurs marquis de Cugnac et de Barrière, y résidant de la part de mondit sieur le prince, faire tous traittez, associations et alliances avec messieurs du Parlement de la République d'Angleterre, pour obtenir d'eux les secours nécessaires d'hommes, de vaisseaux et d'argent, pour la manutention de Bordeaux, de la province de Guienne, et rétablissement de leurs anciens privilèges, à telles conditions qu'ils jugeront à propos, promettant avoir tout ce qu'ils géreront et négotieront pour agréable et de le ratiffier et approuver, comme, dès à présent, nous l'approuvons et ratiffions, comme s'il avait esté faict par nous mesmes.

« En foy de quoy nous avons signé ces présentes à Bordeaux, le quatriesme d'apvril mil six cent cinquante-trois.

Armand de Bourbon.

Franç. Ferdinand de Marchin.

Lenet, plénipotentiaire de S. A. Sérénissime, monseigneur le prince.

Le chevalier de Thodias, premier jurat.

De Bourgelieu, jurat.

L'Archebaut, jurat.

De Grignon, jurat.

L. Robert, jurat.

Laperrière, major de la ville de Bordeaux.

Henry Dupuys, escuyer et bourgeois de Bordeaux.

Pierre Devillars, advocat et bourgeois de Bordeaux.

Pierre de Truchon, bourgeois et juge de la Bourse.

De Bonnest, gentilhomme et bourgeois.

Trustat, gentilhomme et bourgeois.
Patechec, capitaine colonel et bourgeois de la ville.
F. Castaing, bourgeois et capitaine.
Pierre Giraut, capitaine.
Joseph Cadroy, bourgeois.
Joseph Dureteste, bourgeois.
Pierre Barbarin, bourgeois.
Guillaume Crozilhac, bourgeois.
Jacques Taurin, bourgeois et capitaine.
Adrian Vandé, bourgeois.
Dezert, bourgeois [1]. »

La lettre de créance qui suit fut remise aux trois ambassadeurs choisis par l'assemblée :

A L'ILLUSTRE CONSEIL D'ESTAT, A WHITEHALL

« Très honorés Seigneurs,

« Nous ne doubtons point que vos honneurs

---

[1] Portefeuille du prince de Condé, *Bibliothèque nationale, Fonds français*, 6731, f° 198. Ce document a été publié dans les *Mémoires* de Lenet de la *Collection* Michaud ; nous l'avons collationné sur l'original et nous avons rétabli les signatures qui se trouvent au bas de ce document et qui avaient été supprimées ; nous avons en outre rétabli dans le texte le nom de Vilars, le fameux chef de l'Ormée que le premier éditeur avait altéré comme il suit : *de Vicars*.

Ce document est scellé de deux sceaux en pains à cacheter rouges ; le premier porte l'empreinte des armes du prince de Conti ; le second, celle des armoiries de la ville de Bordeaux, une porte flanquée de deux tours.

n'ayent appris jusqu'à quel point nous sommes réduits par le mauvais conseil de la puissance qui est en estat en France, laquelle nous voulant réduire à des extrémités extraordinaires, nous avons députté de la part de nostre ville de Bourdeaux et autres qui dépendent de sa jurisdiction, les sieurs de Trancas, conseiller au Parlement, de Blarut et Dezert, bourgeois de nostre ville, ausquels nous vous supplions de prendre une entière créance sur le subject des choses desquelles ils vous entretiendront. Nous espérons, messieurs, que vos honneurs nous considèrent avec la mesme générosité dont elles ont accoutumé d'user envers tous et nous feront sentir les effects de leur justice ordinaire en nostre particulier. C'est la prière que vous font,

très honorés Seigneurs,

vos très humbles et très obéissants serviteurs les maire et jurats, gouverneurs de Bourdeaux.

« Le chevalier Thodias, jurat commissaire.

« A Bourdeaux, le 6ᵉ avril 1663. »

« Scellé des armes de la ville [1]. »

Les deux documents qui précèdent donnent aux trois ambassadeurs bordelais la qualification de bourgeois de Bordeaux ; l'un, Trancas, était con-

---

[1] Document inédit, *Archives du ministère des Affaires étrangères*, Angleterre, vol. LXIII.

seiller au Parlement, mais la profession des deux autres n'est pas indiquée. Pour l'un d'eux, les archives du ministère des affaires étrangères nous ont fait connaître la profession qu'il exerçait à l'occasion de la grâce qui lui fut accordée dans la suite. Loménie-Brienne, secrétaire d'État, adressa au chancelier Séguier, le 17 août 1657, pour les faire sceller, les lettres de grâce de Blarut, orfèvre de la ville de Bordeaux, avec obligation de résidence à Bourges.

Les envoyés bordelais étaient munis des instructions suivantes : s'aboucher, dès leur arrivée, avec MM. de Cugnac et de Barrière, les résidents accrédités du prince de Condé, et, après s'être mis au courant de l'état de leurs négociations, former un concert commun pour arriver à la réussite de l'alliance recherchée ; comme point de départ, apprécier le plus exactement possible dans quelle mesure l'Angleterre pourra fournir des secours, en évaluant le chiffre des forces qu'elle peut distraire de sa propre défense dans sa lutte maritime contre la Hollande [1] ; enfin, s'il résulte de ces appréciations que l'Angleterre peut offrir un appui efficace, lui proposer, comme garantie des secours qu'elle consentirait à fournir, un port de sûreté : Castillon, Royan, Talmont, Paulhiac ou Arcachon, à son

---

[1] Voy. sur cette lutte, t. V, chap. XLVI.

choix, avec faculté de s'y établir par des travaux de solide défense, ainsi que l'Espagne l'a fait à Bourg. Blaye ne saurait être offert, cette place étant entre les mains du roi ; mais l'on peut proposer aux Anglais de les aider à s'en emparer, leur faire même une proposition semblable pour la Rochelle. Dans l'hypothèse où l'Angleterre, avant de s'engager dans l'assistance demandée, réclamerait deux choses : la promesse du concours des réformés de la Guienne et la proclamation de la république [1], qui donnerait de tels embarras au gouvernement royal qu'il serait réduit à l'impuissance de coopérer à une restauration monarchique en Angleterre, répondre que les réformés français, malgré leurs griefs, sont, relativement à la proclamation de la république, dans l'appréhension des événements que pourrait amener une forme nouvelle de gouvernement et qu'ils ont toujours déclaré qu'ils n'agiraient qu'après avoir acquis la certitude d'un appui efficace ; par conséquent qu'ils ne se soulèveront dans tout le midi de la France que lorsqu'ils verront une flotte anglaise dans la Gironde, et qu'alors ils proclameront la liberté. Les ambassadeurs bordelais n'étaient autorisés à donner aucune explication plus catégorique sur le chef de la proclamation de la république, le concours donné

---

[1] Voy. sur la propagande protestante et républicaine, t. V, chap. XLVI.

par le prince de Conti au choix des ambassadeurs et à leur mission, de même que l'entente prescrite à Londres avec les deux résidents du prince de Condé n'auraient pu le permettre ; mais il est permis de croire, vu l'esprit de la majorité qui avait élu ces envoyés, qu'il y avait des sous-entendus sur lesquels ils pouvaient s'expliquer plus librement en secret. Comme les intérêts commerciaux étaient, dès cette époque, la corde sensible de la politique de l'Angleterre, les ambassadeurs bordelais ne devaient pas manquer de faire valoir les nombreux avantages que cette puissance recueillerait de la liberté du commerce avec la Guienne [1].

Simultanément les deux résidents à Londres du prince de Condé faisaient au gouvernement anglais des propositions qui ne restaient guère en deçà de celles qu'allaient apporter les envoyés bordelais. Le ministre de France signala à M. de Brienne une démarche de M. de Barrière auprès du Parlement d'Angleterre pour obtenir la désignation de commissaires chargés de conférer avec lui. Cromwell, sans se prononcer, tenait la menace de traiter avec le parti de l'insurrection habilement suspendue, afin d'obliger le cardinal Mazarin à conclure un traité tout à l'avantage de l'Angleterre. Il était décidé à traîner les négociations en longueur

---

[1] Voy. le texte de ces instructions à l'*Appendice*.

tant qu'il n'aurait pas obtenu d'un côté ou de l'autre les conditions qu'il voulait dicter, et qu'il n'en aurait pas jugé l'exécution suffisamment garantie.

Pendant que les ambassadeurs bordelais portés sur l'aile capricieuse des vents voguent lentement vers l'Angleterre, occupons-nous de la négociation du ministre de France qui n'était encore aux prises qu'avec les deux résidents du prince de Condé. Avant de s'entendre avec le gouvernement de Cromwell sur les bases de l'alliance entre la France et l'Angleterre, M. de Bordeaux, conformément aux instructions de sa cour, demandait la suspension préalable des hostilités maritimes. Cette question fit naître deux courants d'opinion bien différents : un courant d'intérêts économiques et un courant d'intérêts politiques.

Les intérêts économiques, qui étaient ceux du commerce, étaient disposés à se montrer accommodants sur les conditions d'une entente entre les deux pays et sur la suspension préalable des hostilités. Les commerçants trouvaient même, d'accord avec M. de Bordeaux, qu'une suspension de trois mois, la seule à laquelle les commissaires du Parlement paraissaient vouloir entendre, était insuffisante; ils se prononçaient pour une suspension de six mois. Une assemblée de négociants, de marchands, comme on disait tout simplement alors, tenue à la Bourse de Londres, exprima dans ce sens son sentiment. Le plus grand nombre, à l'exception de ceux qui trafiquaient dans la Méditerranée, se déclara même assez indifférent au dédommagement des pertes passées, pourvu que la sécurité du commerce fût rétablie dans l'avenir. La correspondance officielle de M. de Bordeaux nous apprend que la considération qui contribuait à les rendre coulants sur le chapitre des dédommagements était leur peu de confiance dans la probité des hommes qui s'étaient emparé du gouvernement de l'Angleterre. Les négociants étaient persuadés que ces républicains mettraient la main sur les indemnités qui leur seraient allouées et qu'ils n'en verraient jamais rien. Beaucoup d'entre eux vinrent faire au ministre de France cette curieuse et significative confidence.

Les intérêts politiques tenaient par l'organe des commissaires du Parlement un langage bien différent de celui des commerçants. Ils traitaient la suspension préalable des hostilités d'affaire de marchands dans des termes bien surprenants de la part des représentants d'un État qui devait, dès cette époque, à son commerce sa grande situation dans le monde. Suivant eux, ce n'était pas toucher la corde sensible en voulant faire vibrer celle des intérêts chez un peuple dont la puissance militaire était assez grande pour faire pencher la balance du côté où il se porterait. Passant aux récriminations, les commissaires accentuaient de vifs reproches sur l'accueil fait en France aux ennemis de l'Angleterre : le prince Rupert de Bavière et ses vaisseaux avaient le libre accès de ses ports ; bien plus, le prétendant à la couronne, le fils dépossédé de Charles Ier, y trouvait un asile et des sympathies suspectes.

A ces reproches faits hardiment, M. de Bordeaux répondait timidement, pour ne pas compromettre le succès de sa mission. Ses arguments se formulaient ainsi : L'accueil fait à Londres aux envoyés du parti des princes ne pouvait réellement pas permettre aux Anglais d'élever des plaintes au sujet de l'accès permis dans les ports de France au prince Rupert et à ses vaisseaux, parce que ce refuge n'était pour la France qu'une faible compensation des pertes maritimes que lui avait infligées l'Angleterre ; quant au fils de Charles Ier, la France n'exerçait à son égard que les devoirs d'une simple hospitalité sans prétendre embrasser sa cause. Les commissaires anglais répliquaient qu'il y avait une essentielle différence entre la conduite de l'Angleterre et celle de la France, parce que les envoyés du parti des princes n'avaient pas été reçus avec des prises et parce que leur négociation n'avait pas abouti.

Pendant que M. de Bordeaux fournissait avec peu de dignité des explications que l'on n'admettait pas, les agents du prince de Condé continuaient non seulement à être soufferts, mais ils étaient même écoutés avec une faveur plus apparente que par le passé.

M. de Bordeaux en était piqué plus vivement au jeu, et, sous l'empire de la préoccupation qui domina tout le cours de sa mission, qui était la crainte qu'une rupture définitive ne lui permît pas de conclure le traité d'alliance auquel il voulait à tout prix attacher son nom, il pressait sa cour de ne pas marchander les conditions. Il déclare dans ses dépêches les concessions indispensables pour parer aux dangers que courraient sur mer les vaisseaux du roi et au péril de voir livrer aux Anglais sur le sol de la France les places de sûreté offertes par les révoltés en échange d'une intervention en leur faveur. Il ne manque pas de faire remarquer à l'appui de sa thèse l'isolement dans lequel la France va se trouver, car l'Angleterre est sur le point de conclure trois traités d'alliance : l'un avec les Provinces-Unies, l'autre avec l'Espagne, le troisième avec le Portugal qui lui concédera le Brésil avec la liberté du commerce. Aussi blâme-t-il un arrêt du Conseil des prises au sujet d'un navire anglais saisi à Calais; ce Conseil, suivant lui, aurait dû considérer un peu plus l'intérêt public et un peu moins l'intérêt privé; il redoute que cette saisie déclarée valable n'apporte dans les négociations une tiédeur plus grande encore de la part de gens dont il s'efforce cependant de vanter les bonnes dispositions, ne pouvant toutefois apporter à l'appui de cette assertion que les facilités accordées pour enrôler des Irlandais et des Écossais, afin de recruter l'armée du roi. Nous savons que Cromwell accordait des facilités toutes semblables pour les enrôlements dans l'armée des princes ; il voyait avec satisfaction ces exportations d'Irlandais et d'Écossais qui le débarrassaient de ses plus dangereux ennemis [1].

Le chiffre des recrues dont l'exportation était autorisée pour cette fois s'élevait à trois mille Écossais et à quinze cents Irlandais environ, marchandés pour un prix qui variait de quatre à douze écus par tête. En outre, nous avons raconté antérieurement que des mesures avaient été prises pour enlever pendant leur traversée deux mille Irlandais embarqués pour l'Espagne et qui ne demandaient que l'occasion pour entrer au service du roi de France.

Cromwell, pour rester le plus fort dans sa lutte diplomatique avec M. de Bordeaux, dut détourner le courant d'opinion basé sur les intérêts qui aurait affaibli ses exigences ; il y réussit avec son habileté ordinaire. De ceux mêmes qui étaient hostiles à ses vues, il sut se faire des auxiliaires incons-

---

[1] Voy. sur tous ces faits les dépêches de M. de Bordeaux du 10 et du 14 avril 1653, à l'*Appendice*.

cients. Il parvint à persuader à une nouvelle assemblée de négociants de remettre ses intérêts entre les mains du conseil d'État. Cette délégation n'était rien moins qu'une abdication. Dès lors, aux deux courants opposés qui se seraient neutralisés, succéda un seul courant dans le sens d'une solution avant tout politique.

Les conditions posées à M. de Bordeaux furent immédiatement empreintes d'un caractère plus comminatoire. Les commissaires désignés pour conférer avec lui se prononcèrent résolûment contre toute suspension des hostilités maritimes, autant pour un délai de trois mois que pour un délai de six mois, et ils déclarèrent qu'ils ne continueraient à négocier que pour un traité de paix définitif sur la base d'une indemnité à payer par la France. Ces exigences draconiennes étaient appuyées, d'un côté, sur une menace, de l'autre, sur certains avantages. La menace était d'accéder aux demandes des agents du prince de Condé et de secourir la ville de Bordeaux ; les avantages consistaient dans la perspective d'une rupture de l'Angleterre avec l'Espagne, le Portugal, les Provinces-Unies et les cantons protestants de la Suisse.

M. de Bordeaux avait son parti pris de ne s'effaroucher d'aucune injure et d'aucune exigence et de tâcher de tourner tous les obstacles ; mais il était à tel point désarmé par sa propre faiblesse dans la lutte qu'il s'agissait de soutenir qu'il ne put trouver que deux faits d'une importance relativement minime pour appuyer sa résistance, il les mit en avant. Le premier était une ouverture qui lui avait été faite par l'un des ambassadeurs des Provinces-Unies pour que la France se portât médiatrice entre ces provinces et l'Angleterre ; il faisait remarquer que si ce rôle était dévolu à la France, les Anglais seraient obligés de modérer leurs prétentions. Le second fait était la disposition de MM. de la Force, dans la Guienne, à rentrer dans le service du roi en lui remettant Bergerac et quelques autres places, à la condition de ne rien perdre de ce qu'ils avaient avant la guerre. Le retard apporté à la conclusion de ces arrangements provenait de M. de Cugnac, le résident à Londres du prince de Condé, qui, désireux en secret de quitter la cause de ce prince, voulait faire défection en même temps que MM. de la Force, et qui n'attendait pour cela qu'une réponse approbative de son père par lequel il avait été engagé dans le parti des princes.[1]

Ces faits, l'un tellement incertain qu'il ne se réalisa point, l'autre trop peu considérable, furent d'impuissants auxiliaires pour aider M. de Bordeaux à faire meilleure contenance ; et, le 18 avril,

[1] Voy. à l'*Appendice* la dépêche de M. de Bordeaux du 17 avril 1653.

il dut écrire au cardinal Mazarin avec une certaine résignation : « Votre Éminence verra par la réponse du Parlement que ma négociation change de face, et qu'au lieu d'un traité de surséance ils demandent un renouvellement d'alliance avec beaucoup d'empressement. » Cet empressement pour la conclusion d'un traité tout à l'avantage de l'Angleterre était lui-même la plus marquée des exigences. Enfin, comme aggravation d'embarras, il était informé de la prochaine arrivée à Londres des envoyés bordelais.

Le ministre de France, à bout de ressources, craignant de s'engager imprudemment sur le terrain d'un traité de paix définitif, et pour alléger sa responsabilité, conseilla au cardinal Mazarin d'écrire à Cromwell une lettre de civilité. Pénétré par l'expérience du rôle majeur que jouait l'étiquette auprès des républicains de l'Angleterre, il recommanda expressément au cardinal de ne pas manquer de traiter Cromwell d'Excellence, en employant pour la suscription la formule suivante : *A Son Excellence monsieur Cromwell, général de l'armée du Parlement de la république d'Angleterre*[1].

Le cardinal Mazarin n'avait pas eu le temps encore d'écrire la lettre demandée que la marche des

---

[1] Voy. à l'*Appendice* cette lettre du 18 avril 1653.

événements, suppléant à l'impuissance diplomatique du ministre de France, vint amoindrir dans une certaine mesure les prétentions de l'Angleterre. On avait appris à Londres que l'envoi auprès de la république des ambassadeurs de la ville de Bordeaux coïncidait avec la situation difficile de cette ville de plus en plus resserrée par l'étreinte des armées royales. Cromwell conçut l'appréhension que s'il paraissait se prononcer en faveur de la capitale de la Guyenne et que celle-ci vînt à succomber avant qu'il eût pu la secourir, le gouvernement de France, délivré de la guerre civile, ne sortît brusquement de son attitude sollicitante pour prendre une attitude menaçante. Il fit donc savoir par les commissaires du conseil d'État qu'il renonçait à réclamer aucune indemnité considérable et se contenterait de la conclusion d'un traité d'alliance. Il se refusait toutefois à surseoir à la délivrance des lettres de marque sous prétexte d'inutilité, puisque quinze jours au plus devaient suffire pour terminer le traité.

Le renversement subit par l'Angleterre elle-même des obstacles qui avaient empêché jusque-là la conclusion du traité vint jeter M. de Bordeaux dans des perplexités toutes différentes de celles qui avaient précédé. Ses dispositions personnelles le portaient à accepter, mais il craignait d'aller trop vite ; car s'il n'était plus question d'indemnité, il n'ignorait pas que l'Angleterre comptait maintenir sa demande de restitution de toutes les prises, navires et marchandises, qui se trouvaient dans les ports de France, et que l'expulsion de Charles II devenait la conséquence immédiate de l'alliance. Les rôles s'intervertissant pour cette fois, M. de Bordeaux, pour se donner le temps de recevoir des instructions de sa cour, déclara qu'avant de discuter les termes du traité, il insistait pour la suspension des hostilités maritimes pendant un délai de trois mois.

Les instructions envoyées à M. de Bordeaux lui conférèrent l'autorisation de traiter sur la base proposée. Ses dépêches expriment la sensible joie qu'il en éprouva. Il y déclare que cette autorisation était d'autant plus indispensable qu'un simple retard eût produit une rupture définitive. Il se croyait désormais assuré du succès de sa négociation, lorsque, chose étrange, il ne faisait qu'aborder une série de difficultés nouvelles, nées d'un changement considérable qui était en voie de s'accomplir dans la situation de Cromwell, et que nous verrons éclater dans le chapitre suivant.

Les commissaires anglais, en compensation de la demande abandonnée d'une indemnité, soulevèrent les revendications les plus excessives. Dans la crainte que ces prétentions ne s'accrussent encore si la paix qui se traitait entre l'Angleterre et les Provinces-Unies venait à se faire, M. de Bordeaux émit prudemment l'avis qu'avant de conclure la paix entre la France et l'Angleterre, il fallait commencer par régler les revendications et ne passer qu'après à la signature du traité [1].

Jamais la paix qui paraissait si prochaine entre la France et l'Angleterre n'avait été plus reculée.

Quittons un instant l'Angleterre pour revenir à la ville de Bordeaux. Si l'envoi d'une députation à Londres avait obtenu l'assentiment des ormistes et des frondeurs exaltés, cet envoi avait produit dans la partie saine de la population, fatiguée d'un état de troubles incessants, une réaction contraire. Le secours de l'Angleterre, s'il était accordé, ne pouvait amener que la prolongation indéfinie de la guerre civile associée à la guerre étrangère; le seul moyen d'échapper à ces maux était de presser le moment où les portes de Bordeaux seraient ouvertes aux armées du roi. La lettre inédite suivante adressée au cardinal Mazarin a pu être l'œuvre d'un seul; mais elle est l'expression certaine des aspirations qui se généralisaient chaque jour; elle est précieuse à ce titre, non moins qu'au point de vue des renseignements historiques qu'elle renferme.

[1] Voy. à l'*Appendice* les dépêches de M. de Bordeaux du 19 et du 24 avril 1653.

« A Bourdeaux, ce 24ᵉ apvril 1653.

« Monseigneur Éminentissime,

« S'il m'estoit loisible d'estre François et Anglois tout ensemble, d'estre catholique et devenir puritain, d'estre fidèle subject du Roi et voir sans douleur démembrer une des belles parties de son estat, je n'aurois pas la témérité de donner la peine à Vostre Éminence de lire ces lignes d'un incogneu, mais très zélé pour le service de Sa Majesté, et en particulier obligé à Vostre Eminence de qui j'ay mesme esprouvé la bonté hors du royaume; mais s'agissant du salut de l'estat et de la religion tout ensemble, qui ne furent jamais en plus grand danger de recepvoir quelque notable échec en ce pays, j'ay créu que la retenue et la modestie qui m'imposeroient le silence en cette matière, seroient une crainte trop criminelle. C'est pourquoy je seray hardy pour n'estre pas coupable des maux qui nous menacent et avec nous la France et l'Eglise; et j'oseray m'adresser immédiatement à Vostre Eminence pour luy dire que le bruit public et tout commun en cette ville, et qui sort mesme des maisons de ceux qui ont la main à la paste et qui n'ignorent rien de ce qui se trame, est que le sieur Trancas, conseiller en ce parlement, est allé en Angleterre avec quelques autres, dès la sepmaine sainte, pour appeler icy les Anglois, et y demeurer cependant pour ostages; et j'ay parlé à un de mes amis qui m'a dit qu'ils le vouloient mener avec eux, sans luy descouvrir leur desseing. L'on adjouste que les Anglois ne pressent leur paix avec les Hollandois, que pour avoir moins d'obstacles à l'exécution du desseing qu'ils ont tousjours eu d'envahir la Guienne, et dont la félonie de nos mauvais bourgeois leur offre la plus belle occasion qu'ils sauroient jamais espérer. En confirmation de quoy j'ay oüy dire à l'un de nos principaux Ormistes que s'ils pouvoient encore tenir trois ou quatre mois, ils feroient la guerre plus de dix ans, et certainement ayant ce desseing, il disoit peu, et la longueur des guerres que la France a eues autrefois avec l'Angleterre en peut bien faire appréhender davantage. Cependant, pour favoriser leur première résolution, ils font ce qu'ils peuvent pour attirer les huguenots de ces quartiers à leur party, et pour cette fin on tient que le prince de Conty n'arresta un de ces jours prisonnier dans son hostel le sieur Labadie, huguenot, que soubs le prétexte d'avoir esté mal traicté et chassé de la ville, il trouvast moins de difficulté dans son passage à Montauban avec un seigneur anglois et quelques autres, et qu'effectivement il est envoyé là pour y joindre son frère ministre, cy devant jésuite, qui l'a perverty, et qui hante, ce dit-on, les loups plustost que les brebis dont il se dit pasteur. Vostre Eminence voit assez de quelle conséquence sont toutes ces affaires, et combien elles donneroient de peine en suitte, si on les laissoit mûrir et si l'on ne couppoit dès la racine ces dangereuses menées.

« Je la prie maintenant de me permettre de luy dire les remèdes que les bons serviteurs du Roi qui sont sur les lieux, pensent y devoir estre apportés. »

« J'asseure Vostre Eminence que ces avis sont d'une personne très fidèle à Sa Majesté et à elle, et je les escris sans autre intérest que du bien public et pour cette raison attendant que peut estre je me ferai cognoistre à quelque heure, je la prie de se contenter que je me soubscrive,

Monseigneur éminentissime,
de Vostre Eminence le très humble, très fidèle et très obéissant serviteur.

« *Bon François et bon royaliste* [1]. »

Nous avons donné textuellement la première partie et le dernier paragraphe de la lettre que l'on vient de lire, mais comme elle nous a paru trop longue pour être insérée en entier, nous allons faire connaître par une analyse sommaire la partie de cette lettre consacrée aux remèdes à la situation que conseille l'auteur comme les plus efficaces.

[1] Document inédit; *Archives nationales*, registre KK, 1220, f° 128.

Ces remèdes sont au nombre de quatre :

Le premier, signalé comme le plus important, parce qu'il peut opposer un insurmontable obstacle au secours de la ville de Bordeaux par les flottes de l'Angleterre ou de l'Espagne, serait l'achèvement et le perfectionnement des fortifications de l'île de Casau, en les munissant en outre d'une bonne artillerie ; et, de plus, en interceptant le canal par une estacade de navires.

Le second remède serait de renforcer la flotte royale.

Le troisième remède, de multiplier les intelligences dans les troupes des princes, afin de provoquer des défections de plus en plus nombreuses. Les Irlandais qui forment la majeure partie de leur infanterie sont plus particulièrement faciles à séduire parce qu'ils sont mal payés. L'auteur assure que « le général Preston et tant d'autres qui sont à la cour, et surtout un cordelier, frère du colonel Dillon, y pourraient beaucoup.

Le quatrième et dernier remède serait d'intercepter plus exactement les avenues de la ville de Bordeaux afin d'empêcher son ravitaillement. Il signale le passage demeuré libre du côté de la Teste de Buch qui permet avec la mer une communication par laquelle arrivent les Irlandais et les grains.

L'auteur de la lettre affirme que si tous ces

moyens étaient mis en œuvre, la capitulation de Bordeaux ne se ferait pas attendre quinze jours.

Nous pouvons croire que le cardinal Mazarin ne négligea pas ces précieux avis, car des ordres furent donnés aux deux généraux en chef des armées royales d'enserrer Bordeaux dans un blocus plus rigoureux ; et l'on vit s'accroître les défections dans l'armée des princes sans doute en proportion des moyens plus efficaces employés pour les produire. En présence de l'envoi en Angleterre des députés bordelais et de l'attitude plus qu'équivoque de Cromwell dans la négociation poursuivie par le ministre de France à Londres, il devenait d'une urgence extrême que la ville de Bordeaux succombât promptement pour prévenir l'intervention imminente de l'Angleterre.

Cette nécessité de tout pacifier au dedans pour que Cromwell ne pût pas envenimer et accroître nos dissensions intestines profita au comte d'Harcourt, qui depuis le jour où il avait clandestinement abandonné le commandement de l'armée royale en Guienne, s'était retiré dans sa place de Brisach où il conservait une neutralité inquiétante. Le cardinal Mazarin l'en fit sortir en jetant sur le fossé un pont d'or ; le comte d'Harcourt n'en demandait pas davantage. Par un traité en forme, du 26 avril, le comte d'Harcourt donna sa démission, ainsi que son fils qui avait la survivance, du gouvernement de la haute et de la basse Alsace et des gouvernements particuliers de Brisach et de Philisbourg. En échange il reçut cinq cent mille livres et trois cent vingt autres mille livres pour son lieutenant Charlevoix, les officiers et les soldats de la place de Brisach ; de plus un nouveau gouvernement lui était assuré. Celui de la Saintonge et de l'Angoumois, avec les gouvernements particuliers de la citadelle de Saintes et du château d'Angoulême, lui fut proposé à la condition que le titulaire, le marquis de Montausier, consentirait à s'en démettre ; mais le marquis n'ayant pas voulu donner les mains à cet arrangement, le gouvernement d'Anjou fut donné au comte d'Harcourt.

Nous n'avons pas fait connaître encore quelle fut l'attitude prise par le prince de Condé en présence de l'envoi à Londres des ambassadeurs bordelais et surtout du programme transparent bien que secret dont ils étaient porteurs. Il est temps de nous en occuper. Nous allons le laisser s'exprimer lui-même en insérant ici la lettre qu'il écrivit à Lenet :

« J'ai receu vos deux lettres du 2 et du 7 de ce mois. Si ces messieurs qui ont ordre d'aller en Angleterre sont encore à Bourdeaux, advertissez les de voir en arrivant Barrière et l'ambassadeur d'Espagne, et de ne rien faire que de concert avec eux. S'ils sont partis, escrivez leur la mesme chose en diligence, afin qu'ils ne facent aucunes propositions sur le comte de Fuensaldagne qui a escrit audit ambassadeur touchant le secours qui se pourra tirer de ce pais là, qui sera fort considérable, et moyennant cela je m'asseure qu'il sera facile de conserver Bourdeaux. Pendant le séjour que je feray en ce pays je tascheray de le haster le plus qu'il me sera possible.

« La résolution qu'ont pris les Espagnols du siège de Bayonne me semble fort à propos, estant un vrai moyen d'asseurer la communiquation ; mais il faut prendre garde que le siège n'empesche pas de songer à la conservation de Bourdeaux, pour ne pas donner lieu aux ennemis de le venir attaquer dans le temps que l'on seroit occupé à ceste entreprise.

« Je suis bien fâché de la perte de Cadillac et de Langon, estant deux postes qui favorisent beaucoup les ennemis pour venir tourmenter Bourdeaux et vous scavez combien de fois je vous ai mandé l'importance de ces places. C'est à quoy il faut que vous vous appliquiez ; car si les ennemis en estoient maistres dans le temps des vendanges, je plaindrois Bourdeaux ; et comme je ne doubte pas que l'armée d'Espagne arrivant en rivière, ce que le comte de Fuensaldagne m'a assuré qu'elle debvoit faire, ne batte facilement celle des ennemis, et que vous ne vous rendiez maistres de l'isle de Casau, il faudra en mesme temps en raser les fortifications ou la fortifier de telle sorte qu'on la puisse garder ; car si après ils la reprenoient encore, ayant ce fort et Blaye, ils nous incommoderoient puissamment.

« Quant à ce qui regarde le traicté du comte du Dognon, il ne faut pas s'en plaindre en façon quelconque, ni dire qu'il a pris notre argent mal à propos ; car comme il n'y a encore rien d'exécuté, il pourra bien avoir quelque subject de le rompre, ce qu'il ne feroit pas si mon frère, ma sœur, M. de Marchin ou vous, ou quelqu'un de ceux qui sont à moy, tesmoignoient publiquement quelque mauvaise satisfaction de luy.

« Je suis tousjours du sentiment qu'on ne scauroit trop sacager les *mazarins;* qu'il faut se servir de leur bien pour ayder à entretenir la guerre.

« J'ay une autre chose à vous dire, scavoir qu'il me semble que mon frère, M. de Marchin et vous devez ménager Balthazard en sorte qu'il n'aye aucun subjet de se plaindre, ny aucun prétexte d'escouter ce qu'on voudroit luy persuader de la cour. Il y a mesme longtemps à mon advis que je n'ay eu de ses lettres ; je vous prie, au nom de Dieu, de le traitter favorablement comme un homme fidelle et qui a amitié pour moy.

« A Bruxelles, le 26 avril.

« Louis de Bourbon [1]. »

[1] Lettre inédite ; papiers de Lenet, *Bibliothèque nationale, Fonds français*, 6714, f° 298.

Considérons d'abord dans quelques uns de ses détails cette lettre du prince de Condé avant d'aborder son sujet principal, qui est celui cependant sur lequel il s'étend le moins. Cette lettre nous prouve la justesse des appréciations de celle du *bon Français et bon royaliste* recommandant sur toutes choses les fortifications de l'île de Casau ; elles étaient la clef qui fermait l'accès de la ville de Bordeaux pour tout secours maritime ; aussi le prince de Condé, juge certainement plus autorisé encore de leur importance, recommande-t-il expressément de s'en emparer et de s'y établir solidement, sinon d'en raser les défenses. En raison de son éloignement, le prince de Condé ignorait encore bien des choses ; il se berçait de l'illusion que l'Espagne se hasarderait à renvoyer sa flotte dans la rivière de Bordeaux qu'elle avait naguère prudemment quittée sous un prétexte de radoub des vaisseaux ; il ne savait pas que le comte du Dognon avait définitivement signé son traité avec la Cour et le prince nourrissait l'espoir que le comte romprait sa négociation. Il croit donc la situation meilleure qu'elle ne l'est en réalité et il espère garder Bordeaux à sa cause, pourvu que les Bordelais conservent dans un rayon suffisamment étendu la liberté de faire au prochain automne leurs précieuses vendanges. Nous avons eu déjà l'occasion d'insister assez sur cette question capitale pour n'y pas revenir. Comme il sait que la Cour attire à elle ses partisans par toutes sortes d'amorces, il recommande qu'on les ménage, surtout le colonel Balthazar qu'il sait mécontent et qu'il craint qu'on ne lui enlève.

Ce déclin de la Fronde dans la Guienne pourrait faire place cependant à un revirement subit si l'Angleterre accordait son secours. Tout à coup on verrait se réveiller chez les uns les sympathies traditionnelles ; chez les autres, les aspirations ardentes de la révolution ; les protestants, restés jusqu'alors étrangers à la lutte, se soulèveraient en masse, suivant leurs promesses, dans tout le midi de la France, et le débarquement des Anglais serait salué des cris de république et de liberté ! Le prince de Condé considère dans sa lettre le secours de Bordeaux par l'Angleterre comme un moyen assuré de conserver cette ville ; mais il paraît, par son silence, ne se préoccuper nullement de la révolution qui peut en être la conséquence, et nous savons pourtant à quel point il avait été édifié par Lenet sur les menées républicaines et protestantes [1]. Le sentiment patriotique et le sentiment politique n'étaient guère le fait de ce prince, qui, obligé par la situation même dans laquelle il s'était placé, de courir au plus pressé, ne songeait

---

[1] Voy. t. IV, p. 291, 313 et suiv.; t. V, p. 192 et suiv.

qu'au présent et abandonnait l'avenir à toutes les éventualités. Il espérait d'ailleurs que sa recommandation aux ambassadeurs bordelais de ne rien faire sans s'être concertés avec ses propres envoyés, MM. de Cugnac et de Barrière, et avec l'ambassadeur d'Espagne, serait un frein suffisant pour contenir les projets de république.

CHAPITRE LX

Coup d'État de Cromwell pendant la traversée des députés bordelais. — Dépêche inédite au comte de Brienne, du 1er mai. — Dépêche inédite, du 3 mai. — Cromwell prend le titre de lord Président, en attendant celui de Protecteur. — M. de Bordeaux trouve que Cromwell ne saurait être traité avec trop de ménagement et de respect ; sa lettre inédite au cardinal Mazarin, du 5 mai. — Dépêche inédite au comte de Brienne, du 6 mai. — Symptômes de réaction contre Cromwell ; dépêche inédite de M. de Bordeaux, du 15 mai. — La politique du cardinal Mazarin en Angleterre a préparé l'affaiblissement du principe monarchique. — Couleur politique accentuée dans le sens de la république sous laquelle les députés bordelais se présentent en Angleterre. — M. de Barrière se rend à Bruxelles pour prendre les instructions du prince de Condé. — Cromwell, sous un prétexte de santé, refuse une audience au ministre de France. — Halte des députés bordelais, avant d'entrer à Londres ; particularité sur leur héraut d'armes. — Dépêches inédites du 19 et du 22 mai. — Égales difficultés suscitées par Cromwell pour donner audience au ministre de France et aux envoyés bordelais. — Félicitations épistolaires du cardinal Mazarin à Cromwell. — Difficultés opposées au ministre de France pour la remise de la lettre du cardinal. — Lettre inédite de M. de Bordeaux au cardinal Mazarin, du 22 mai. — Affaire de spéculation privée intéressant le cardinal Mazarin. — Entrée dans Londres des ambassadeurs bordelais avec quelque apparat. — Rencontre fortuite en apparence entre le ministre de France et Cromwell. — Audience donnée aux envoyés bordelais par des délégués du conseil d'État d'Angleterre. — Échec d'une tentative du ministre de France pour gagner les envoyés bordelais. — Dissidence entre Cromwell et son Conseil sur la question du secours de Bordeaux. — Absolutisme de Cromwell. — Conseils pleins de faiblesse donnés par le ministre de France à sa cour. — Il est obligé d'envoyer à Cromwell la lettre du cardinal Mazarin, sans pouvoir la remettre lui-même. — Sa lettre inédite au cardinal Mazarin, du 2 juin. — Flatteries de M. de Bordeaux à l'égard de Cromwell. — Sa négociation reste stationnaire tandis que les députés de la ville de Bordeaux sont reçus. — Prétendu Parlement créé par Cromwell. — Dépêche inédite d'un agent secret du cardinal Mazarin. — Entente entre le cardinal Mazarin et Lilburne. — Lettre inédite de Cromwell au cardinal Mazarin, des 9-19 juin. — Audience du ministre de France indéfiniment ajournée.

(1653.)

Pendant la traversée des députés de la ville de Bordeaux, d'étranges événements s'accomplissaient en Angleterre. Ces événements, nous l'avons dit, étaient la cause du revirement subit apporté dans les négociations avec le ministre de France; des difficultés imprévues furent suscitées alors qu'on venait de faire des avances pour arriver à une prompte conclusion d'un traité de paix.

Cromwell, sous ses dehors habituels d'une modestie affectée qui lui faisait souvent garder l'attitude d'un simple particulier, trouvait que l'autorité dont il était investi manquait de sécurité et de prestige tant qu'existerait l'ombre d'un Parlement indépendant. Appuyé sur l'armée, il avait résolu de se défaire de cette dernière entrave. Pour ce singulier républicain dont le type n'a pas manqué d'imitateurs, une représentation nationale librement élue était un rouage superflu, même dangereux. Le conseil d'État, n'étant qu'une émanation du Parlement qu'il voulait chasser, devait être enveloppé dans la même proscription.

Des mesures bien préparées, des troupes massées aux portes de Londres, le goût du peuple pour le changement, permirent l'accomplissement du coup d'État sans qu'il rencontrât l'apparence même d'une résistance.

Cromwell n'eut qu'à se présenter au Parlement et à prononcer un discours insolent précédé de quelques paroles mielleuses, puis il fit entrer un colonel suivi de seize soldats. Cet officier mit les députés à la porte de la salle en employant à l'égard de leur président les formes d'une politesse dérisoire. Cette exécution accomplie, les fanatiques partisans de l'usurpateur des droits de la couronne et des libertés de la nation proclamèrent qu'il fallait rendre grâce au bras du Seigneur qui avait brisé les puissants, afin qu'en la place de l'autorité d'hommes mortels, la cinquième monarchie, celle du Christ, pût être établie sur la terre! Mots vides et sonores pour colorer de vilaines choses, mots dont le sens vrai se résumait ainsi : fanatisme, niaiserie, cupidité, absolutisme! Tel est en effet, sous des formes qui varient, avec un fond qui ne varie jamais, le bilan de toutes les révolutions accomplies au nom du principe démocratique.

Les dépêches de M. de Bordeaux vont confirmer d'une manière éclatante ces irrécusables appréciations.

Ces changements devaient apporter de sérieuses perturbations dans le cours des négociations engagées entre la France et l'Angleterre ; le renvoi du conseil d'État était particulièrement grave à ce point de vue, parce que c'était par l'intermédiaire des commissaires tirés de ce Conseil que les négociations étaient suivies. En outre, les membres du Parlement chassé, ceux qui sont appelés les *défunts* dans la dépêche que l'on va lire, passaient, à tort ou à raison, pour incliner vers l'alliance avec le gouvernement royal de France. Suivant toutes les apparences, les changements survenus devaient donc être défavorables au succès de la mission de notre ambassadeur, et tourner à l'avantage des envoyés de la ville de Bordeaux.

Quelques-unes des dépêches adressées à sa cour par le ministre de France à Londres vont procurer au lecteur la saveur même du brouet républicain dont devait s'accommoder l'Angleterre.

« A Monsieur de Brienne

« Monsieur,

« Je ne puis par la présente vous parler que du changement arrivé en cet Estat depuis deux jours qui interrompt un peu le cours de ma négotiation, mais, comme j'espère, ne changera pas la résolution qui avoit esté prise dans le conseil d'Estat en suite de ma dernière responce de signer un renouvellement d'alliance avec la France. Je vous ay, Monsieur, souvent escript que l'armée pressoit le Parlement d'accorder un nouveau représentatif. Cette demande avoit toujours esté éludée. Mais les officiers, ne se voulans plus payer de remise, présentèrent, il y a quinze jours, une nouvelle pétition contenant leurs mesmes propositions et les qualités qu'ils prétendoient que devoit avoir ce nouveau représentatif. Au lieu de leur donner satisfaction, voyant que le Parlement prenoit d'autres mesures, taschoit de s'asseurer de la faveur du peuple de Londres, et ne songeoit qu'aux moyens de continuer son autorité, ordonnant une nouvelle convocation avec telles conditions qu'ils pourroyent se faire confirmer, et que les officiers d'armée n'y auroient point de part, cette conduite leur donna lieu de s'assembler lundy au soir et de résoudre le changement quy arriva hier au matin sans aucune viollance. Le général Cromwell entra au Parlement accompagné de quelques-uns des officiers quy sont du corps, et ayant pris sa place, leur dict qu'ils n'avoient point considéré les insistances et requestes de l'armée, que leur conduite n'avoit apporté aucun bien au peuple, mais plus tost déshonoré la nation, et que la volonté de Dieu estoit qu'ils se retirassent, leur déclarant qu'il n'y avoit plus de Parlement et ensuite pressa l'Orateur de se lever, et comme il se défendoit sur ce qu'ayant esté estably par une authorité légitime dans cette place, il ne pourroit la quitter sinon par l'ordre de la mesme puissance, entendant le Parlement, l'on fit ouvrir les portes et entrer seize soldats; et le colonel Harrisson, puissant dans l'un et dans l'autre corps, le prit par le bras et le mena jusques à la porte. Les autres suivirent sans aucune résistance. Quelques uns ayans voulu ouvrir la bouche, le Général leur imposa silence avec reproche de leurs vices particulliers et mauvaise conduite; et, de là, s'en alla au lieu où le conseil d'Estat se tient, donna congé à ceux qui s'y estoient assemblés, les deschargeant du joug de la république et manda le maire de Londres avec le Conseil de ville pour leur faire savoir ce qui s'estoit passé, les asseurer qu'au plus tost l'armée establiroit un bon ordre pour la conduite de l'Estat et les exhortant de tenir le peuple dans son debvoir. Crainte néantmoins de quelque murmure, on avoit faict approcher des troupes de cette ville, mais sans nécessité. Le peuple, soit par un désir de nouveauté ou mescontentement qu'il auroit reçu du Parlement, ayant tesmoigné grande joye de sa cheute quy sera suivie d'un affaiblissement des presbytériens et quelque innovation dans l'ordre de la justice. Il debvoit sortir aujourd'huy un manifeste pour justifier ce changement et déclarer les nouveaux maistres du royaume. L'on dit qu'ils feront partie du Parlement et les autres de l'armée ; ils s'appelleront conservateurs de la république et qu'il ne se parlera point de Parlement de quelque temps ; crainte qu'il ne se trouvast composé de gens portés au restablissement de la monarchie. Vous pouvez, Monsieur, juger par cet establissement, quelle est aujourdhuy l'autorité du Général. Il a envoyé le maistre des cérémonies à tous les ministres estrangers pour les asseurer que ce changement n'altérera point l'intelligence et l'amitié qui peut estre entre leurs maistres et cet Estat et que dans peu de jours nous saurions avec qui traicter. Je ne manquerai pas de lui faire faire toutes sortes de civilités aussi tost qu'il sera visible et de mesnager dans ce nouveau gouvernement les advantages de Sa Majesté.

« Il s'en présente un bien considérable dans la proposition d'un officier Irlandois dont je vous ai desjà escript. Il offre de passer mil hommes dans un mois et d'en desbaucher autant de ceux qui sont au service d'Espagne, en Guienne, aussy tost qu'on leur aura donné le chiffre d'un officier qu'il m'a monstré. Vous m'avez, Monsieur, ordonné de l'assurer qu'il seroit satisfaict à son desbarquement, mais il demande caution bourgeoise dans Londres auparavant que de s'embarquer, ce qui me semble si raisonnable que je lui ai faict espérer et mesme offert d'en passer un traicté au nom du Roy, ne voyant pas qu'on puisse avoir des soldats à meilleur marché, ni plus prests à rendre service. C'est pourquoi je vous supplie, Monsieur, de me faire scavoir si Messieurs des Finances seront en estat d'y satisfaire. Je remets à parler des Escossois jusques à ce que les affaires de deçà ayent pris quelque forme. Il y a peu d'apparence qu'on doibve rien appréhender de la part des Anglois contre Calais, l'intérest de cet Estat ne permettant pas de souhaiter si grand progrès aux armes d'Espagne; ce n'est pas que je puisse encore rien respondre des desseins du Général. Pour les deffuncts, ils estoient entièrement portez à l'accommodement avec la France. J'espère en pouvoir estre esclaircy dans peu de jours, les derniers erremens de ma négotiation me donnant lieu de presser la fin d'un traicté. C'est ce que je souhaitte, Monsieur, et de pouvoir mériter par mes respects la qualité de,

« Monsieur,

« Vostre très humble et très obéissant serviteur,

« De Bordeaux.

« A Londres, ce premier jour de mai 1653.

« *P. S.* Le Conseil de guerre est encore assemblé et l'on m'asseure que le maistre des cérémonies, après avoir faict le compliment commun à l'ambassadeur d'Espagne, l'avoit prié de ne trouver pas mauvais, si dans la nécessité présente l'on estoit obligé de descharger et se servir de l'argent qu'il réclame, ce quy a esté suivi de force asseurances de restitution quand l'estat le permettra. L'on me vient d'asseurer qu'il a esté résolu d'envoyer au plustost en Hollande offrir la paix avec la liberté du commerce et de la pesche, sans mesme parler de la soubmission dans la rencontre des vaisseaux [1], et qu'ils veulent vivre bien avec tout le monde afin de pouvoir descharger le peuple des subsides et levées qui s'y fesoient depuis ces derniers temps. Il y a eu de la surprise dans la rupture du Parlement, les officiers mesmes ne l'ayant pas concertée de la sorte à ce qu'on dict ; mais cela n'est d'aucune conséquence et la plupart s'est desjà retirée [2]. »

[1] C'est-à-dire l'obligation imposée aux Hollandais de saluer les premiers.
[2] Dépêche inédite ; *Archives du ministère des Affaires étrangères*, Angleterre, vol. LXII.

De curieuses révélations ressortent de cette dépêche : d'abord elle fait voir de la part des républicains anglais une appréhension significative de la liberté des élections, ensuite elle nous montre la république elle-même confisquée par une armée fanatique sous les ordres d'officiers aussi odieux que ridicules qui prétendent agir au nom de divines inspirations. Nous y trouvons la proclamation du principe de la république de droit divin, principe supérieur, d'après ses adeptes intéressés, à la volonté de la majorité. Aussi l'élection d'un nouveau Parlement est-elle repoussée, parce qu'on redoute que ces élections ne produisent une majorité royaliste qui rappellerait Charles II. L'hypocrisie républicaine proclamant la souveraineté du peuple et la méconnaissant se présente dans tout son jour.

M. de Bordeaux constate de plus que ces députés du Parlement chassé, qu'il appelle plaisamment les défunts, étaient favorables à la conclusion du traité d'alliance, et que par conséquent ce brusque changement est un échec pour la politique qu'il représente.

Cette seconde dépêche du ministre de France est plus explicite encore que la précédente sur certains détails du coup d'État qui venait de surprendre l'Angleterre.

« De Londres, le 3ᵉ de may 1653.

« Avant hier qui estoit mardi dernier, le général Cromwell alla au Parlement après en avoir esté absent trois sepmaines, et s'assit au plus bas bout du Parlement et ne dit jamais mot tout le temps que le Parlement se tint. Hier il vint de mesme au Parlement, et comme, environ midy, on y débattoit touchant un nouveau Parlement et quand celui-ci prendroit fin, et qu'il seroit bon de lui donner pour terme le cinquième de novembre prochain, ledit général Cromwell se leva teste nüe et fit une petite harangue en ces termes :

« *Messieurs, vous n'avez que faire de vous mettre tant en peine touchant les affaires qui sont maintenant sur le tapis, car ayant meurement considéré que le gouvernement de tant de personnes estoit meschant, tyrannique et plein d'oppression, et voyant qu'on y avoit emploié des sommes immenses sans que jamais on en ait donné aucun compte, c'est pourquoy j'ai résolu de mettre le gouvernement de cette nation entre les mains de peu de gens, mais gens de bien, et partant dès à présent je déclare qu'il n'y a plus de Parlement et n'en reconnois plus.* »

« Ayant achevé son petit discours, il se couvrit et se promena deux ou trois tours dans la chambre du Parlement, et voyant que le Parlement ne bougeoit, ledit général commanda au major Harisson de faire entrer les soldats quy estoient en garde. Ils entrèrent sans dire aucun mot, et pour lors ledit major, le chapeau à la main, avec tout respect, s'en alla à la chaire du Speaker, et, baissant la main, le prit par la sienne et le conduisit hors du Parlement comme un gentilhomme feroit une damoiselle, et tout le Parlement le suivit. Le général Cromwell prit la masse et la donna aux soldats.

« Hier, après disner, on devoit choisir un nouveau président au conseil d'Estat; mais ledit général Cromwell y estant venu, leur déclara qu'ils ne se missent plus en peine de s'assembler en ce lieu et que leur pouvoir estoit expiré.

« Ensuitte de cela le Conseil de guerre s'y tint et on y appella le maire de Londres qui présenta son espée, marque de Justice, au général qui la luy rendit et luy dit qu'il devoit exercer la Justice de mesme, comme sy rien n'estoit advenu.

« Hier au soir les soldats allèrent prendre les sceaux aux logis de ceux quy les gardoient, et au matin, ce jour d'huy, on a envoié deux barques remplies de soldats pour garder une partie de l'argent espagnol quy est encore dans les vaisseaux, le reste estant dans la Tour.

« L'armée fait une déclaration pour justifier ses actions.

« Avant hier arriva un messager de Hollande apportant réponse des Estats au Parlement. Le messager a donné la lettre au chevalier Guillaume Strickland et luy l'a mise en mains propres du général Cromwell.

« Tout le monde universellement se réjouit, et pareillement la noblesse, de la généreuse action du général Cromwell, et de la chute du Parlement qui est fort vilipendé en la bouche d'un chacun. On a écrit sur la maison du Parlement :

The house is now to be let unfurnished [1] ;

et on chante des chansons partout contre eux. Il s'en vendait une publiquement que le général Cromwell, par sa grande modération, a commandé de n'estre plus chantée, et en a fait supprimer quarante mille exemplaires qui ont esté pris chez l'imprimeur. On ne laisse pas d'en vendre sous main.

« Ledit général a changé tous les principaux officiers de l'armée navale [2]. »

Suivant une observation que nous avons développée, les peuples ont un tempérament qui leur est propre, monarchique ou républicain, exigeant une hygiène politique également appropriée [3]. Cette

[1] La maison est maintenant à louer non meublée.
[2] Document inédit ; *Archives du ministère des Affaires étrangères*, vol. LXI. Par une rare exception dans la correspondance de M. de Bordeaux, cette dépêche est sans signature ; mais son esprit si favorable à Cromwell peut nous la faire attribuer sans crainte à M. de Bordeaux.
[3] Voy. t. III, chap. XXIII.

théorie, basée sur les faits historiques de tous les temps, explique avec quelle facilité s'accomplissent les plus audacieuses entreprises contre le pouvoir des assemblées chez les nations à tempérament monarchique converties par le hasard ou le malheur des événements à une république sans traditions. Après l'Angleterre, la France en a fourni des exemples éclatants. Cromwell, débarrassé du Parlement et du conseil d'État, n'avait plus qu'à choisir à sa convenance un fantôme quelconque d'assemblée tout au plus consultative, propre à voiler ce que son gouvernement avait d'uniquement personnel. A partir de ce jour décisif, il souffla plus d'une fois sur le fantôme qu'il avait créé lui-même pour le faire disparaître et lui substituer un nouveau fantôme plus propre, suivant les circonstances, à satisfaire les illusions populaires. La portion remuante de ce peuple trompé, dont la stupidité pouvait seule égaler le fanatisme, envoyait de toutes parts des adresses de félicitation à celui qui venait de confisquer ses droits.

Pour contenter des gens si bien disposés, voici l'os assez sec que Cromwell leur jeta à ronger : Il prit le titre de lord Président, en attendant celui de Protecteur qui bientôt devait lui être conféré et il s'entoura d'un nouveau conseil d'État. Sa superstition naturelle fut cause qu'il se préoccupa en première ligne de la question puérile, mais cabalistique, du nombre des membres dont ce Conseil serait composé. Le nombre de dix proposé d'abord fut écarté comme dénué de toute espèce de signification ; on voit que le système décimal ne touchait pas encore au jour de son triomphe. Le nombre de soixante-dix faillit l'emporter, en raison de la composition du Sanhédrin des Juifs ; mais en définitive le nombre de treize fut adopté, en raison du nombre des apôtres de Jésus-Christ.

M. de Bordeaux regrettait le Parlement que Cromwell venait de dissoudre, le considérant comme favorable à l'alliance avec la France ; aussi attribuat-il au coup d'État les difficultés nouvelles apportées à la conclusion de son traité. Il est indubitable que Cromwell, se sentant plus fort et redoutant moins l'échec que la France monarchique pouvait faire à son usurpation, se crut d'autant plus en mesure de se passer de son alliance. M. de Bordeaux écrivit au cardinal Mazarin que rien n'aurait empêché le succès de sa négociation « sans le changement de mercredi dernier ». Il ajoutait :

« La disposition des affaires et l'autorité du général plus grande que n'a esté celle des rois d'Angleterre me confirment dans la pensée qu'une lettre de civilité, sans autre proposition sur cette conjoncture présente, pourroit produire l'effet dont on m'avoit donné des assurances.... Dans cette occasion mon dessein est de tesmoigner que Sa Majesté et principalement Vostre Eminence apprendront avec joye la nouvelle de l'heureux succès dont Dieu favorise ses entreprises. Il a esté confirmé que M. le prince l'a traicté d'Excellence; l'on pourroit avec raison luy donner aujourd'huy des titres plus élevés, s'il falloit se reigler sur son pouvoir et l'estime que l'on a de sa conduite [1]. »

Il est évident que pour écrire une semblable lettre il fallait que M. de Bordeaux, bien que rudement désarçonné, voulût remonter en selle, car il est difficile de pousser plus loin la doctrine approbatrice et louangeuse du fait accompli; il tenait évidemment à tout prix à attacher son nom à la conclusion d'une alliance. Pour atteindre ce but, le roi de France doit faire assaut avec le prince de Condé pour le choix des titres éminents à donner au républicain démocrate maître absolu de l'Angleterre : M. le prince l'a déjà dans ses lettres traité d'Excellence ; le roi de France doit sans doute aller au delà [2] !

M. de Bordeaux, par une nouvelle dépêche au comte de Brienne, confirme dans quelle situation absolue Cromwell, appuyé sur l'armée, vient de

---

[1] Lettre inédite. Londres, 5 mai 1653; *Archives du ministère des Affaires étrangères*, Angleterre, vol. LXI.

[2] Nous ne voulons pas anticiper sur l'ordre des faits ; nous ferons connaître plus tard à quelles singulières difficultés donnèrent lieu sur ce point les prétentions de Cromwell et certaines réticences du roi de France.

s'établir : « Tous les écrits qui s'impriment au nom de l'armée disent qu'il ne faut confier qu'à une seule personne le soin de la république. » Le ministre de France fait entrevoir cependant une réaction possible, quand il ajoute : « On prétend que les affaires du roi d'Angleterre sont en meilleur estat et que, s'il se faisoit presbytérien, il relèveroit son parti, et que ceux mêmes qui ont contribué à la mort de son père seroient capables de l'embrasser pour se mettre à couvert [1]. »

Cromwell, qui ne se dissimulait pas même au milieu de son éclatant triomphe, le péril de son audace, eût peut-être donné les mains à une restauration monarchique, s'il n'eût été convaincu qu'aucun pardon sincère n'était possible de la part du fils de sa victime. Il se lança donc plus résolûment que jamais dans la voie de l'absolutisme, n'ayant plus à ambitionner pour couronnement de son ambition que le titre de roi qu'il n'osa prendre et ne sut pas se faire donner.

Il parvint à dominer par son énergique attitude et par la maladroite politique du cardinal Mazarin, les symptômes de réaction que le ministre de France signalait encore en ces termes : « Le public se montre peu satisfait d'être gouverné par les officiers de guerre et privé de ses anciens priviléges,

---

[1] Dépêche inédite. Londres, 6 mai 1653; *Archives du ministère des Affaires étrangères*; Angleterre, vol. LXII.

ce qui occasionne des inquiétudes à Cromwell qui craint que son entreprise ne soit pas de durée[1]. »

Ces mécontentements et ces symptômes de réaction constatés par M. de Bordeaux, et dont il eût été facile de profiter, ouvraient la voie à une politique de principes monarchiques bien différente de celle qui fut adoptée par le cardinal Mazarin. Cromwell, si redoutable au dehors, pouvait être terrassé sans grand effort si son pouvoir eût été frappé au cœur. Il faisait en France une dangereuse propagande républicaine et protestante, il menaçait en même temps de faire revivre dans quelques-unes de nos provinces les vieux droits féodaux héréditaires de la monarchie anglaise; il fallait le combattre résolûment sur le sol anglais lui-même en donnant les mains aux partisans de la restauration de Charles II. Au lieu d'adopter cette conduite, le cardinal Mazarin préféra rechercher l'alliance d'un régicide; il s'en suivit qu'un gouvernement royal légitime donna le spectacle d'un pacte avec un gouvernement révolutionnaire. Une lutte généreuse eût été certainement moins funeste; car, même après la Fronde terminée, la France eut encore à redouter les mauvaises dispositions de l'An-

---

[1] Dépêche inédite de M. de Bordeaux au comte de Brienne. Londres, 15 mai 1653. *Archives du ministère des Affaires étrangères*, Angleterre, vol. LXII.

gleterre et n'obtint un traité de paix qu'à l'humiliante condition d'expulser de son territoire le fils de Charles Ier. Ces pactes de la monarchie avec la révolution ont pu avoir des avantages éphémères, mais ils ont incontestablement préparé l'affaiblissement sinon la ruine du principe monarchique.

Les députés de la ville de Bordeaux abordèren en Angleterre au moment où ces graves événements venaient de s'accomplir. Pour mieux assurer sans doute le succès de leur mission, ils se présentèrent sous des couleurs politiques bien autrement accentuées que celles arborées à leur départ, car le ministre de France, dans la même dépêche que nous venons de citer, annonçant au comte de Brienne leur débarquement à Portsmouth, ajoute : « Ils se disent les mandataires d'une république qui vient se placer sous la protection de la république d'Angleterre. » M. de Bordeaux ne manque pas d'assurer qu'il prendra des mesures pour traverser leurs desseins.

M. de Barrière, dès le premier avis de l'envoi à Londres de députés de la ville de Bordeaux, avait jugé nécessaire de partir pour les Pays-Bas afin de prendre verbalement les instructions du prince de Condé. Il était de retour de Bruxelles avant la chute du Parlement, et par conséquent avant l'arrivée en Angleterre des députés bordelais, se tenant prêt à calmer dans une certaine mesure leur excès d'ardeur républicaine [1].

Il fut convenu que les députés de la ville de Bordeaux et les agents du prince de Condé agiraient par un concert commun. Le ministre de France entreprit en même temps des démarches pour empêcher que Cromwell ne les reçût. A cet effet il demanda lui-même une audience au dictateur de l'Angleterre; mais celui-ci avait une délicatesse complaisante de santé prête toujours à servir ses temporisations. Un gentilhomme vint de sa part l'excuser sur une indisposition qui l'obligeait à aller prendre l'air des champs. M. de Bordeaux, en annonçant ce contre-temps à M. de Brienne, constate que malheureusement le résultat est de l'empêcher de connaître quelles peuvent être les dispositions de Cromwell à l'égard des députés bordelais qui apportent la proposition de reconnaître la suzeraineté de l'Angleterre. Sur ces députés, sa dépêche contient les particularités suivantes :

« Ces députez dont un conseiller est le chef, amènent un héraut d'armes avec l'escusson my parti d'Angleterre et de Guienne, et l'on publie qu'ils viennent reconnoître cette république pour leur légitime seigneur, avec ordre d'offrir la carte blanche

---

[1] Dépêche inédite sans adresse, ni signature. Londres, 22 mai 1653. *Archives du ministère des Affaires étrangères*, Angleterre, vol. LXI.

pourveu qu'on les veuille secourir. Ils se sont arrestés sur le chemin jusqu'à ce qu'ils sachent s'il y a disposition à les escouter; et quoyque ledit général ayt eu en ces derniers jours quelque légère indisposition, il se pourroit néantmoins faire que mon audience soit remise jusqu'à ce qu'il ayt examiné leurs propositions [1]. »

Les députés de Bordeaux, par l'écusson dont ils avaient affublé leur héraut d'armes, affichaient donc sans rougir, les dispositions de leurs mandants pour revenir au temps de la vassalité de la Guyenne vis-à-vis de l'Angleterre; leur négociation néanmoins marcha moins vite que ne leur faisaient espérer toutes les concessions qu'ils étaient prêts à accorder en échange d'un secours. L'audience dont ils firent la demande à Cromwell fut différée, non comme pour le ministre de France, sous un prétexte d'indisposition, mais sous un prétexte d'affaires domestiques. M. de Bordeaux constata avec satisfaction dans sa correspondance qu'ils ne paraissaient pas mieux traités que lui-même et crut pénétrer les intentions de Cromwell qui auraient été seulement de les entretenir d'espérances [2].

---

[1] Dépêche inédite. Londres, 19 mai 1653. *Archives du ministère des Affaires étrangères*, Angleterre, vol. LXII. Voy. cette dépêche à l'*Appendice*.

[2] Dépêche inédite de M. de Bordeaux au comte de Brienne,

Pour ne pas perdre complètement leur temps pendant cet ajournement, les députés de Bordeaux demandèrent qu'on leur permît au moins d'acheter des vaisseaux [1].

Le coup d'État de Cromwell fut de la part du cardinal Mazarin, suivant le désir de M. de Bordeaux, l'objet d'une lettre particulière de félicitations. Au milieu des appréciations divergentes dont cet acte était l'objet et des dangers que son succès même pouvait faire courir à son auteur, le cardinal qui ne négligeait aucune occasion d'attirer à lui le dictateur de l'Angleterre, avait espéré qu'un témoignage sympathique dans ces graves circonstances lui serait plus particulièrement sensible. Il avait envoyé sa lettre à M. de Bordeaux, et, pour mieux assurer son effet, celui-ci désirait la remettre en mains propres à son destinataire. La difficulté était grande, puisque Cromwell était inabordable; aussi M. de Bordeaux écrivit au cardinal

« Londres, 22 may 1653.

« Monseigneur,

Vostre Eminence aura esté informée par M. le comte de Brienne des affaires de ce pays et de la

---

Londres, 22 mai 1653. *Archives du ministère des Affaires étrangères*, Angleterre, vol. LXII. Voy. cette dépêche à l'*Appendice*.

[1] Même dépêche. Voy. cette dépêche à l'*Appendice*.

diligence que j'ai cru devoir faire pour parler à M. Cromwell sur le suject des députés de Bordeaux qui sont maintenant à Londres. Quoy qu'il me l'eust promis, néantmoins son indisposition, le mariage de son fils ou quelque autre considération, l'ont obligé de la remettre; c'est ce qui m'a empesché de luy rendre la lettre de Vostre Eminence, ayant jugé à propos d'en estre le porteur, à moins qu'il refuse de me parler. Jusques icy pas un ministre estranger n'a traicté avec luy; mais le nouveau Conseil nous faisant scavoir qu'il est en pouvoir et volonté de travailler aux affaires estrangères, il ne scauroit se dispenser de changer cette façon d'agir qui s'observoit exactement sous le régime du Parlement. Il m'a donné suject de croire que c'est son dessein, demeurant d'accord que je conférasse avec luy. S'il prend ce chemin, les affaires s'expédiront plus promptement et j'aurai plus d'occasions de l'entretenir de celle quy regarde Vostre Eminence, à quoy je ne manqueray pas quand je le jugeray à propos [1]. »

Cette affaire particulière pour laquelle M. de Bordeaux désirait entretenir verbalement Cromwell, se rapportait à des navires de commerce ap-

[1] Fragment d'une lettre inédite. *Archives du ministère des Affaires étrangères*, Angleterre, vol. LXI.

Le surplus de la lettre est relatif à des acquisitions d'objets d'art et de chevaux; nous l'avons publié dans un chapitre spécial, t. VI.

partenant en propre au cardinal, qui avaient été capturés par l'Angleterre; ce ne fut que plus tard que M. de Bordeaux put saisir une occasion favorable en faisant coïncider la réclamation qu'il présenta, avec une réclamation envoyée par Cromwell de la part de marchands anglais pour des restitutions de navires [1].

Les députés bordelais, après leur halte aux environs de Londres, ayant été avisés qu'il leur serait permis de s'y présenter ostensiblement, firent leur entrée avec quelque apparat, précédés d'un trompette, et de leur héraut d'armes portant sur son hocqueton un écusson mi-parti aux armes de Guienne et d'Angleterre [2].

Ils constatèrent ainsi publiquement et honteusement aux yeux de tous les habitants de Londres la vassalité qu'ils venaient solliciter.

Pendant que M. de Bordeaux attendait vainement l'audience demandée, il fut informé que les députés de Bordeaux devaient être reçus. Alors il fit savoir à Cromwell que puisqu'il continuait à lui refuser une audience officielle, il croyait du moins pouvoir compter sur sa promesse de se rencontrer avec lui dans le même lieu où il l'avait déjà rencontré comme

---

[1] Lettre inédite de M. de Bordeaux au cardinal Mazarin, datée de Londres, 24 juin 1653. *Archives du ministère des Affaires étrangères*, Angleterre, vol. LXI.

[2] Voy. la *Gazette*, art. sous la rubrique : *Correspondance envoyée d'Angleterre*, du 22 may 1653.

par hasard une première fois. La réponse de Cromwell fut que M. de Bordeaux pouvait y venir et qu'il l'y trouverait seul. M. de Bordeaux s'y rendit et rencontra Cromwell accompagné, malgré sa promesse, de deux membres du Conseil et du maître des cérémonies. Le ministre de France voulut s'expliquer néanmoins sur les diverses ouvertures dont il était chargé ; mais Cromwell, éludant toute réponse, lui dit que ses propositions étaient de telle conséquence qu'il était nécessaire de les lui envoyer par écrit. M. de Bordeaux s'empressa de rendre compte par une dépêche [1], des détails que nous venons de faire connaître, ajoutant que les députés de Bordeaux ont conféré la veille avec quelques membres du Conseil, qu'ils ont proposé la conclusion d'une alliance étroite avec l'Angleterre et qu'ils ont appuyé sur ce thème que le gouvernement royal de France deviendrait funeste au gouvernement de Cromwell si le parti du prince de Condé et l'insurrection bordelaise venaient à succomber, donnant pour incontestable preuve l'accueil fait en France au roi proscrit de l'Angleterre et au prince Palatin [2]; accueil qui prouvait à quel point étaient peu sincères

---

[1] Dépêche inédite de M. de Bordeaux au comte de Brienne. Londres, 26 mai 1653. *Archives du ministère des Affaires étrangères*, Angleterre, vol. LXII.

[2] Le prince Robert de Bavière, dit généralement le prince Rupert. Voy. t. V, p. 221.

les ouvertures faites par le ministre de France[1].

Le ministre de France fit la tentative demeurée fort ignorée, mais que sa correspondance nous révèle, de ramener à la cause royale les députés de Bordeaux. Il eut recours à l'intermédiaire d'un négociant de cette ville résidant à Londres ; il le chargea de leur insinuer qu'ils feraient beaucoup mieux de s'accommoder avec le roi que de compter sur le secours incertain de l'Angleterre. Les deux députés auxquels ce négociant fit cette ouverture lui demandèrent au nom de qui il s'exprimait et s'il connaissait quelqu'un qui eut le pouvoir de prendre des arrangements avec eux ; il leur répondit qu'il leur avait parlé de son propre mouvement ; mais que s'ils le chargeaient de s'adresser à M. de Bordeaux, il croyait que le ministre de France en aurait le pouvoir. Les envoyés obligèrent alors le négociant à s'engager par serment à ne communiquer leur discours à personne et ils promirent une réponse. M. de Bordeaux, en annonçant à M. de Brienne la tentative qu'il venait de faire, exprime bon espoir de son succès d'autant plus que les députés ne comptent plus sur le secours de l'Espagne, et que l'assistance de l'Angleterre pourrait bien se borner à l'autorisation d'acheter des vaisseaux. Il a eu la curiosité de savoir si on lui en vendrait à lui-même ; un

---

[1] Même dépêche précédemment citée.

marchand lui a proposé de se charger de ce trafic et de les conduire en France ; il trouve que cette offre ne serait pas à mépriser [1].

Une déception, il aurait pu s'y attendre, était encore réservée au ministre de France, les députés de Bordeaux ne répondirent point à la proposition qu'il leur avait fait adresser par une voie détournée.

Il est probable que Cromwell toujours si bien informé, en avait su quelque chose, et que pour dissuader ces députés d'une soumission au Roi qui aurait renversé ses projets, il leur fit espérer son assistance; car, dans la même dépêche où M. de Bordeaux apprend à M. de Brienne le silence des députés, il l'informe que le bruit court que le lord général prête l'oreille à leurs demandes. Le ministre de France en faisant part à sa Cour de sa déconvenue, ajoutait que l'opinion publique en Angleterre n'était pas favorable au secours de Bordeaux, et que certains marchands lui avaient dit qu'ils appuieraient le traité de paix avec la France, pourvu que restitution leur fût faite du navire *La Licorne*, de la compagnie des Indes, capturé dans la Manche. M. de Bordeaux revenant sur le compte du prince Rupert déclarait que l'appui qui lui était donné faisait le plus grand tort à la France, parce

---

[1] Même dépêche du 26 mai 1653.

qu'il inspirait une grande méfiance de ses promesses [1].

Dans une autre dépêche, M. de Bordeaux, s'appuyant sur un propos d'une fille de Cromwell, fait savoir que l'avis du maître de l'Angleterre est de secourir Bordeaux, bien que le conseil d'État soit d'un avis contraire ; mais qu'il est peu probable que Cromwell, absolu comme il est, consente à lui céder. Cet absolutisme se manifestait en toutes rencontres, car une députation de marchands étant allé le trouver pour lui demander de rappeler le Parlement ou d'en convoquer un nouveau, il leur répondit de se mêler de leur commerce. Quelques jours après les aldermen de Londres lui ayant parlé du rétablissement du Parlement, Cromwell les dégrada de leurs fonctions, puis les rétablit pour faire acte à la fois d'autorité et de clémence souveraine. Le secours, continue la dépêche, s'effectuerait sous le prétexte d'escorter des navires de commerce se rendant à Bordeaux. La gaieté que témoignent les députés de cette ville fait assez ressortir leur espoir. M. de Bordeaux, toujours faible dans ses conseils, croit devoir donner celui-ci : « Si l'Angleterre secourt la Guienne sans rupture ouverte, en user comme pour la vente des vaisseaux, en feignant de tout ignorer ; réservant à plus tard la vengeance. »

[1] Dépêche inédite. Londres, 30 mai 1653. *Archives du ministère des Affaires étrangères*, Angleterre, vol. LXII.

Le ministre de France prouve une fois de plus qu'il tient sur toutes choses à attacher son nom à un traité d'alliance avec l'Angleterre.

M. de Bordeaux ne put obtenir la faveur ardemment sollicitée de remettre aux mains propres de Cromwell la lettre du cardinal Mazarin. Dans une audience il eût dit bien des choses qu'il ne voulait pas se hasarder à écrire et que Cromwell évidemment ne se souciait pas d'écouter. Il se vit contraint d'envoyer la lettre et dut faire part au cardinal de la façon dont le dictateur de l'Angleterre se jouait du ministre de France.

« Londres, 2e juin 1653.

« Monseigneur,

« Monsieur Cromwell m'ayant donné une audience publique [1], au lieu d'une conférence particulière, j'ay esté contrainct de luy envoyer la lettre de Vostre Eminence et de faire dire qu'elle m'avoit ordonné d'y adjouster quelque chose pour l'obliger à recevoir ma visite ou rencontre. Sa responce fut qu'il mendroit (sic) raison. Quelques jours après, ayant jugé à propos de scavoir sa résolution

[1] Il ne s'agit pas d'une audience dans l'acception officielle du mot, mais de cette entrevue soi-disant fortuite dans laquelle Cromwell n'avait pas voulu, malgré sa promesse, se rencontrer seul avec M. de Bordeaux. Il semblerait que le ministre de France a employé ce mot impropre d'audience à dessein de pallier son échec, n'ayant pu obtenir une audience véritable.

sur les affaires publiques, je luy en fis parler encore, mais on n'en tira rien, sinon qu'il m'enverroit la responce. Cette froideur ne me permettant pas d'entrer plus advant en matière, je remets toutes autres propositions jusqu'à ce que ma négociation soit plus advancée [1]. »

M. de Bordeaux n'était pas homme à se montrer sensible à des dégoûts qu'on lui ménageait si peu, bien au contraire sa persévérance parut y puiser un nouveau stimulant, et il s'appliqua d'autant plus à flatter à outrance celui qui le traitait avec tant de désinvolture.

Sa prétention serait d'effacer sur la figure de Cromwell toute teinte odieuse ou ridicule. Il écrit de lui dans une de ses dépêches : « Il affecte bien une grande piété ; mais il ne va pas jusqu'à prétendre, comme on le dit, avoir des communications particulières avec le Saint-Esprit. » La vérité était cependant que Cromwell redoublait ses actes d'humilité et de ferveur, prêchant avec plus d'ardeur que jamais et faisant répandre par ses affidés le bruit que le Saint-Esprit, pour le récompenser, l'honorait de ses inspirations. M. de Bordeaux non content d'envoyer à sa Cour un portrait de Crom-

---

[1] Fragment d'une lettre inédite ; *Archives du ministère des Affaires étrangères*, Angleterre, vol. LXI.
Le surplus de la lettre est relatif à des acquisitions d'objets d'art et de chevaux, nous l'avons publié dans un chapitre spécial, t. VI.

well transfiguré par sa plume, ne lui épargnait pas non plus de vive voix les flatteries qu'il espérait devoir revenir à ses oreilles ; il les fait connaître en ces termes : « Je ne laisse pas de le mettre au rang des dieux, quand l'occasion se présente d'en parler. »

Tous les soins, tous les empressements, toutes les flatteries de M. de Bordeaux ne firent pas avancer d'un pas sa négociation. Celle-ci est ajournée jusqu'à l'établissement projeté d'un Conseil général auquel doivent ressortir toutes les affaires publiques ; cet ajournement lui laisse cependant un espoir qu'il exprime ainsi : « Pourvu qu'on remette le secours de Bordeaux à ce temps, M. de Vendôme aura tout le loisir de réduire cette ville. » En attendant, les députés de Bordeaux paraissent faire des progrès dans leurs démarches ; ils sont reçus, tandis que toutes les instances de M. de Bordeaux ne peuvent parvenir à lui faire obtenir une audience de Cromwell, qui, pour s'y refuser honnêtement, et ne pouvant alléguer un état perpétuel de maladie, soutient avec hypocrisie qu'il n'est qu'un simple particulier [1].

L'assemblée, à la réunion de laquelle la suite de la négociation de M. de Bordeaux était ajournée,

---

[1] Résumé des dépêches inédites de M. de Bordeaux au comte de Brienne. Londres, 1er, 5, 12 et 16 juin 1653. *Archives du ministère des Affaires étrangères*, Angleterre, vol. LXII.

assemblée que le ministre de France désigne sous le nom de Conseil général, était un semblant de Parlement, simulacre que Cromwell avait jugé nécessaire pour donner à l'opinion publique une apparence de satisfaction. Il avait eu soin de s'arrêter à un mode de composition de cette assemblée qui ne pouvait lui donner lieu de craindre qu'elle lui suscitât jamais aucun embarras. A l'élection qu'il avait trouvée peu sûre, il avait substitué son propre choix. Il le fit porter sur trente-neuf personnes qu'il qualifia sans plus de façon du titre de représentants de l'Angleterre ; il en choisit six autres pour représenter le pays de Galles, six pour l'Irlande et quatre pour l'Écosse. La plupart de ces hommes étaient recommandés par une dose d'hypocrisie suffisante pour que les puritains fanatiques les considérassent comme des saints. Pendant que ce projet d'assemblée qui reçut son exécution, était en voie de préparation dans le Conseil intime et dévoué des officiers de l'armée, un des agents secrets du cardinal Mazarin lui fit parvenir la dépêche suivante :

« Je suis assuré que Cromwell voit surtout en particulier l'agent de Monsieur le prince, et que M. de Bordeaux se trompe lorsqu'il pense estre sur le point de conclure son traité. Je vous ay escrit que s'il plaisoit à Monsieur le cardinal d'envoyer un nommé Bigton qui est auprès de moy, vers

M. de Bordeaux, c'est un homme qui par ses intelligences luy pourroit faire scavoir ce quy se passe de plus particulier dans le conseil nouvellement establi. Ledit Bigton ne demande qu'une lettre de créance adressée audit sieur de Bordeaux et un passeport de France sous quelque prétexte. Il est connu particulièrement de M. de Bellièvre [1], qui peut rendre tesmoignage de sa personne. Monsieur le prince qui en a fort ouï parler le vouloit envoyer en Angleterre pour ses affaires ; mais je l'en ay empêché.

« Pour ce qui est de Lileburne, je vous puis assurer avec vérité que devant qu'il soit peu de temps il entrera en Angleterre malgré tous ceux qui s'y veulent opposer, et que je feray connoistre clairement à Monsieur le cardinal que si Cromwell ne veut point consentir à un accomodement, il luy taillera tant de besogne qu'il n'aura pas grand loisir de songer à autre chose. J'ay pris toutes mes mesures avec luy pour cela, et, en attendant, je m'en irai faire un tour jusqu'à Paris pour revenir lorsqu'il en sera temps, ayant estably cependant toutes les correspondances nécessaires pour la suite des affaires avec eux. Le destail est trop impor-

---

[1] Pompone de Bellièvre était ambassadeur à Londres, à l'époque de la mort de Charles Ier. Il ne tenta rien en faveur de ce malheureux prince ; sa Cour qui voulait ménager la révolution d'Angleterre, sans cependant la reconnaître encore, lui ordonna simplement de prendre le deuil et de partir.

tant et trop segret pour oser le confier à des lettres ;
j'en rendray conte moy-mesme dans peu de
jours [1]. »

Cette dépêche ne porte pas le nom de son auteur,
mais son contenu indique qu'elle provient d'un
correspondant résidant en Hollande où était alors
réfugié Jean Lilburne que Cromwell considérait
comme l'un de ses plus dangereux ennemis. L'aversion de Lilburne pour toute hiérarchie ecclésiastique, son exaltation politique, quelques services militaires, l'avaient posé en chef de parti ;
lorsque la révolution eût triomphé par la mort
de Charles Ier, Lilburne s'était retourné contre
Cromwell qu'il accusait d'aspirer à la royauté.
D'Amsterdam il lançait de violents écrits contre le
dictateur qui lui refusait l'autorisation de rentrer
dans sa patrie. Le correspondant du cardinal lui
fait part du projet que Lilburne devait réaliser sans
tarder : sa rentrée en Angleterre, nonobstant tout
obstacle, et les terribles conséquences qui pouvaient
en résulter pour Cromwell. Lilburne s'était même
proposé pour travailler à la restauration de Charles II. La juste méfiance qu'il inspirait, empêcha

---

[1] Dépêche inédite sans signature ni date ; mais la place de
ce document dans le volume, de même que les faits rapportés,
fixent cette date du 12 au 19 juin 1653. Cette dépêche porte
cette mention à la deuxième page : Avis touchant l'Angleterre.
Archives du ministère des Affaires étrangères, Angleterre,
vol. LXI.

d'après ses biographes, d'accueillir ses avances ; mais leur dire est-il bien exact en présence de la dépêche que l'on vient de lire ? Son auteur fait connaître son entente avec Lilburne ; il est certain qu'au lieu de s'entendre avec Lilburne converti suspect à la royauté, il devait s'entendre avec Lilburne toujours démagogue exalté, qui, sur le terrain de la révolution, mieux que sur celui de la monarchie, pouvait entamer dans Londres même contre le dictateur une lutte funeste à son pouvoir[1].

Cependant Cromwell avait reçu par un simple porteur la lettre autographe du cardinal Mazarin dont il avait refusé la remise directe par les mains de M. de Bordeaux, et il y fit cette insignifiante et modeste réponse :

« Monsieur,

« J'ay esté surpris de voir que Vostre Éminence ayt voulu penser à une personne si peu considérable que moy, vivant (en quelque façon) séparé du reste du monde. Cet honneur a fait (avec juste raison) une si forte impression sur moy, que je me sens

[1] On sait que Lilburne, qui se rendit effectivement à Londres, échoua dans ses projets, parce que Cromwell le fit immédiatement arrêter ; il n'obtint qu'un succès judiciaire, car, traduit devant un jury, il fut acquitté. Cromwell, furieux, le maintint néanmoins en prison et ne l'en laissa sortir que lorsqu'il se fût assuré que, las de son aventureuse vie, il n'aspirait plus qu'au repos.

obligé de servir Vostre Éminence en toutes occasions ; et comme je m'estimeray heureux de les pouvoir rencontrer, j'espère que Monsieur de Bordeaux en facilitera les moyens à celui qui est,

« Monsieur, de Vostre Éminence, le très humble serviteur.

« O. Cromwell.

De Westminster le 9/19 juin 1653 [1]. »

A de sérieuses avances, Cromwell, sans s'engager en rien, n'avait voulu répondre que par les termes d'une banale politesse. Le cardinal Mazarin ne tarda pas à s'en tenir très assuré; car M. de Bordeaux, loin d'obtenir la conclusion d'un traité, ne parvint même pas davantage à obtenir l'audience qu'il sollicitait. Des prétextes sans cesse renaissants servirent, comme par le passé, à ajourner indéfiniment l'objet de sa demande [2].

Pendant que les affaires diplomatiques de la

[1] Document inédit ; *Archives du ministère des Affaires étrangères*, Angleterre, vol. LXI. Les archives ne possèdent que la copie de cette lettre qui porte en marge cette mention : « Il (Cromwell) a mis en anglais Sire qui se donne aux rois et aux princes. » L'auteur de cette mention était peu renseigné sur la valeur du mot *Sir* en anglais, puisque Cromwell, au lieu de prétendre donner au cardinal Mazarin un titre si pompeux, le traitait simplement de monsieur.

[2] Dépêche inédite de M. de Bordeaux au comte de Brienne. Londres, dernier juin 1653. *Archives du ministère des Affaires étrangères*, Angleterre, vol. LXII.

Fronde sont en meilleure voie en Angleterre que celles de la France, nous allons reprendre les évé-nements de la Guienne au point où nous les avons laissés.

CHAPITRE LXI

La bassesse de l'avocat Vilars portée à sa dernière limite. — Sa lettre inédite au prince de Condé, du 1er mai. — Restitution à Vilars de la honte qu'il réclame. — Vilars se permet d'étranges allures. — Vilars a fait école. — Le duc de Candale secrètement accusé auprès de la Cour. — Correspondance anonyme, du 1er mai. — Conspiration à Périgueux. — Dépêche inédite de Lenet, du 1er mai. — Déplorable état de santé du prince et de la princesse de Condé. — Lettre inédite de Caillet, du 3 mai. — Défaite des paysans du Médoc. — Les bouches inutiles chassées de la ville de Bourg. — Forts construits, armements maritimes, détails divers. — Lettre royale renouvelant les promesses d'amnistie. — Une assemblée réunie à l'hôtel de ville de Bordeaux repousse cet acte de clémence. — Dépêche inédite de Lenet, du 8 mai. — Lettre inédite de Lenet à M. de Saint-Agoulin. — Fête donnée par Vilars dans une maison dont il s'est emparé. — Tentative courageuse de l'avocat général Dussaut pour prendre des réquisitions contre les ambassadeurs bordelais partis pour l'Angleterre. — Rage contrainte de Lenet. — Révélation de ses fonds secrets. — Justesse du coup frappé par Daniel de Cosnac.

(1653.)

Si nous retraçions les événements qui se sont déroulés en France depuis 1789, relever une platitude, l'absence de principes ou une trahison de la part d'un avocat révolutionnaire jouant un rôle d'homme politique serait une pure banalité. Il n'en est pas de même à l'époque dont nous nous occupons. Dans la vieille France les avocats étaient ou des hommes d'un grand savoir juridique qui mettaient toute leur ambition à approfondir la science du droit, se tenant à l'écart des affaires publiques dont le mouvement et le bruit auraient interrompu leurs travaux, ou bien c'étaient de simples parleurs à l'heure absorbant leur vie avec moins de préjudice pour l'État que pour leurs clients dans les querelles de la chicane, et n'étendant jamais leur action au delà des frontières du mur mitoyen, par conséquent ne songeant jamais à le franchir pour mettre le pied dans le domaine des affaires publiques. Depuis cette époque une démocratie inintelligente qui prend le flux des paroles pour du savoir, la rapacité au gain pour de l'aptitude financière, la chicane pour de la probité, la ruse pour de l'habileté permise, la morgue pour de la dignité, a provoqué les avocats à se jeter dans les affaires publiques. Il est d'autant plus curieux de constater, avant même que ce mouvement se fût prononcé, à quel point le terrain de la politique était glissant pour eux. L'un des premiers avocats démocrates qui s'y soit aventuré, le premier peut-être, s'y est étendu tout à plat. Ce préambule nous ramène à Vilars.

Nous avons été témoins de la vénalité de cet avocat revenant au service de la cause royale, non par devoir, repentir ou conviction, mais pour de l'argent ; puis nous avons été témoins de sa lâche trahison amenant la découverte de la conspiration du père Itier et la condamnation terrible qui vint frapper ce religieux. On pourrait croire qu'après ces deux actes Vilars était descendu aux derniers degrés de l'abjection, et que quelle que fût la bonne volonté qu'il y pourrait apporter lui-même, il lui serait impossible de descendre plus bas : ce serait une erreur !

La lettre inédite suivante que cet avocat adressa au prince de Condé prouve qu'il pouvait descendre encore :

« A Bourdeaux, le 1er de may 1653.

« Monseigneur,

« Quoy que Leurs Altesses Madame la duchesse de Longueville et Monseigneur le prince de Conty soist tesmoins de mes actions et de ma conduicte au servisse de Vostre Altesse, néanmoins je m'estime bien malheureux de voir aujourd'huy que mes esnemis incognus tashe de me ravir la gloire que mon inclination et ma fidellité au servisse de Vos Altesses m'ont acquis.

« Touttes les louanges, Monseigneur, que mes compatriottes et les autres peuples pourroist dire à ma louange sur le subject de la conjuration du père

Itier ne me seront jamais sy avantageuses ny sy glorieuses comme la moindre approbation de V. A. J'advoue qu'elle ma honoré d'une lettre dattée du xi avril dernier, l'artiffice de laquelle me donne subject de plainte contre ceux qui veulles paroistre autheurs à mon préjudisse de la découverte de la conjuration du dict père Itier, puisque la dicte lettre qu'ils ont faict signer à V. A. par surprinse ne parle en aucune fasson de la dicte conjuration, à tel point que Leurs Altesses apprès l'avoir leue me deffandires de la montrer à personne de peur qu'elle ne fist un contraire effect. Il n'y a, Monseigneur, que l'honeur que je préfere à tous les biens de la terre qui m'oblige à vous faire mes plaintes. C'est pourquoi je supplie très humblement V. A. de me pardonner sy je ne luy ay peu tere que telle blessure causée par mes esnemis qui sen cesse tashes de me rebutter contre vostre servisse et contre le serement inviolable que je faict de vivre et mourir,

« Monseigneur, vostre très humble très fidelle et très obéissant serviteur.

« DEVILLARS[1]. »

---

[1] Lettre inédite ; papiers de Lenet, *Bibliothèque nationale*, Fonds français, 6714; f° 310.

Le prince de Condé renvoya cette lettre à Lenet; ainsi que l'indique au dos cette mention : Lettre du sieur de Villars à son Altesse renvoyée par elle.

Nous avons cru devoir reproduire littéralement ce document non seulement avec les mots sans orthographe, ce qui n'a,

Vilars [1] revendiquait donc son ignominie comme un titre d'honneur, il se plaignait de ceux qui voulaient le frustrer du bénéfice d'avoir révélé le premier la conspiration du père Itier, il se plaignait du prince de Condé qui, sur la foi de faux renseignements fournis par ses envieux, lui ravissait, par l'omission de son nom dans une lettre, une telle gloire, c'est-à-dire une telle honte! Que Vilars se rassure, nous la lui restituons en entier. Par la publication de sa propre lettre et par celle des autres documents inédits sur son compte que nous avons mis au jour, il nous est permis de faire droit à sa réclamation.

Lenet dans une lettre que l'on va lire, adressée au prince de Condé, assure qu'il fait tous ses efforts pour apaiser la jalousie des rivaux de Vilars, rivaux qui se rencontrent dans l'Ormée elle-même, laquelle renfermait naturellement d'autres ambitieux de bas étage pressés de monter à leur tour. Il nous initie en même temps aux procédés

rien de surprenant à une époque où l'orthographe n'était pas encore fixée, mais ce qui est plus surprenant, avec l'inobservation des règles grammaticales les plus vulgaires.

Cette lettre était fermée par un double cachet en cire rouge, le cordon de soie qui les unissait a été arraché et a emporté l'empreinte du cachet.

[1] Malgré la signature de Vilars nous avons conservé à son nom l'orthographe consacrée par les historiens ; dans plusieurs occasions semblables nous avons expliqué nos motifs pour en agir ainsi.

de cet avocat qui se donnait non seulement les allures d'un homme politique, mais encore celles d'un chef militaire. Sa présomption lui faisait croire qu'il était doué de tous les genres de mérite : aussi ne doutait-il de rien. Sa vanité le poussa à prendre les airs d'un personnage : aussi se donna-t-il des gardes ; il marchait escorté de quatre-vingts satellites. Sa cupidité l'invita à jouir du bien d'autrui, et il se logea de vive force dans la maison d'un particulier dont il trouva l'installation plus confortable que la sienne. Ces actes, du reste, sont un reproche superflu à lui adresser ; il n'eût pas été révolutionnaire s'il n'eût, comme ses congénères de tous les temps, opéré au profit de ses vices et de ses intérêts.

Vilars pourtant ne serait qu'un simple écolier à notre époque où il y a des maîtres autrement habiles dans l'art de faire et d'exploiter les révolutions. Ce que nous lui reprochons ne serait que bagatelles de nos jours où le socialisme érige en doctrine le vol du bien d'autrui, de nos jours où l'on a vu les assassinats entourés de formes juridiques, de nos jours où l'on a vu la démocratie souveraine incendier Paris, comme Néron incendiait la ville de Rome ; de nos jours où l'on a vu tel avocat perdre un empire parce que sa profession l'avait rendu ignorant des principes et des traditions de la diplomatie, et tel autre avocat, achever sa ruine parce qu'il a voulu de loin diriger ses armées en général aussi improvisé qu'inexpérimenté. Comme contre-partie, il faut espérer que nous ne verrons jamais la démocratie dirigeante depuis nos révolutions donner le spectacle de quelque général faisant son avancement militaire dans les assemblées en parlant comme un avocat, ou de quelque autre général étranger aux traditions d'autrefois rédigeant une capitulation comme un notaire un contrat. On peut redouter bien des choses de la décadence d'un peuple livré à la démocratie, c'est-à-dire au mépris des principes et des traditions. De nos jours les avocats ne sont pas les seuls à fasciner le peuple par leurs boniments; nous nous sommes enrichis des médecins qui lui donnent des consultations politiques, des apothicaires qui lui offrent des médicaments politiques, des vétérinaires enfin qu'il acclame et qui veulent le traiter par leurs onguents.

L'échec de la conspiration du père Itier eut pour effet d'inspirer des soupçons ou de soulever des récriminations contre ceux dont la mission était de la seconder. A ce titre le duc de Candale ne fut pas épargné. On accusa sa faiblesse et surtout sa trop grande condescendance pour le prince de Conti. Le correspondant anonyme du cardinal Mazarin dont nous avons reproduit une première lettre, se fit l'écho de ces plaintes dans cette autre lettre :

Correspondance du bon Français et bon royaliste.

« A Bourdeaux, ce 1ᵉʳ may 1653.

«... Ce qui me fait prendre la plume à la main est la confirmation de ce que je vous avois desjà faict scavoir que le roy est très désastreusement mal servy en ces quartiers. J'honore beaucoup monsieur de Candale ; mais il faudroit n'avoir point d'yeux pour ne voir pas qu'il a trop de complaisance pour monsieur de Conty ; outre les prisonniers d'importance qu'il a rendus sans rançon et sans eschange, pour lesquels il eust peu délivrer, entre autres, le père Ithier, monsieur d'Affis et les autres, ce qui dégoutte fort tous les autres bons serviteurs du roy et les retient d'entreprendre rien de généreux pour son service. Outre cela, on assure que quand les Irlandois furent envoyés pour entrer dans Saint-Macaire, il luy estoit très facile de les défaire ou de leur faire prendre service, et que mesme ils désiroient ce dernier ; mais il se contenta de les renvoyer, ce qui fit perdre une belle occasion à monsieur de Vendosme, car ils rentrèrent dans Lormont fort peu de temps avant qu'il l'attaquast, et, s'il l'eut pris, il eut empesché le secours qu'on jetta dans Bourg. A propos de quoy quelle négligence, quelle lâcheté, quelle perfidie, est celle d'avoir laissé ravitailler cette importante place sur le point qu'elle n'en pouvoit plus, et perdre par ce moyen le fruit d'un si long blocus[1] ?... »

Il est évident que le partial correspondant du cardinal Mazarin s'était, au milieu de la sourde rivalité qui régnait entre les ducs de Vendôme et de Candale, tout à fait rangé du côté du premier et tournait en mauvaise part tous les actes du second. L'assertion par exemple qu'il eût dépendu du duc de Candale d'obtenir la liberté du père Itier en retour d'un échange de prisonniers est tout à fait inadmissible. La conspiration de ce religieux avait eu trop de retentissement et son succès eût entraîné de trop décisives conséquences pour qu'il eût été possible au prince de Conti, sans se compromettre de la manière la plus dangereuse, de se dessaisir de ce prisonnier à quelque prix que ce pût être. Quant à l'accusation d'avoir gardé en captivité le président d'Affis dont l'élargissement était loin de présenter les mêmes conséquences, elle est de tous points mal fondée. Le président d'Affis fut mis en liberté par un acte spontané et de libre volonté émanant du prince de Conti. Le prince de Condé, lorsqu'il en fut informé, en éprouva un si vif mécontentement qu'il s'empressa de le faire connaître à Lenet dans sa correspondance[2].

---

[1] Lettre inédite; *Archives nationales*, registre KK, 1220, f° 136.

[2] Lettre du 3 mai 1653, adressée à Lenet par le prince de

L'insuccès de la conspiration du père Itier après celui de toutes celles qui l'avaient précédée, ne découragea point ceux qui, même au péril de leur fortune ou de leur vie, aspiraient à sortir de la situation intolérable créée par la prolongation de la guerre civile. Seulement ils crurent devoir opérer sur un autre terrain que celui de la ville de Bordeaux. Ils n'y furent pas plus heureux, car si les conspirations étaient dans l'air, le vent était à la découverte de ces entreprises. La ville de Périgueux fut le théâtre de cette tentative; si elle eût réussi, les résultats eussent été bien moins décisifs qu'à Bordeaux, mais ils eussent encore entraîné d'importantes conséquences.

Un gentilhomme de Périgueux fut l'auteur de cette conspiration; un capitaine du régiment de Condé, La Touche, sur qui eût reposé toute la chance de son succès, la fit avorter par des révélations d'autant plus sûres qu'il dupa les conjurés. Il parut vouloir s'identifier à leurs desseins; afin de les mieux tromper, il avait eu soin de stipuler pour lui des avantages considérables en retour de l'engagement de faire entrer dans Périgueux, un jour où il serait de garde, un détachement de troupes royales pour donner assistance au soulèvement des bourgeois de la ville qui étaient du complot.

Condé. Papiers de Lenet. Lettre publiée dans la collection Michaud.

Folleville, le commandant des troupes royales tenant la campagne à quelque distance de Périgueux, devait fournir le détachement qui serait introduit dans la ville, et lui-même devait suivre de près pour appuyer cette avant-garde. La Touche avait prévenu Chanlot, gouverneur de Périgueux, et celui-ci avait immédiatement renforcé sa garnison en faisant entrer dans Périgueux le chevalier d'Aubeterre avec des troupes. Toutes les mesures furent prises pour laisser pénétrer dans la ville, non seulement l'avant-garde de Folleville, mais Folleville lui-même avec tous ses soldats, puis on les eût enveloppés et taillés en pièces. Au moment convenu, l'avant-garde de Folleville trouva la porte ouverte pour entrer dans la ville ; mais elle ne put se refermer sur Folleville, des pluies qui étaient survenues en grossissant les rivières l'avaient empêché de continuer sa marche avec les troupes qui l'accompagnaient. Cette circonstance seule le fit échapper à un désastre certain. Chanlot dut se contenter de la capture du détachement d'avant-garde ; mais comme La Touche lui avait remis en mains tous les fils de la conspiration, il fit arrêter le gentilhomme qui l'avait ourdie et les bourgeois qui en faisaient partie.

La perte de Périgueux, qui eût été un désastre considérable pour le parti des princes, fut ainsi évitée. En même temps le comte de Marsin parvint à ravitailler la garnison espagnole qui occupait la place de Bourg, et le colonel Marche par la prise du château de Certes auprès d'Arcachon, par la défaite de quinze cents paysans du Médoc qui furent taillés en pièces, assurait la communication de Bordeaux avec la mer, cette communication que la correspondance du *bon français et bon royaliste* signalait au cardinal Mazarin comme la ressource suprême de la ville de Bordeaux. Le parti des princes et la Fronde bordelaise se soutenaient donc avec assez d'avantages pour donner à l'Angleterre le temps d'intervenir dans la Guyenne, si quelque circonstance ne venait promptement ouvrir à l'armée royale les portes de la ville de Bordeaux.

Après ces préliminaires nous mettons sous les yeux du lecteur la lettre que Lenet adressait au prince de Condé :

« A Bordeaux, le 1ᵉʳ mai 1653.

« Je ne me donnay pas l'honneur de vous escrire lundy dernier parcequ'il estoit inutile, à cause que les courriers pour le païs où vous estes ne partent de Paris qu'une fois la sepmaine et que toutes les despesches autres que celles de jeudy séjournent trois jours audit Paris avant que d'en partir, et cela ne sert de rien. Aujourd'huy je vous diray, Monseigneur, que M. de Marchin a secouru Bourg en la manière que Vostre Altesse verra dans l'imprimé cy-joint.

« Un gentilhomme de Périgord qui, par intelligence avec Folleville, s'estoit rendu à Périgueux dans le dessein de faire quelque nouvelle conspiration, s'est adressé à La Touche [1], capitaine dans Condé, qui a conduit l'affaire avec tant de fidélité et si adroitement qu'il a descouvert tous les bourgeois conjurés, a tiré une promesse par escript dudit sieur de Folleville de luy donner vingt-cinq livres d'argent comptant dans Angoulesme, car il n'a rien voulu recevoir, une pension de mille escus et une compagnie dans un vieux corps, à condition de le faire entrer dans la ville le jour qu'il seroit de garde. La chose ainsi concertée par La Touche avec Folleville, d'un costé, et avec M. de Chanlot, de l'autre, Folleville faict couler dans Périgueux deux capitaines, deux sergeans, vingt soldats pour fortifier la garde de La Touche qui avoit desjà faict entrer M. d'Aubeterre et des trouppes par une autre porte, qui n'attendoit que Folleville fut entré ou paru pour le tailler en pièces ; mais les pluyes ayant grossi extrêmement les rivières, ses troupes ne purent passer, de sorte qui fallut se contenter de prendre les officiers et les soldats, le gentil-

---

[1] La maison de La Touche s'est alliée à la maison de Maillé qui a porté le nom de La Touche parmi ses titres de seigneurie.

homme et les *Mazarins* de dedans auxquels M. de Chanlot fera bonne justice. Je supplie Vostre Altesse de lui escrire quelque fois, car il le mérite bien, servant avec une passion et une assiduité non pareilles. La Touche mérite certainement récompense de cette action là.

« Le colonel Marche, après avoir pris le château de Certes, près Arcachon, a taillé en pièces avec son régiment de quatre cents Irlandois, quinze cents paysans du Médoc révoltés contre nous, et pris quantité de prisonniers parmi lesquels estoit Vellac, trésorier, Pagnon, vice-sénéchal, et quelques autres *Mazarins* chassés de Bordeaux, dont il prétend avoir cinquante mille livres de rançon. M. de Chouppes part au premier jour pour aller trouver Vostre Altesse. On dit icy que ce sont Leurs Altesses qui l'envoyent pour couper chemin à toutes les brouilleries qu'il a voulu faire parmi tous, tant que nous sommes.

« La maladie de Madame continue plus violemment despuis deux jours, la fiebvre ayant augmenté de beaucoup; on ne la scauroit porter à vivre de régime. Je suis d'opinion que despuis le mois de juillet dernier la fiebvre ne l'a point quittée et certes j'en suis en toutes les peines du monde. M. Le Breton escrira à Son Altesse.

« Je vous supplie, Monseigneur, de vouloir régler sa maison et celle de M. le duc; car il n'y a pas moyen de suffire à cela, ni de réformer le déresglement qui est dans l'une et dans l'autre sans vous l'escrire comme j'ay faict plusieurs fois, et c'est tout ce que peut une personne qui ne peut ni ne doibt s'en mesler. M. de Montpouillan est tousjours à Blaye prisonnier assez observé, et qu'on n'a pas voulu nous renvoyer sur sa parole, ny mettre à rançon. Tout le monde supplie Vostre Altesse de l'eschanger contre M. de Vandy.

« Madame veut absolument aller changer d'air à la campagne ; je vais envoyer demander passeport à Messieurs de Vendosme et de Candale pour qu'elle puisse demeurer en seureté dans une maison de M. le président de Pontac qui est icy proche, pour s'en servir s'il est nécessaire.

« L'Ormée roule tousjours M. de Vilars ; il y a force jaloux de la trop grande part qu'on croit qu'il a aux affaires et de ce qu'il a une compagnie dans Bordeaux de quatre-vingts hommes avec laquelle il s'est saisi de la maison et des meubles de M. de Saint-Medard, disant que c'est pour représailles d'une qu'il a près de Cadillac qu'il croyoit qu'on luy eût rasée et dans laquelle certainement l'on faict de grands désordres ; tout ce qu'a faict ledit sieur a esté par bons ordres de Son Altesse ; mais cela n'appaise pas l'envie qu'on a contre luy, j'y travaille tant que je puis.

« Je finiray cette lettre par le récit du grand desmeslé qui est entre M. d'Auteuil et M. de La Fontaine. L'affaire est qu'un officier de panneterie nommé Charlot est coustumier de battre les pages et valets de pied. La Fontaine luy a souvent dit qu'il ne le souffriroit pas, et cela en présence du contrôleur.

A un quart d'heure de là, M. de La Fontaine, en présence du contrôleur, luy dit qu'il estoit faché qu'il l'eut obligé à le battre. Le contrôleur répliqua qu'il avoit bien fait et qu'il chastieroit l'officier, si jamais il retournoit à la mesme chose.

« Le lendemain, M. d'Auteuil envoya quérir La Fontaine, luy dit d'un ton grave qu'il s'estonnoit de son arrogance, que M. le duc estoit mortellement offensé et qu'il luy déclaroit qu'il l'interdisoit de sa charge et qu'il luy faisoit deffence d'entrer dans l'escurie, ny dans la chambre de Son Altesse, qu'il avoit donné l'ordre de ne l'y plus recevoir ; qu'au reste il estoit trop assidu vers Son Altesse, qu'il ne quittoit sa chambre, ny son carosse, qu'il croioit faire comme M. de Luynes qui avoit empietté l'esprit du feu roy avec des moineaux ; mais qu'il l'empescheroit bien. Puis envoyant quérir tous les officiers, il dit au secrétaire et au contrôleur que s'ils ne le considéroient plus à l'advenir, qu'il les interdiroit pareillement, et aux bas officiers qu'il ne vouloit pas qu'ils s'adressassent aux chefs, ny les chefs au contrôleur, parcequ'il estoit Parlement qui recognoit les causes des parties sans passer par les baillages, et quantité d'autres discours qui firent rire ceux auquels on fit ce récit. Tout le monde fut pour La Fontaine qu'on crut n'avoir pas deu estre interdit pour la faute qu'il advouait luy-mesme avoir faicte et dont il s'estoit fort excusé envers M. d'Auteuil. Madame la princesse trouva mauvais de ce qu'il ne luy avoit poinct faict scavoir avant que d'en venir là, et de ce que les plaintes avoient esté portées ailleurs devant qu'elle en sçut rien. Il s'est trouvé des parents de part et d'autre ; mais enfin Madame envoya La Fontaine à M. d'Auteuil pour demander pardon à M. le duc de ce qu'il avoit frappé un de ses officiers ; à quoy M. d'Auteuil respondit : Et à moy n'avez-vous rien à me dire ? La Fontaine répliqua : « si je vous avois offensé, je vous en dirois autant ; mais ne l'ayant pas faict, vous agréerez que je vous die que je suis vostre serviteur ». « Eh bien, luy dit-il, vous n'avez qu'à vous retirer. » Là dessus M. d'Auteuil fait négotier dans toutes les cours ; Madame envoye dire à M. le prince de Conty que n'ayant pu estre obéie par M. d'Auteuil, elle le prioit d'y mettre ordre. M. le prince de Conty luy mande qu'elle se moque de luy, et qu'estant un de ses domestiques, elle en devoit estre maistresse. Le lendemain, qui fut hier, Madame renvoye dire à M. d'Auteuil de restablir La Fontaine sur le champ, et, s'il refusoit, elle charge l'ambassadeur de le dire de sa part à Monseigneur le duc auquel elle le commandoit. Là dessus M. d'Auteuil prie qu'on diffère une heure. Il va chez Madame de Longueville et chez M. le prince de Conty ; on négotie fortement. M. le comte de Maure prit la peine d'aller trouver Madame et la disposa fort facilement à remettre l'affaire entre les mains de M. le prince de Conty pour l'accomoder. Dieu veuille que cela se termine aujourd'huy et nous délivre de plus fascheuses affaires. On en fait de toute chose : La Fontaine vouloit aller trouver Vostre Altesse ; mais on l'a retenu. Voilà tout ce qui s'est passé depuis ma dernière. Dieu vous conserve [1]. »

Nous pouvons compléter ce que Lenet vient de raconter de la défaite et du massacre de quinze cents paysans du Médoc par quelques détails puisés à une autre source : le colonel Marche à la tête de cent cinquante cavaliers et de quatre cents fantassins escortait un convoi destiné à ravitailler Bordeaux lorsque ces paysans l'avaient attaqué, sous la conduite de Paignon, frère du curé de Saint-Pierre, à Bordeaux, et de Vellac, trésorier de France ; Marche les mit dans une complète déroute et quelques-uns de ceux

[1] Minute inédite ; papiers de Lenet, *Bibliothèque nationale*, Fonds français, 6715.

qui avaient réussi à s'échapper s'étant refugiés dans une église, il les y força[1]. Il nous reste à apprécier certains détails de la lettre de Lenet qui ne sont pas dénués d'intérêt ; tels par exemple que les désordres financiers qui régnaient dans les maisons de la princesse de Condé et du duc d'Enghien, pour la réforme desquels Lenet appelait l'intervention du prince de Condé ; le démêlé du comte d'Auteuil [2], gouverneur du jeune prince, avec La Fontaine [3], officier de sa maison, qui a battu un subalterne qui battait des valets, prouve encore que le désordre ne se bornait pas aux finances. Le trait décoché aux moineaux du duc de Luynes sur le dos de La Fontaine a bien son prix. Enfin les détails donnés sur la santé de la princesse de Condé sont d'autant moins indifférents que sa mort rendant la liberté à son volage époux eût été certainement suivie de graves conséquences. Il était question souvent de savoir qui lui succéderait ; et Melle de Montpensier, avec l'esprit de calcul et d'ambition qui la caractérisait, n'était pas la dernière à

[1] *Relation de ce qui s'est passé en France depuis le 5 janvier jusqu'au 26 avril 1653. Document inédit. Fonds de Sorbonne, 1257, Bibliothèque nationale. Art. sous la rubrique : Bordeaux, 1er may 1653.

[2] Fils de Raoul Moreau, seigneur d'Auteuil, du Tremblay et de Grosbois, trésorier de l'épargne, et de Jacqueline Fournier.

[3] François de La Fontaine, qualifié comte de Verton, seigneur d'Hallencourt, mort en 1668. Voy. l'*Histoire généalogique du P. Anselme.*

envisager cette éventualité. Le projet de la princesse de Condé d'aller à la campagne pour changer d'air ne put se réaliser, soit que l'autorisation nécessaire n'ait pu être obtenue des généraux des armées royales, soit pour toute autre cause. Clémence de Maillé, comme la plupart des personnes délicates, était semblable au roseau qui plie et ne rompt pas, elle parvint pour son malheur à un âge avancé.

Madame de la Guette raconte que dans une visite qu'elle fit à cette princesse à Bordeaux, celle-ci la reçut au lit d'où elle ne sortait guère, lui disant qu'elle souffrait d'un mal de rate insupportable, et elle la pria de porter la main à son côté. Mme de la Guette le trouva si gros et si dur qu'elle en fut effrayée. La princesse lui demanda : « Qu'en dites-vous ? » « Il faut, répondit Mme de la Guette, que Votre Altesse se réjouisse, la joie étant le souverain remède à son mal. » « Ah ! comment me réjouir dans l'état où nous sommes ? » s'écria la princesse[1].

Si la princesse de Condé avait pu se dérober à la tristesse pour suivre le conseil de Mme de la Guette, il est certain que, malgré la teinte assombrie de la situation politique, la vie folâtre et légère de la petite cour des princes à Bordeaux lui aurait fourni

---

[1] Voy. les *Mémoires* de madame de la Guette.

des occasions faciles ; mais la princesse demeura dans un abattement que les procédés du prince de Condé à son égard étaient peu faits pour dissiper. Clémence de Maillé avait cependant son genre de plaisirs auquel elle s'adonnait sans scrupule ; c'était une gourmandise poussée jusques à la gloutonnerie et qui nous fait souligner cette phrase de Lenet : « On ne sauroit la porter à vivre de régime. »

La santé du prince de Condé n'était à cette époque guère meilleure : aux accès de fièvre qui reparaissaient sans cesse s'était joint la maladie de la pierre ; Caillet, son secrétaire, pour dissiper les alarmes, écrivait à Lenet :

« Je suis obligé pour vous oster l'inquiétude que vous pourroient donner les bruits qui courrent sans doute d'une incomodité de trois ou quatre jours seulement, mais accompagnée des plus grandes douleurs du monde, que Son Altesse a eue à Namur comme elle estoit sur le poinct de venir en cette ville. Vous sçaurez donc, Monsieur, que Son Altesse, deux ou trois jours avant son départ de Namur, fust attaquée d'une colique graveleuse fort violemment au milieu de la nuict avec des vomissements furieux et des efforts inconcevables qui lui firent rendre des caillés pleins de bile et autres humeurs malignes. Ses efforts estoient si grands qu'ils estonnoient tout le monde. M. Dupré y apportast tous les remèdes qu'il pust dont Son Altesse

se sentist grandement soulagée et luy fist préparer
un bain pour les neuf heures du matin du dimanche 18 du passé qui fist si grand bien à Son Altesse
et luy ouvrit tellement les portes qu'une démi-heure
après elle rendist une pierre grosse comme un
grain de bled sans aucune douleur. Le reste de la
journée se passa fort bien et le lendemain lundy
jusques sur les huit à neuf heures du soir que ses
premières douleurs recommencèrent et avec des
efforts et des vomissements tout semblables aux autres. Cela cessa sur les dix heures et demy qu'arriva un médecin de M. l'archiduc envoyé de sa
part sur l'advis qu'il avait eu de la maladie de Son
Altesse, qui entendit le récit par M. Dupré et de
la maladie et des remèdes, dont il approuva la conduite. Ce docteur est un des plus renommés de
tous les Pays-Bas, particulièrement pour les maux
de cette nature. Après avoir dit son advis au cas
que le mal recommençast, il se retira ; et, demy
heure après, la même incommodité travailla tout
de nouveau Son Altesse, et M. Dupré luy continua
ses remèdes dont elle se trouva soulagée et nonobstant la grande foiblesse que des efforts si extraordinaires luy avoient causé, elle ne laissa pas de se
mettre en chemin le mardy et vint coucher à un
lieu nommé Limail qui est parfaitement beau, à
six lieues de Namur et à quatre d'icy, où il y
avoit les préparatifs de festin les plus superbes

et les plus magnifiques qu'on ayt jamais veus. Les carrosses de M. l'archiduc y estoient. M. le comte de Fuensaldagne, M. le comte de Garcie et tous les grands seigneurs du pays l'y vinrent joindre pour l'accompagner à son entrée. Don Juan de Borgia, gouverneur d'Anvers, estoit celuy qui vinst prier Son Altesse, de la part de l'archiduc, d'aller à Bruxelles, avec asseurances de la traicter avec toute la cérémonie et civilité qu'elle pourroit le souhaitter; car auparavant l'archiduc s'estoit tenu un peu ferme sur le subject des civilités. Le mercredy 21, Son Altesse arriva en cette ville où elle fust receue avec les applaudisements que vous pourrez vous imaginer, après un mois de temps que Bruxelles attendoit cela avec des impatiences incroyables. Son Altesse entra par le parc où M. l'archiduc la vint recevoir. Ils se firent mille compliments. Son Altesse eust tousjours la droicte; et quand ils se visitèrent l'un l'autre, ils se traictèrent esgalement; c'est tousjours en particulier et par des escaliers dérobés, comme ils logent tous deux en mesme logis qui est la cour.

Pour en revenir à l'estat de la santé de Son Altesse, je vous diray que M. Dupré, incontinent qu'elle fût à Bruxelles, luy fist prendre des eaux de Spa, en continuant tous les jours : et, dès la première fois qu'elle en prist, elle rendit sans douleur une pierre plus grosse que la première. Voilà, Monsieur, tout ce que je vous peux dire présentement, n'ayant pas le temps d'adjouster aucune chose à cette lettre ; seulement vous suppliray-je d'avoir la bonté de m'entretenir dans le souvenir et les bonnes grâces de nostre bonne maistresse et d'asseurer Madame de Longueville de mes respects.

« A Bruxelles, le 3e may 1653.

C. [1]. »

Cette lettre de Caillet nous a conduit dans les Pays-Bas où les brouilleries du prince de Condé avec l'archiduc causées par des questions de préséance et d'étiquette avaient fait place à une apparente réconciliation. Aucune opération militaire sérieuse n'avait lieu en ce moment de ce côté ; revenons à la Guyenne.

Après les correspondances inédites, la Gazette [2] va nous apporter son contingent de faits. Les vivres que le comte de Marchin avait introduits dans Bourg ayant été promptement épuisés, le gouverneur espagnol, dom Joseph Osorio, s'empara par voie de réquisition des denrées des habitants en leur donnant l'assurance de les leur rendre ; mais au lieu d'accomplir sa promesse, il les expulsa comme bouches

---

[1] Lettre inédite ; Papiers de Lenet, *Bibliothèque nationale*, Fonds français, 6715, f° 25.

[2] Art. sous la rubrique : Bordeaux, 8 may 1653.

inutiles. Une galère de l'armée royale s'étant échouée au bec d'Ambez, des brigantins sortis de Bourg allèrent s'en saisir, et n'ayant pu la remettre à flot, y mirent le feu après avoir enlevé son artillerie. Le duc de Vendôme venait d'achever pour le compte du roi le fort commencé par les Espagnols dans l'île de Casau, et il entreprenait la construction d'un second fort à Vallier. Comme, pour en rendre les approches plus difficiles, il avait fait démolir quelques maisons, le conseil des Ormistes, à Bordeaux, sous le couvert du nom du prince de Conti, ordonna par représailles la démolition de la maison de Dussaut, conseiller au Présidial. Les Bordelais de leur côté poussaient avec activité leurs préparatifs maritimes; ils achevaient l'armement de deux vaisseaux, de deux demi-galères, de cinq brigantins et de quatre brûlots, flottille confiée au commandement de M. de Salnove qui nous est déjà connu [1]. Deux frégates espagnoles venaient d'arriver de Saint-Sébastien à la Teste-de-Buch avec quelques munitions et une lettre du baron de Vatteville annonçant son prochain retour dans la Gironde avec l'armée navale tout entière, promesse qui ne rencontrait qu'une médiocre confiance. Le prince de Condé recommandait vivement dans sa correspondance [2] que, dès

---

[1] Voy. t. IV, p. 381.
[2] Lettre adressée à Lenet, de Bruxelles, le 3 mai 1653, publiée dans la *Collection* Michaud.

l'arrivée de cette armée navale, on reprît l'île de Casau, et qu'on y mît une assez forte garnison pour ne plus risquer de la perdre; il recommandait avec une égale insistance la reprise des villes de Rions, de Cadillac et de Langon.

Au milieu de cet enchevêtrement de faits, vint éclater comme une bombe, sous le nom de lettre de cachet, une missive royale. Elle était datée du 26 avril et parvint aux destinataires le 4 mai[1]; en voici la teneur :

« De par le Roy,

« Très chers et bien aimés, despuis la rébellion survenue en nostre ville de Bordeaux, nous avons esté plusieurs fois informés que tant s'en fault que la pluspart des bourgeois y ayent pris part, qu'au contraire ils nous ont rendu en diverses rencontres des tesmoignages de leur zelle et de leur affection à nostre service, que les autres n'y ont esté poussés que par de mauvaises impressions qui leur ont esté données et par quelques interests particulliers, et comme nous sommes maintenant advertis de la bonne disposition qu'il y a dans nostre dicte ville pour se remettre à nostre obéissance, et que ceux qui se sont esloignés de leur debvoir ne s'y sont opposés que par la crainte du chastiment, nous

[1] Voy. la *Gazette*, art. sous la rubrique : Bordeaux, 8 may 1653.

avons bien voullu vous donner des marques de nostre bonté et de l'amour que nous avons tousjours eu pour ladite ville en vous despartant nos grâces pour vous faire jouir du repos que nous desirons vous procurer, plustot que d'user des autres remèdes que nous avons entre les mains pour vous obliger à nous recognoistre et nous rendre les respects ausquels sont tenus de bons et fidelles sujets. C'est pourquoy nous avons fait expédier en vostre faveur nos lettres d'amnistie portant pardon général de tout ce qui s'est passé pendant les mouvements en ladite ville et qui pourroit avoir esté par vous commis sans en rien réserver, vous exhortant à la recevoir ainsi que vous debvez avec asseurance qu'il ne sera contrevenu de nostre part en rien de ce qui vous est accordé. De plus nous vous permettons, sy vous desirez encore quelque autre chose, de députter vers nous un d'entre vous de chacque corps pour nous faire vos demandes et vos propositions sur ce suject. A cest effect vous retirant vers nostre oncle le duc de Vendosme, lieutenant-général en nos armées, pair, grand maistre chef et surintendant de la navigation et commerce de France, il vous donnera tous les passeports nécessaires pour nous venir trouver en toutte seuretté et liberté. Et en cas que vous refusiez ladite amnistie et les présentes offres, nous vous déclarons que vous n'y serez plus receus, que nous transférerons le siège du sénéchal où nous jugerons estre à propos, comme nous avons faict des compagnies souveraines de ladite ville; et que nous en viendrons au dernier remède qui sera le siège que nous ferons poser aux environs de vos murailles pour lequel nous nous acheminerons en personne en nostre province de Guyenne dont nous ne bougerons que vous n'ayez esté réduits par la force de nos armes en nostre obéissance, vous rendant dès à présent responsables solidairement en vos propres et privés noms de tous les mauvais traitements qui s'en suivront. Que sy au contraire vous acceptez la paix et ladite amnistie, nous vous donnerons toutte protection et assistance envers et contre tous pour vous garantir de toute oppression et vous traiterons si favorablement que vous aurez le suject d'en estre satisfaicts. Cependant comme nous nous promettons que vous vous conformerez d'aultant plus volontiers à ce qui est de nostre intention que vous y trouviez vostre bien et advantage, Nous ne vous en ferons la présente plus longue.

« Donné à Paris, le 27e jour d'avril 1653.

Louis [1]. »

Cette royale missive avait été inspirée surtout par les légitimes appréhensions qu'inspirait à la Cour

[1] Papiers de Lenet, *Bibliothèque nationale*, Fonds français, 6714, f° 299.

l'éventualité d'une alliance de la Fronde bordelaise avec l'Angleterre, et par la certitude qu'il existait à Bordeaux un parti nombreux aspirant à la paix. Il avait paru urgent de donner à ce parti, que la crainte faisait taire, de nouveaux encouragements afin de le faire sortir hardiment de son silence.

Le Conseil du roi avait en conséquence décidé que les promesses d'amnistie seraient renouvelées et que les trésors de la clémence royale seraient montrés ouverts à quiconque rentrerait dans le devoir; mais qu'en même temps on ferait savoir que si la voix du souverain n'était pas écoutée, des châtiments exemplaires atteindraient la ville de Bordeaux; qu'à la perte de son Parlement, viendrait s'ajouter la perte de sa sénéchaussée, enfin les mille maux qui suivent la prise d'une ville par la force des armes. Pour faciliter aux habitants les moyens de s'entendre pour le rétablissement de l'autorité royale, ils étaient invités à députer une personne de chaque corps d'état auprès du roi lui-même.

Cette tentative nouvelle échoua par la lâcheté même des destinataires de la lettre royale. Quelque fût le désir de la plupart d'entre eux de voir la fin de la guerre civile, la crainte de se compromettre fut plus forte encore. Ils portèrent au prince de Conti l'exemplaire qu'ils avaient reçu. Ce prince, à son tour, par la force des choses, malgré ses dissentiments avec Lenet, ne put faire autrement que de prendre son avis. Naturellement celui-ci, jugeant un éclat indispensable pour réduire à néant l'effet de cet acte, déclara nécessaire de convoquer à l'Hôtel-de-Ville une assemblée de l'Ormée. Cette assemblée protesta avec violence contre cette tentative de la Cour et Lenet put insérer dans la dépêche suivante, adressée au prince de Condé, cette phrase si choquante par son style irrespectueux et si peu en harmonie avec les usages et l'esprit de cette époque, que *la lettre royale avait été tournée dans un ridicule sans pareil.*

« A Bordeaux, ce 8 may 1653.

Par le dernier ordinaire Messieurs les jurats, le séneschal du chapitre de Saint-André et de Saint-Seurin, les juges et consuls de la Bourse, et les capitaines de cette ville receurent chacun une lettre du roy dont j'envoye copie à Vostre Altesse. Ils portèrent tous leurs despesches à M. le prince de Conty, qui, le lendemain, trouva bon que j'allasse à l'Hostel-de-Ville en donner part à toute la bourgeoisie de la ville et de l'Ormée assemblée. Ils m'y receurent avec grande joye, escoutèrent favorablement ce que je leur dis là-dessus. Je leur fis lire l'une des lettres, car toutes sont conformes; elle fût tournée dans un ridicule non pareil, et, sans le nom du roy, il auroit passé au plus terrible advis du monde; enfin il s'esleva un cri de joye de *Vive le roy* et *M. le prince!* On fit une protestation publique de vivre et de mourir, pour vostre service; et ayant pris les voix de cinq ou six bons bourgeois, elles furent toutes conformes d'envoyer les six lettres à Votre Altesse et leur original, et de la supplier de croire qu'ils souffriront toutes les extrêmitez possibles plustôt que de songer jamais à aucune paix que par vos ordres. Ils me prièrent de vous le mander ainsi et de trouver bon qu'ils m'accompagnassent dans tous les logis de Leurs Altesses pour leur faire les mesmes protestations. J'acceptai le parti; je me mis à la teste et les menai partout où ils voulurent aller et partout ils haranguèrent, scavoir les juratz pour la Ville, et le sieur Mainville, qui ce jour là présidoit à l'Ormée, avec tant de ferveur et de zèle pour vostre service que la Cour ne sera nullement satisfaite de cette journée là, de laquelle pourtant (mais fort mal à propos) elle espéroit grand avantage.

« M. de Marchin, après avoir mis ordre aux places de l'Isle et de la Dordogne, est repassé ici et va voir M. de Baltazard aux affaires duquel j'ai mis tout l'ordre possible; *Idem* des Irlandois.

« Le régiment de Vozmez[1] qui est à Lormont, voyant que quelque communication que quelques uns de leurs gens avoient eu avec quelques autres

---

[1] Nous ne garantissons pas l'exactitude du nom de ce régiment irlandais tracé d'une écriture difficile à déchiffrer.

réfugiés de Bourg, à Blaye, nous avoit donné quelque soupçon contre eux, ils vinrent trouver M. de Marchin et le prièrent de vouloir bien estre leur maistre de camp en attendant que le leur fût arrivé d'Irlande ici, ce qu'il accepta, et fut le lendemain audit lieu de Lormont où il leur fit un grand festin.

« Il est arrivé encore trois cents Irlandois bien armés à la Teste, et le vaisseau de munitions qui avoit relasché par le mauvais temps, il y a environ six semaines.

« Les lettres de M. de Saint-Agoulin, du 20 avril, qui sont les dernières, portent que l'on alloit envoyer un courrier du roy catholique à M. de Vatteville, portant ordre exprès d'entrer en rivière avec ce qu'il a déposé au Passage, si nous jugions qu'il y eût péril d'attendre l'escadre de Cadix et autres qui doivent la joindre ; sur quoy il nous a dépesché don Juan de Sobart pour prendre les ordres de Son Altesse de Conty. Il s'en retournera demain avec M. de Salnove suivant que je vous l'ai mandé.

« On travaille à grande haste à mettre en estat deux vaisseaux de guerre de vingt pièces chacun, six brûlots, une petite galère et six brigantins en le port icy. J'ai fait le fonds pour tout cela. Nous aurons encore force batteaux pour charger l'infanterie quand nostre secours viendra. Cela, avec ce qui nous reste de marine, ne nuira en rien.

« Les ennemis, après avoir longtemps mugueté

Lormont inutilement, ont résolu de se jeter dans le Médoc, pour traverser nostre communication de la Teste et faire quelques courses jusques aux portes de cette ville. Ils se sont postés du costé de deçà vers Parampure où ils se fortifient et ont mesme fait passer quelque cavalerie. Nous avons fait poster dans le voisinage Marche et de la Marcousse [1], M. de Gouville, mareschal de camp, y est ; tout cela fait un peu crier Bordeaux ; M. de Marchin fait venir des Irlandois pour les attaquer.

« Nous avons receu nouvelles de Paris par lesquelles on nous mande que la Cour consent à l'eschange de M. de Montpouillan pour M. de Vandy [2], à quoy toute cette Cour icy supplie Votre Altesse de donner les mains par la considération dudit sieur de Montpouillan que nous considérons beaucoup et avec raison.

« On fit avant hier les juges et consuls de la Bourse dont je ne sceus rien qu'après qu'ils furent faits, M. le prince de Conty m'ayant délivré de ce soing.

« Peuche qui s'estoit un peu eschappé à parler contre les cabales de Chouppes et contre Vilars, sur le sujet de Chambon, avoit en mesme temps

---

[1] C'est-à-dire les régiments de Marche et de la Marcousse.
[2] Jean de Vandy, baron d'Aspremont, de la maison d'Aspremont, en Lorraine, ancien page du cardinal de Richelieu, sa sœur était fille d'honneur de mademoiselle de Montpensier ; on sait que le portrait de celle-ci figure au nombre de ceux qui ont été tracés par la plume de cette princesse.

receu un passeport de Son Altesse pour s'eschapper de Bordeaux ; mais j'adoucis après la chose en disant que je l'envoyois à Libourne où je lui donnerois quelque emploi, mon crédit s'estendit jusqu'à cela; mais à cette heure il dit qu'il veut aller joindre Vostre Altesse ; pleust à Dieu avoir le mesme bonheur en cela que lui. Le pauvre Chambon est tousjours chez Son Altesse de Conty sans la voir, on ne veut pas rendre le passeport qu'il avoit pour aller trouver Vostre Altesse. Il se résoult de passer à Saint-Sébastien avec M. de Salnove pour de là s'embarquer avec M. de Mazeroles qui y attend tousjours occasion de vous aller joindre.

« M. le chevalier de Feuquières, que je puis vous dire estre une matière propre à toutes choses, puisque M. de Marchin et tous les honnestes gens le jugent tel, m'a entretenu avec beaucoup de retenue et de délicatesse sur le désir qu'il auroit de ne rester pas si longtemps guidon de gens d'armes dans une compagnie où tous ses commandans sont aussy jeunes que luy, il m'a mesme dit qu'il aymeroit mieux faire une vie plus active dans quelqu'autre emploi. Je vois bien qu'il souhaitteroit fort un régiment de cavalerie et que Vostre Altesse l'obligera infiniment si elle le tire d'où il est, soit par là ou par tout autre emploi dont elle le jugera digne. S'il se présente quelque chose de vostre costé, il supplie très humblement Vostre Altesse de se souvenir de lui ; si M. de Marchin peut quelque chose par deçà, je croy qu'elle ne sera pas fasché qu'il la luy donne. J'oubliois à dire à Vostre Altesse que ledit sieur chevalier de Feuquières me dit, il y a quelques jours, que si Vostre Altesse vouloit luy donner la charge de ses gens d'armes qu'avoit M. de Rochefort, il l'accepteroit volontiers, croyant que vous ne ferez pas encore monter M. de la Roche Giffard qui n'a pas encore servi comme guidon ; remettant le tout à vostre volonté.

« M. de Marchin a aussy envie de faire quelque chose pour travailler, s'il s'en présente occasion.

« J'envoye à Vostre Altesse une lettre de M. de La Fontaine auquel M. d'Auteuil à défendu la table de Monseigneur le duc où il se mettoit quand il n'y avoit personne d'estranger, depuis la première affaire raccomodée ; ce qu'il y a de plus mal, c'est que cela se fait par des principes qui ne sont pas trop bons. Vostre Altesse décidera de tout s'il lui plaist, car Madame n'y peut rien, estant en colère, et laquelle n'a pas été obéye en l'autre procédé.

« Son Altesse se porte un peu mieux que d'ordinaire, je la trouvai hier et avant-hier sans fiebvre, mais d'ailleurs sa santé est fort incertaine.

« J'ose encore supplier Vostre Altesse de songer au réglement de sa maison et de celle de M. le duc qui sont dans une confusion non pareille, ayant tousjours le pourvoyeur de Paris, et coustant, sans gages, sans les habits et sans menus plaisirs, ce que j'ai plusieurs fois mandé à Vostre Altesse.

« Le sieur de Vilars donna hier à souper à toutes Leurs Altesses, aux officiers d'armée, juratz, plusieurs de l'Orméé (les violons y estoient et la plus magnifique chère du monde), dans le logis du président Charon où il loge à présent. La santé de Vostre Altesse y fut bien bénie et on y donna passeport au reste de la dévotion mourante de M. le prince de Conty.

«M. Dussault, avocat général, persuadé, à ce qu'on dit, par M. le conseiller, son fils, et par quelques conseillers des plattes [1], se mit hier au bureau pour faire des réquisitions contre M. de Trancas qui est allé en Angleterre avec le sieur de Blarut et Désert, bourgeois, ainsi que je l'ai mandé cy-devant à Vostre Altesse. Messieurs d'Espagnet, Duduc, Nesmond et Massip soutinrent la chose et empeschèrent qu'il n'y eust rien de délibéré là dessus.

« Je ne vous ai pas envoyé leur instruction, parce que je n'ai osé la risquer : le principal but est de demander des secours d'hommes, d'argent et de vaisseaux ; les dits sieurs ont ordre d'agir de concert

[1] Nous avons déjà rencontré ce sobriquet donné par Lenet à une fraction des conseillers du Parlement de Bordeaux.

avec MM. de Cugnac et de Barrière [1]. Je ne scais pourquoy nous ne vous avons pas encore envoyé le petit Pasque.

« On dit tousjours que M. de Chouppes doit partir de jour à autre pour aller trouver Vostre Altesse. On me dit à l'oreille qu'on le congédiera. Cependant sa faute est grande ; il ne voit ni M. de Marchin, ni moy. Pour moy il faudroit que je fusse le dernier coquin du royaulme si je le voyois qu'en la vallée de Josaphat, après m'avoir voulu deshonorer à son retour d'Espagne, mettant M. de Marchin de la partie [2]. Mais il n'a pas eu contentement à la fin ; car les troupes ne se sont pas révoltées et la conduite de Vostre Altesse a esté si pleinement et si publiquement justifiée que la honte leur en est à tous demeurée sur le front ; et ne leur est demeuré qu'un appétit incroyable que je ne suis pas en estat de satisfaire, si c'est que je crois que Vostre Altesse trouvera que j'ai raison là dessus.

« Je garde pour dernier article ce qui me regarde le plus. Vostre Altesse scaura donc qu'après dix ou douze séances d'un travail fort assidu de Madame de Longueville et de M. le prince de Conty,

---

[1] On voit, d'après ce passage, que le prince de Condé n'avait pas été l'instigateur de la mission envoyée par la ville de Bordeaux en Angleterre ; elle ne pouvait en effet que nuire à l'unité d'action dans les démarches de ses propres agents.

[2] Lenet veut dire que M. de Chouppes voulait aussi déshonorer M. de Marsin.

moy absent (car je n'y ai pas voulu y estre), M. le Vascher a rendu ses comptes qui sont au meilleur ordre du monde, ils sont tous arrestés et alloués de la main de Leurs Altesses, qui ont veu qu'il a esté bon besoing que j'aye eu de crédit dans Bordeaux, ayant cogneu tout ce que je dois à plusieurs marchands et banquiers pour soutenir les affaires. Tenez-moy pour un rhéteur s'ils ont trouvé une gratification de cent francs qui n'aît pas dûe estre faite, et s'ils ont trouvé un seul article sur lequel il n'y aît de l'espargne. M. de Chouppes, ni ses adhérents, ne m'ont, par la grâce de Dieu, pas pris sur faible. Je faits un abrégé de tout cela afin de l'envoyer à Vostre Altesse.

« J'ay esté modeste, rongeant mon frein tout doucement tant qu'on a rendu les comptes ; mais, après que la justification a esté publique, j'ay commencé à parler comme les gens d'honneur ont coustume de faire.

« Vostre Altesse scaura que comme M. de Marchin avoit eu avant son départ pour Bergerac un grand éclaircissement avec Leurs Altesses, elles voulurent aussy en avoir un avec moy que je refusai jusqu'après la reddition des comptes de Vascher, auquel temps M. le comte de Maure ayant eu ordre de me mener chez Madame de Longueville où estoit M. le prince de Conty, commença à me dire que M. de Marchin avoit, aussy bien que moy, fort mal vécu avec luy ; que pour le premier il n'en disoit plus rien parce qu'il s'estoit desjà éclaircy avec luy, que pour moy il me prioit de luy dire ce que j'avois sur le cœur contre Son Altesse et qu'après il diroit ce qu'il avoit contre moy. A cela je respondis qu'il né m'appartenoit pas d'avoir rien contre une personne de sa qualité, que j'y vivois avec le respect et l'obéissance que je debvois et que Vostre Altesse me recommandoit d'avoir pour luy, attendant qu'il vous eust pleu me permettre de me retirer vers Vostre Altesse, comme je l'en avois souvent suppliée, et qu'elle eust établi quelqu'un en ma place qui fut plus agréable à Leurs Altesses et plus propre aux desseins qu'avoient ceux qui luy avoient mis tant de choses dans la teste contre M. de Marchin et contre moy, dans le temps que Leurs Altesses me tesmoignoient toute l'amitié imaginable, et qu'il me sembloit que j'avois plus de suject de faire un fondement solide ; qu'ils scavoient bien en leur conscience que personne n'avoit tant quitté de choses en venant dans ce parti que M. de Marchin, et que j'osois dire que personne n'avoit tant contribué à son soustien et à leur gloire que luy et moy ; que M. de Marchin l'avoit supplié de demander à Son Altesse M. de Tarente pour venir commander dans la Guienne (car il n'en jugeoit pas ceux qui y estoient capables) et qu'il se retireroit vers luy. J'adjoutai que je le suppliois de trouver bon de rappeler ici M. le président Viole pour reprendre la place qu'il y a eu dans un temps bien différent de cestuy-cy (en quoy je le plaindrois beaucoup, estant fort de mes amys), enfin que je scavois que Vostre Altesse ayant la dernière confiance en Leurs Altesses, elle leur donneroit asseurément pour tous emplois des gens tels qu'ils désiroient, mais, qu'attendant cela, comme il ne falloit pas que vostre service demeurast en rien, je les suppliois très humblement de me dire en quoy j'avois manqué depuis le temps qu'ils se louoient si fort de ma conduite. Là dessus M. le prince de Conty reprenant la parole (car Madame de Longueville ne disoit que fort peu) me dit que nous n'avions (me mettant toujours avec M. de Marchin) pas considéré ceux qui estoient à luy comme les autres et entre autres Barbézières (qu'il a pourtant chassé). Il me reprocha le voyage de Beauvais et de Tourville ; que je traversois les dons du sel qu'il avoit faits et que cela lui attiroit tout le monde sur les bras ; puis il me dit qu'il ne vouloit pas que je fisse rien pour qui que ce soit au monde que par ses ordres.

« Après cela, je recommençai à faire mes plaintes et de tesmoigner ma douleur qu'après avoir servi de ma personne, de mon bien et de mon crédit, qu'après avoir rompu sans distinction avec qui il avoit voulu pour soustenir ses affaires ici, je fusse obligé à des justifications publiques contre les impostures de Chouppes ; que je lui avois cette obligation d'avoir mis en évidence des choses qui demeuroient souvent douteuses contre des personnes qui avoient le maniement principal des affaires qu'ils avoient receu le compte que je conserverois clairement pour le faire voir à Vostre Altesse, ne voulant que leur signature fût une raison pour exclure Le Vascher de compter encore une fois et dix, s'il le falloit ; que je rendrois son maniement si public qu'il ne resteroit aucune impression contre l'ordonnateur, et qu'un homme comme Chouppes, ni comme tous ceux qui l'avoient fait agir, ne debvoit pas obliger Leurs Altesses à souffrir son procédé. M. le prince de Conty me répliqua qu'il estoit plus ami de Chouppes que le mien, ni de M. de Marchin, et qu'il suffisoit qu'il approuvât ma distribution des finances et qu'il ne parlât plus du passé. Je lui dis qu'il n'y avoit pas longtemps qu'il tenoit ce langage ; je lui demandai si c'estoit par l'ordre de Son Altesse qu'il avoit agi à Madrid en ce qui regardoit M. de Marchin et M. de Vatteville ; il me dit que oui. Je repartis que si je l'avois sceu plustôst je n'en aurais pas parlé comme je l'avois fait et que j'estois assez surpris de ce qu'il y avoit fait autre chose que ce qui estoit contenu dans l'instruction que j'avois faite et que Son Altesse avoit signée. Là dessus nous vinsmes à une longue digression sur tout ce qui s'estoit passé, et Son Altesse advoua tout. Cela seroit trop long à vous dire, mais enfin voyant tout ce qu'il me disoit, je lui dis que comme je n'estois pas ici pour l'amour de Leurs Altesses, je n'avois qu'à souffrir et à obéir, et que pour lui tesmoigner que je voulois désormais avoir aucun attachement avec Son Altesse qu'autant que votre service le voudroit, je lui remettrois la parole qu'il vous avoit donnée de vous donner un bénéfice considérable pour moi, et que, quand je l'avois accepté de Vostre Altesse et non autrement, je ne croyois pas qu'il prît les intérêts de Chouppes, calomniant M. de Marchin, contre moi. Voilà à peu près ce qui se passa là, dont le destail seroit trop long à vous dire ici.

« Le lendemain, nous nous raccommodasmes un peu mieux et il me dit librement qu'il m'aymeroit et m'estimeroit plus que homme de France pour estre à lui, mais qu'estant près de lui sans estre à lui, je lui estois un peu incommode. Je lui demandai pourquoy il se louait tant devant de ma fermeté, de mon économie, de ma diligence et de toute ma conduite; il me répliqua qu'il avoit fort avant fait des plaintes à Vostre Altesse contre ma manière envers luy. Pour conclusion, je lui dis : Mais, Monsieur, tout cecy et rien est tout un ; mais comment voulez-vous payer demain la marine, l'artillerie, les maisons, le pain, les gardes, les garnisons, les menues despenses, la milice de Bordeaux, l'armement des vaisseaux, etc. Il me répondit qu'il ne scavoit, qu'il y faudroit adviser, qu'il donneroit pour douze ou quinze mille livres de vaisselle d'argent qu'il a ici. Enfin je lui dis que, s'il estoit le chef du parti, je le laisserois abismer et tout son parti dans trois jours et que je serois dans le parti contraire ce jour là mesme, après le traictement que j'avois receu de Son Altesse, et qu'elle verroit si Chouppes et ces beaux advis, ni mesme ceux de ses suppots plus fins que lui, le restaureroient; mais que je voulois lui faire voir que j'estois plus homme d'honneur qu'eux et que la fidélité et la passion que j'avois pour vostre service ne diminueroient en rien pour tout cela, et que j'avois assez d'amis, de crédit et d'auctorité à Bordeaux, pour y trouver assez d'argent pour soustenir les affaires jusques à ce qu'il vous en fût venu; et, à l'heure mesme, je donnai mes billets pour emprunter d'abord trente mille escus qui estoient tout prêts, outre vingt mille que j'avois empruntés depuis tout ce vacarme et pendant la reddition des comptes. Là dessus Son Altesse m'honora d'une embrassade, *e cosi è finita la comedia.*

« Croyez, Monseigneur, que tout ce qui est en moy n'a d'objet que vostre service et que je mettrai jusques à la mort le tout pour le tout pour le maintenir; mais croyez qu'il est bien rude à un homme qui a autant de fidélité que moi d'estre obligé pour un homme comme Chouppes (car il ne paroist en public que lui) de venir à des justifications ; tout cela n'est rien, allons jusques au bout et nous nous moquons des cabaleurs et des cabales. A*men* [1]. »

Lenet, après la dépêche que l'on vient de lire, adressa à Saint-Agoulin, en Espagne, la lettre suivante :

« Je croy que vous avez reçu toutes les lettres qui vous marquent l'extrémité dans laquelle nous sommes et que vous n'avez manqué à rien pour diligenter nos secours ; j'en ai tant escrit que je ne sais plus qu'en dire.

« J'envoye par ordre de Son Altesse Monsieur de Salnove, comme vous scavez homme de grand mérite, qui commandoit les vaisseaux à Brouage et qui a quitté Monsieur du Dognon quand il a fait sa trahison, pour venir servir. Il scait toute l'armée navale Mazarine par cœur et sera fort utile à Saint-Sébastien pour presser de reprendre la mer quand il y aura assez suffisamment de vaisseaux en estat pour battre les ennemis qui sont assurément en assez mauvais équipage, mais qui seront bien forts dans peu si on leur en donne le loisir. Nous sommes au 6 de mars, nous ne nous voyons encore ni argent, ni vaisseaux, tout nous manque et ce qui nous reste

---

[1] Minute inédite ; Papiers de Lenet, Fonds français, 6715, *Bibliothèque nationale.*

nous veut quitter. Il faut ployer les espaules et tout souffrir, mais cela s'appelle jusques à la corde.

« Je vous ai déjà mandé quelque soupçon du voyage duquel Monseigneur le Prince a eu un fort grand desplaisir et m'a fort blâmé d'y avoir donné les mains; mais vous scavez ce qui en est; on a publié ici, à son retour, mille insolences contre Monsieur de Marchin et contre moy, en telle sorte que nous résolûmes de quitter l'administration des affaires jusqu'à ce que Monsieur le Vascher en eust rendu son compte, ce qu'il a fait devant Leurs Altesses si bien et si nettement qu'il a confondu tous les coquins de cabaleurs. Enfin, mon cher, je dois en cette ville plus de cent mille escus sur le crédit que j'y ay trouvé, et j'ay eu le plaisir de voir tout le monde me venir conjurer de continuer à travailler à mon ordinaire, et je vous jure que la seule amitié que j'ay pour Monsieur le Prince et l'extrême confiance avec laquelle il me traite m'eussent fait prendre cette résolution et à Monsieur de Marchin aussy, qui est aussy bien que moy fort ennuyé de certaines gens que vous engraissez et qui ne serviront qu'à tout gaster.

« Nous sommes toujours en de grandes alarmes sur les Irlandois qu'on caballe de toutes parts de la part du Roy d'Angleterre, ainsy que je vous ay mandé, aussy pour ne pas les mettre tous ensemble, il seroit fort à propos qu'on gardât en Espagne ceux qu'on nous assure, et que Sa Majesté Catholique nous envoyât quelques Espagnols, Wallons, Allemands ou Napolitains, car il ne seroit pas de la prudence de mettre tous nos intérêts en les mains d'une nation qui a son Roy dans des intérêts contraires aux nostres.

« Je vous envoye la copie de cette circulaire que le Roy a escrite en cette ville aux Jurats, Consuls, Capitaines, Chapitres, etc. Tous l'ont apportée. Monsieur le Prince de Conty m'a chargé de la porter à l'Hostel-de-Ville dans une grande assemblée qui y estoit convoquée. Ayant parlé sur le sujet d'icelle, tous ont respondu par des cris de vive le Roy et les princes ! et tous m'ont suivi chez mesdames les princesses et chez le prince de Conty au nombre de mil à douze cents, protestant de périr pour le service des princes et de n'accepter jamais de paix que celle qui viendra de Son Altesse, de sorte que la chose s'est fort bien passée, mais quand le bled commencera à manquer, on changera bien de langage. Les cent mille escus que vous nous promettiez pour la fin du passé ne sont pas venus et ne satisfairoient pas pour payer la moitié des debtes. Jugez comment vous voulez que nous fassions des avances !

« Madame la Princesse est toujours malade ; Mignonne se porte bien. Adieu, mon cher, aimez-moy, car moy je vous ayme fort. Adieu.

« Monsieur de Marchin vous baise les mains.

« Son Altesse nous envoye de Flandres deux cents cavaliers à pied croyant que les chevaux de remonte que vous nous avez promis y sont desjà ; ainsy voilà bien de la despense inutile et bien des fausses mesures prises.

« Je n'escris pas à Monsieur de Lusignan, le croyant maintenant sur le chemin de revenir ; s'il est encore avec vous, vous luy ferez part des nouvelles et l'asséurerez de toutes nos amitiés, aussy de mon obéissance [1]. »

Après la grave affaire de la lettre royale et ses résultats si peu conformes aux espérances qui l'avaient inspirée, puisqu'elle devint un moyen exploité par le parti contraire pour obtenir un renouvellement de sympathiques adhésions, la dépêche de Lenet a abordé quelques questions secondaires, néanmoins intéressantes, sur lesquelles nous n'insisterons pas : telles que l'échange de M. de Montpouillan contre M. de Vandy ; le désir du chevalier de Feuquières de monter en grade et surtout de quitter la Guyenne ; l'internement prolongé de M. de Chambon dans la maison du prince de Conti; les dissentiments renouvelés entre MM. d'Auteuil et de La Fontaine ; la santé toujours chancelante de la princesse de Condé ; le

---

[1] Minute inédite ; Papiers de Lenet, Fonds français, 6715, *Bibliothèque nationale*. Cette lettre est sans date ; mais les faits qu'elle contient la classent immédiatement après la dépêche précédente du 8 mai 1653.

règlement de sa maison et de celle de son fils ; le splendide festin donné par Vilars aux princes, aux Jurats, aux principaux officiers de l'armée et aux chefs de l'Ormée dans une demeure qui ne lui appartenait pas. Il en changeait souvent, paraît-il ; car cette fois Vilars donnait sa fête dans la maison du président Charon ; dans une lettre précédente, Lenet nous avait appris qu'il s'était emparé de celle de M. de Saint-Médard ; en révolutionnaire qui fait consciencieusement son métier, il est évident que cet avocat démocrate occupait et dévalisait tour à tour les maisons des suspects chassés de Bordeaux.

Nous trouvons dans cette dépêche des détails sur les secours de l'Espagne, sur quelques opérations de guerre, sur les armements maritimes des Bordelais dont nous avions déjà parlé d'après d'autres documents.

La tentative de l'avocat général Dussaut et du conseiller, son fils, de prendre des réquisitions contre les ambassadeurs bordelais envoyés en Angleterre est une noble hardiesse qui mérite d'être remarquée.

Le point capital de cette importante dépêche du 8 mai, et de la lettre adressée à M. de Saint-Agoulin, se rapporte au marquis de Chouppes, aux regrets de Lenet et aux reproches du prince de Condé, pour l'avoir laissé remplir une mission en Espagne ; aux comptes rendus par le trésorier Le Vascher ; à la rage contrainte de Lenet, à ses explications avec le prince de Conti, à son défi de pouvoir faire mieux que lui; à son désir d'être relevé de son poste et de quitter la partie. Enfin, dans sa déconvenue, l'esprit mordant de Lenet ne manque pas de lancer une épigramme à la dévotion mourante du prince de Conti.

Cette dépêche dont chaque mot est empreint de l'exaspération de son auteur, apporte aux *Mémoires* de Daniel de Cosnac un précieux complément en faisant ressortir à quel point est exempt de toute forfanterie ce passage dans lequel il dit à propos de la mission qu'il avait fait donner au marquis de Chouppes en Espagne : « Ce coup que je donnai assez adroitement pour n'en être point soupçonné, est asseurément ce qui a le plus contribué à la paix de Bordeaux. »

La mission du marquis de Chouppes eut en effet pour résultat de jeter la désunion dans le parti des princes à Bordeaux, de détruire la confiance dans l'appui de l'Espagne, de déconsidérer Lenet dont la gestion financière, malgré ses assertions, était plus ou moins nette, de mettre au jour l'existence de ses fonds secrets, d'irriter davantage le prince de Conti contre Lenet et Marsin dont il n'était que l'agent responsable sous couleur d'être leur chef. Ce prince se trouva porté d'autant plus volontiers à écouter es conseils persistants de Daniel de Cosnac pour qu'il se détachât du prince de Condé et de la démocratie bordelaise afin de rentrer dans le giron de l'autorité royale. Heureusement encore l'effet de ses conseils intervint assez tôt pour que le secours de l'Angleterre ne pût arriver à temps; car on ne saurait dire à quelles graves conséquences, à quelle modification funeste des événements de notre histoire, cette intervention aurait pu conduire[1].

[1] Voy. les *Mémoires de Daniel de Cosnac*, t. I, p. 53.

CHAPITRE LXII

Opérations militaires dans la Guyenne ; lettre inédite de l'abbé de Guron de Rechignevoisin, du 9 mai. — Le duc de Vendôme se plaint des lenteurs du duc de Candale et de la diminution de l'effectif de son armée. — Le prince de Condé trouve ridicules les démêlés existant dans la maison de la princesse de Condé et de son fils ; il ordonne des réformes. — Questions d'édilité traitées par le prince de Conti ; le faubourg des Chartreux renfermé dans l'enceinte de Bordeaux. — Création de six adjoints aux Jurats. — Lettre inédite de Lenet, du 15 mai. — Le duc de La Rochefoucauld abandonne le prince de Condé. — Arrestation de neuf officiers opérant des levées en Normandie. — Lettre inédite du prince de Condé, du 13 mai ; ses inquiétudes au sujet des mécontentements du prince de Conti et de la duchesse de Longueville. — Lettre inédite du prince de Condé au comte de Maure, du 24 mai. — Réaction à Bordeaux contre la recherche de l'alliance de l'Angleterre. — Nouvelle assemblée à l'Hôtel-de-Ville. — La réaction a le dessous. — L'Ormée maintient par prudence le sous-entendu du mot de République. — Lettre inédite de l'abbé de Guron, évêque de Tulle, du 17 mai. — Le secours de Bordeaux rendu impossible par la Gironde. — Prétention du marquis de Sauvebeuf. — Résolution d'envoyer en Guyenne le comte d'Estrades. — Lettre inédite du duc de Vendôme à ce sujet. — Lettre inédite du comte de Gramont, du 18 mai. — Craintes d'une invasion de l'Espagne vers Bayonne ou Perpignan. — Les divisions et l'appréhension de la disette s'accentuent à Bordeaux. — Lettre inédite du duc de Saint-Simon au cardinal Mazarin, du 23 mai. — Le duc de Ven-

dôme s'empare de Lormont par la trahison du colonel Dillon.
— Le comte de Marsin prend des otages dans les régiments
irlandais. — Il tente sans succès de reprendre Lormont. —
Conséquences pour la ville de Bordeaux de la perte de Lormont. — Lettre inédite du comte de Marsin, du 30 mai. —
Prise de la Tour-Blanche par le chevalier de Folleville. —
Le cardinal Mazarin reçu conseiller honoraire au Parlement
de Paris. — Différence de l'attitude des Parlements de Paris
et de Guyenne. — Autorisation royale de séjour à Paris donnée à madame Sarrasin. — Siège et capitulation de Bellegarde, en Bourgogne.

(1653.)

Pour se conformer au plan d'opérations tracé par le prince de Condé, le comte de Marsin concentrait ses troupes avec l'intention de reprendre l'île de Casau dont l'occupation par l'armée du roi interceptait toutes les communications de la ville de Bordeaux avec la mer par la Gironde. Cette entreprise était rendue bien difficile par l'achèvement du fort et son complet armement, sans compter que la défense en avait été confiée à un officier d'une bravoure reconnue, du nom de la Roqueservière. Aussi l'abbé de Guron écrivait-il avec confiance au cardinal Mazarin « Marsin ne fait pas grand'peur à M. de la Roqueservière. » Il ajoutait que le duc de Vendôme, se passant du duc de Candale qui persistait à se tenir éloigné de Bordeaux, se proposait d'entreprendre la construction d'un nouveau fort, à Allenet. De plus il faisait part au premier ministre d'un important avis transmis par M. de Saint-Nectaire portant que le marquis d'Ormond, chef supérieur des troupes irlandaises au service du parti des princes, entamait des négociations secrètes pour se ranger au parti du roi. Ce bruit qui se répandit devint le signal d'une recrudescence de défections dans les troupes irlandaises. Enfin, par une prévision appuyée sur bien des symptômes, le correspondant du cardinal, informé des divisions que le marquis de Chouppes avait semées dans le parti des princes, assurait que cet officier général ne pouvait manquer d'abandonner prochainement ce parti, et il disait. « Aubeterre se retirant, Chouppes aussi, Montpouillan prisonnier, il ne leur restera que Marsin qui ne pourra suffire à tout [1]. »

Au milieu de ce désarroi, les Bordelais armaient leur flottille dans l'espoir qu'elle pourrait, en prenant la flotte du duc de Vendôme entre deux feux, donner les mains à l'armée navale d'Espagne ; mais l'arrivée de celle-ci était annoncée depuis si longtemps sans qu'on la vît paraître, que beaucoup appréhendaient de ne la revoir jamais. Ce retard prolongé avait permis à l'armée navale de France de se renforcer à loisir ; elle n'attendait plus pour se compléter que la jonction du plus gros vaisseau

---

[1] Lettre inédite ; *Archives nationales*, KK, 1220, f° 144.

de la flotte de Brouage, la *Lune*, que nous avons vu figurer avec le comte du Dognon dans la bataille livrée dans les parages de l'île d'Oléron entre les flottes de France et d'Espagne [1]. La flotte royale devait s'appuyer sur les deux forts des îles de la Gironde; les régiments de Vendôme et de Montausier s'y tenaient prêts avec confiance à repousser toute attaque, en sorte que le commandeur de Neuchèze se considérait comme assuré de repousser victorieusement l'agression de la flotte espagnole, si celle-ci se hasardait à remonter le fleuve.

Le duc de Candale annonça enfin son arrivée prochaine et sa résolution de concerter les mouvements de son armée avec ceux des forces de terre et de mer du duc de Vendôme, de sorte que la ville de Bordeaux eût été serrée de si près par un étroit blocus qu'elle n'eût pu longtemps prolonger sa résistance. Seulement la complète exécution de ce plan parfaitement combiné exigeait des troupes suffisantes, alors que par un fâcheux contre-temps les nécessités de la guerre du Nord obligèrent à tirer de l'armée du duc de Vendôme des renforts pour l'armée du maréchal de Turenne.

Sur plusieurs de ces faits, l'abbé de Guron de Rechignevoisin, qui venait d'obtenir l'évêché de

---

[1] Voy. t. IV, p. 381.

Tulle pour récompense de ses services, écrivit au cardinal Mazarin ;

Monseigneur,

« J'ai receu celle qu'il a pleu à Vostre Eminence me faire l'honneur de m'escrire du 4 de ce mois. J'ai remis à M. d'Estrades à mander à V. E. ce qui s'est fait du costé de Brouage. Il ne reste plus que la *Lune* à venir. On n'a peu encore trouver la quantité de matelots qui sont nécessaires pour la manœuvre.

« Comme nous n'avons point de nouvelles de Monsieur de Candale, et que nous jugeons qu'il est très important qu'il aille au plustost à la Teste-de-Buch, parce que l'argent et la poudre doit venir par là, en attendant l'armée navale d'Espagne qui ne peut venir, par nos advis, qu'à la fin de juin, faute de matelots et de bras, nous sommes résolus de travailler mardi à l'autre fort, dans la disposition de faire ces deux forts, pour vous marquer l'entière correspondance que Monsieur de Vendosme aura avec lui, qui ne peut estre interrompue à mon sens par quelque occasion que ce soit. On fera ce que Monsieur de Candale desirera, car il sera le maistre.

« Je crois que V. E. desire de retirer des troupes de l'armée de Monsieur de Vendosme pour faire passer à l'armée de Champagne. On obéira ponctuellement si elle desire ; mais elle remarquera qu'il n'y a pas cent hommes dans Douglas et que Digbi n'est pas ici.

« En achevant cet article, Monsieur de Vendosme a receu une lettre de Monsieur de Candale et j'en ai une de M. de Tracy. Ils mandent qu'ils font leur possible pour haster la marche de l'armée, et cependant que Marsin vient à nous avec quelques régimens d'infanterie, et que Monsieur de Candale a donné ses ordres au régiment de Mercœur pour venir dans l'armée de Monsieur de Vendosme. V. E. verra avec quelle union et quelle intelligence ils vivent l'un et l'autre.

« Marsin a fait résoudre à Bordeaux de rassembler toutes les troupes afin de nous chasser de nostre fort; mais V. E. s'asseurera qu'il n'est pas aisé de le faire, et que je vois les régimens de Montausier et de Vendosme se mocquer hautement de cette proposition. Les grandes pluies qu'il fait depuis trois jours nous arrestent beaucoup.

« M. le commandeur de Neuchaise ne craint plus que les Espagnols viennent, à moins de hazarder toute leur armée et d'avoir un commandement de périr; car il est bien posté, fortifié des bastimens à rames et de trois grands vaisseaux.

« Il ne resteroit plus que d'avoir M. d'Estrades et j'en importunerai Vostre Eminence éternellement jusqu'à ce qu'elle lui ait commandé de venir. Le zèle du service m'oblige à cette importunité;

j'aime mieux en estre blasmé dans un temps lequel estant passé, je suis asseuré d'en estre loué.

« C'est,

Monseigneur,

De V. E. le très humble, très obéissant et très fidelle serviteur

Guron, *évesque de Tulle.*

A Blaye, ce 9 mai 1653[1]. »

Ajoutons aux faits rapportés par l'abbé de Guron que le comte de Marsin avait formé le projet de raser le château de Nérac, capitale du duché d'Albret, échangé par le roi avec le feu duc de Bouillon contre le duché de Bouillon. La duchesse de Bouillon alarmée s'adressa à la cour qui envoya des ordres au duc de Candale pour s'opposer par la force à cette destruction [2].

Pendant que l'abbé de Guron parle avec une certaine affectation dans sa lettre de la bonne intelligence, de l'union même, qui régnait entre les ducs de Vendôme et de Candale, et du zèle apporté enfin par celui-ci pour hâter la marche de son armée, le duc de Vendôme écrivait au cardinal Mazarin : « Une meschante et douloureuse scia-

---

[1] Lettre inédite; *Archives nationales*, KK, 1220, f° 148.
[2] Lettre inédite du roi au duc de Candale du 10 mai 1653. *Archives du Ministère de la Guerre*, vol. 139.

tique m'a retenu et retient encore en la chambre et
M. de Tulle (l'abbé de Guron) a une fièvre qui le
met beaucoup hors d'état ; mais nos deux incommodités ne retardent en aucune façon du monde le
service ; MM. de Neuchèze et de Comminges agissant avec autant de chaleur et de capacité qu'il se
peut [1]. » Le duc de Vendôme continuait sa lettre
par des insinuations peu conformes à la bonne harmonie certifiée par l'abbé de Guron, car il accusait
nettement le duc de Candale en rejetant sur les
lenteurs de ce général l'impossibilité où il s'est
trouvé lui-même de commencer plus tôt la construction du fort d'Allenet destiné à croiser ses feux
avec ceux du fort de l'île de Casau de telle sorte
que nulle flotte ne pût franchir cette redoutable
barrière. Il oubliait probablement que lui-même
avait écrit au duc de Candale que pourvu qu'il
allât se saisir de la Teste-de-Buch, port par lequel
se ravitaillait Bordeaux, et qu'il lui envoyât un
seul régiment, il se chargeait seul de construire le
fort d'Allenet.

Le duc de Vendôme, désespéré des ordres qui
pour fortifier l'armée du maréchal de Turenne,
affaiblissaient la sienne, protesta vivement auprès
du cardinal Mazarin contre le rappel des régiments
de Normandie, de Bretagne et de la Meilleraye. Il

[1] Lettre inédite, du 13 mai 1653. *Archives nationales*, KK,
1220, f° 160.

s'appuyait sur l'opinion du commandeur de Neuchèze et de tous les capitaines de la marine qui avaient déclaré l'impossibilité pour la flotte de tenir en rivière sans le concours de forces de terre considérables. Il observait que pour remplacer les régiments qu'on lui enlevait, en vain il ferait appel aux troupes commandées par le marquis de Sauvebeuf en Périgord, parce que les régiments qui composaient ce corps, ceux de Vendôme, de Périgord et de Fronzac, comptaient à peine de soldats. Le duc de Vendôme donnait l'état de ses forces en infanterie, deux mille cinq cents hommes seulement répartis entre les régiments d'Estissac, de Rouannois, de Douglas, de Normandie, de Bretagne et de la Meilleraye, ces trois derniers étant même insuffisamment armés, les armes dont le comte de Toulongeon avait promis l'envoi de Bayonne n'étant pas encore arrivées [1].

Du parti royal passant à celui des princes, nous trouvons le prince de Condé moins inquiet que par le passé des divisions qui régnaient à Bordeaux ; il était persuadé que ses recommandations à son frère et à sa sœur pour vivre en bonne intelligence avec Lenet et le comte de Marsin avaient été suivies, et qu'entre eux étaient établies désormais l'entente et l'harmonie. Aux démêlés intérieurs des officiers des

---

[1] Même lettre.

maisons de la princesse de Condé, et de son fils, il n'attachait pas grande importance et se contentait de les trouver ridicules :

« Quant au démeslé de MM. d'Auteuil et de La Fontaine, je le trouve extrêmement ridicule et qu'on veuille faire observer toutes choses dans la maison de mon fils comme s'il avoit vingt-cinq ans. Vous le pouvez dire à ma femme, à ma sœur, à mon frère, à M. d'Auteuil et à La Fontaine, et que je trouve fort étrange que ledit sieur d'Auteuil aye interdit La Fontaine pour avoir battu un valet d'office, approuvant que La Fontaine le fasse tousjours quand il en aura de pareils subjets, comme M. d'Auteuil le peut aussy de son costé. Voulant qu'aussitost la présente reçue, La Fontaine soit remis auprès de mon fils comme à l'ordinaire, sans que M. d'Auteuil entreprenne plus contre luy de choses semblables et que l'union soit toute entière dans la maison de mon fils [1]. »

Le prince de Condé entrait dans les vues de Lenet pour la réforme des dépenses des maisons de la princesse, sa femme, et de son fils ; il prescrivait de dresser un état de la maison de la princesse de Condé et de le lui envoyer [2]. Ensuite, pour dimi-

---

[1] Lettre inédite du prince de Condé à Lenet, datée de Bruxelles, le 14 mai 1653. Papiers de Lenet, t. XIV, n. 6715, f° 71.

[2] Voy. cet état à l'*Appendice*.

nuer les dépenses, il fit savoir qu'il jugeait à propos que la princesse et le duc d'Enghien, son fils, logeassent dans la même demeure :

« Je vous mandois aussi que le pourvoyeur étoit inutile, qu'il falloit s'en passer, comme je fais, de quoy je trouve ma despense grandement diminuée. Pour le regard de mon fils, je suis d'advis qu'il soit logé avec ma femme et que vous gardiés auprès de luy ceux que vous me marquez, mon intention estant, comme je vous l'ay desjà escrit, que La Fontaine continue à demeurer auprès de luy avec l'assiduité qu'il a fait jusqu'à cette heure et que M. d'Auteuil, tant qu'il y sera, fasse simplement sa charge sans entreprendre de se rendre maistre de la maison de mon fils, dont je veux que ma femme soit la seule maîtresse [1]. »

Il n'était pas possible de donner tort d'une manière plus nette aux prétentions de M. d'Auteuil; cependant Lenet qui était passionné, et qui avait pris parti pour La Fontaine, aurait voulu aller au delà des intentions du prince de Condé et expulser le comte d'Auteuil, sans même couvrir son renvoi d'aucun prétexte honorable ; car nous trouvons ce passage dans cette autre lettre du prince à Lenet :

[1] Lettre inédite datée de Bruxelles le dernier may 1653; Papiers de Lenet, t. XIV, n° 6715, f° 141. *Bibliothèque nationale.*

« Je ne puis néanmoins gouster l'expédient que vous me donnez, n'y ayant point d'apparence que sous prétexte de la réformation d'une maison, l'on commence par le principal domestique, qui seroit le traiter (M. d'Auteuil) avec un peu trop d'infamie. Il faut trouver un moyen un peu plus honorable. Je croy qu'il seroit bon de l'envoyer dans quelque négociation, ou du costé de Paris, ou ailleurs, dont le prétexte fut spécieux, car estant une fois esloigné, il sera bien plus facile d'empescher son retour auprès de mon fils, et c'est un moyen qu'il vaut bien mieux tenir que de le chasser honteusement [1]. »

Au milieu des préoccupations de la guerre civile, ce n'est pas sans quelque surprise que nous rencontrons le prince de Conti traitant à Bordeaux des questions d'édilité, dans une ville à laquelle il était si complètement étranger. Son but était évidemment de rassurer les esprits sur l'issue des événements, en manifestant une telle confiance. Il tint un conseil au port des Chartreux [2], où il fit appeler les propriétaires des rues voisines ; il y fut décidé que ce faubourg serait enfermé dans l'enceinte de Bordeaux et que les travaux seraient incessamment commencés. Ce qui est à relever comme

---

[1] Lettre inédite sans date ; Papiers de Lenet, t. XIV, n° 6715, f° 143. *Bibliothèque nationale.*

[2] Appelé aujourd'hui par corruption port des Chartrons.

particulièrement curieux dans cette décision, c'est qu'elle fut prise malgré l'opposition des propriétaires intéressés, et que les travaux, dont la ville fut déclarée exonérée, furent mis entièrement à la charge de ces propriétaires dans la proportion de la valeur de leurs immeubles ; ils furent à cet effet obligés de produire leurs contracts d'acquisition [1]. On reconnaît bien dans ces procédés la désinvolture révolutionnaire avec laquelle sont votées dans les époques troublées les dépenses publiques par une majorité à laquelle ces dépenses ne coûtent rien.

Cette époque vit encore surgir à Bordeaux une nouvelle institution municipale : les affaires étaient devenues si nombreuses que les jurats ne pouvaient plus suffire à leur expédition ; on leur nomma six adjoints, naturellement ce furent six ormistes qui furent choisis pour cet emploi [2].

Lenet ne s'occupait guère des affaires de l'intérieur de la ville de Bordeaux quand elles n'intéressaient pas la politique ; mais, se plaçant sur le terrain des affaires de cette nature, il écrivait au prince de Condé la lettre suivante contenant en outre des détails de santé qui avaient leur importance :

« C'est tout ce que peut faire un homme qui a

---

[1] *Gazette;* art. sous la rubrique : Bordeaux, 15 may 1653.
[2] *Gazette;* art. sous la rubrique : Bordeaux, 22 may 1653.

la fièvre tierce d'escrire le jour de son accès à Vostre Altesse que je suis ravi d'avoir appris qu'elle a heureusement fait ses deux pierres et qu'elle se résout aux eaux de Spa qui sont asseurément excellentes. Nous avons fait savoir icy à tout le monde vostre réception à Bruxelles et vostre santé qui est une chose qui y a ressuscité tout le monde. Madame a tousjours de la fièvre et a une si mauvaise conduite pour sa santé que je n'en espère rien de bon. M. Le Breton vous en auroit escrit encore amplement aujourd'huy s'il n'estoit malade luy mesme; ce sera par le premier ordinaire. Je suis dans une peine extresme de voir cette pauvre princesse en estat auquel elle est et depuis si longtemps.

« Je receus hier la lettre qu'il a pleu à Vostre Altesse m'escrire du 3° du courant de Bruxelles. Nous avons fait par avance tout ce qu'elle contient pour Angleterre, pour Espagne, pour M. de Vatteville et pour beaucoup d'autres choses; et nous ne manquerons pas, en temps et lieu, de faire le reste.

« Si toutes les résolutions qu'on prend estoient suivies, tout iroit à souhait, les *Mazarins* ne nous engloutiroient pas si tost, et sur ma parole nous vous donnerions le loisir d'exécuter vos desseins de là, avant qu'ils nous fassent du mal. M. de Salnove est arrivé à Saint-Sébastien à l'heure que j'escris pour faire entrer l'armée en rivière, si tost que l'une ou l'autre de nos deux escadres sera arrivée.

« M. de Marchin est de retour de Tartas où il a laissé tout en bon estat et M. de Balthazar brave et ferme dans vostre service, enrageant contre ceux qui ont fait courre le bruit qu'il s'accomodoit. Je vous mandray au premier jour la source de son chagrin contre M. de Marchin et contre moy qui est une chose estrange. Tout cela va le mieux du monde à ceste heure.

« Le pauvre Pesche a esté chassé comme vous avez sceu. Il est allé à Saint-Sébastien pour vous aller joindre. M. le chevalier de Thodias m'a dit qu'il vous escriroit ceste histoire.

« Je vous diray seulement que si monseigneur le prince de Conti n'eust pris la peine d'aller luy-mesme dans l'Ormée dire qu'il estoit vostre domestique, que c'estoit à luy de l'envoyer où bon luy semble, et qu'il avoit donné l'ordre de faire ce que les gardes et soldats et M. de Vilars luy avoient fait, la plus grande partie de Bordeaux s'intéressant pour ledit Pesche, il y eust eu du bruit et peut-estre du mal.

J'aydai de mon costé à calmer le tout, tant qu'il me fut possible.

« Enfin on a rendu les passeports à M. de Chambon. Le surplus des affaires est au mesme estat que par les précédents courriers; de sorte que les *duplicata* vous l'apprendront si mes despesches n'ont point esté rendues à Vostre Altesse à laquelle je souhaitte toute prospérité et à moy les occasions de la servir jusques à la mort, comme je feray avec fermeté et vigueur envers et contre tous; et ne vous en mettez pas, Monseigneur, en nulle peine.

A Bordeaux, ce 15ᵉ may 1653[1]. »

Nous venons de voir à quel point les tiraillements en sens inverse se produisaient dans la ville de Bordeaux, puisqu'un zélé partisan du prince de Condé, Peusche[2], qui s'était compromis en parlant inconsidérément contre des cabales bien contraires, celle du marquis de Chouppes et celle de l'avocat Vilars, était chassé malgré l'Ormée qui voulait s'y opposer, mais dont ses propres divisions diminuaient l'an-

---

[1] Minute inédite; Papiers de Lenet, Fonds français, 6715, f° 73. *Bibliothèque nationale.*

[2] Peusche, sieur de la Pesche, ardent frondeur qui avait adopté le rôle d'insulteur public. Il avait débuté par injurier publiquement dans le palais du Luxembourg, en 1652, le coadjuteur de Paris pour lequel il professait une antipathie profonde. On a de lui une Mazarinade intitulée: *Lettre écrite à son Altesse Royale par le sieur Peusche, sieur de la Pesche, syndic de tous les bons et véritables français frondeurs, fidèles serviteurs de Sa Majesté, pour la conservation de l'État, réunion de la maison royale, tranquillité publique et paix générale*, 1652.

cienne puissance. Sans l'intervention du prince de Conti, ces divisions se fussent même traduites par des violences.

Le prince de Condé venait de faire une perte sensible pour sa cause; le duc de La Rochefoucauld s'en était définitivement séparé en prenant un congé formel [1]. Sa vue mal rétablie depuis sa blessure au combat du faubourg Saint-Antoine fut son prétexte; mais sa rupture avec la duchesse de Longueville fut sa raison. Cette rupture enlevait pour lui tout charme et toute poésie à la guerre civile. L'ardeur de combattre ne pouvait être refroidie chez le prince de Condé ni par son propre état maladif, ni par l'abandon successif de ses plus zélés partisans; il s'efforçait de combler les vides par de nouvelles recrues, plus en soldats qu'en chefs, car les chefs ne venaient plus à lui. Ces levées de soldats contre-carrées comme de raison par l'autorité royale ne pouvaient pas s'effectuer toujours, notamment en Normandie, où neuf officiers de son parti qui assemblaient des recrues sous la direction de Sainte-Marie-Taillebois, furent arrêtés à Bayeux [2].

---

[1] *Relation de ce qui s'est passé en France depuis le 5 janvier 1652 jusqu'au 26 avril* 1653; art. sous la rubrique : Paris, 16 mai 1653. Document inédit, Fonds de Sorbonne, n° 1257, Bibliothèque nationale.

[2] Même *Relation*; art. sous la même date.

La crainte de perdre la Guyenne préoccupait surtout ce prince, il pressait l'Espagne d'y envoyer des renforts, et comme il sentait à quel point la situation difficile faite à son fidèle Lenet par la coalition qui s'était formée contre lui pouvait compromettre la direction de ses affaires, il s'efforçait dans une réponse à une lettre collective de la duchesse de Longueville et du prince de Conti d'obtenir de leur part qu'ils persistassent dans leur réconciliation avec son mandataire, réconciliation bien plus apparente que réelle, ainsi que nous le savons, et pour les ramener à lui, il leur promettait d'apparentes satisfactions :

« J'ay receu vostre lettre par M. le comte de Mauré en commun; mais, comme le courrier presse, je ne luy feray responce que par l'ordinaire qui vient. Cependant je ne puis assez me réjouir de vostre entière et sincère réunion. Je vous conjure de continuer. Je suis ravy que les affaires au dedans aillent sy bien que vous me le mandez; il ne faut rien ce me semble oublier pour les tenir dans cet estat-là et pousser tous ceux dont on se méfie, afin de leur oster toute l'espérance de recommencer. Je ne vous diray rien des affaires d'Espagne, vous en estes plus près et vous les scavez mieux que moy. Cependant je vous diray que le salut de la Guyenne dépend de l'armée navale; qu'il la faut faire rentrer au plus tost et la plus forte qu'il se pourra, et qu'il faut tout faire pour cela. Je feray partir d'icy, au premier jour, deux frégates pour l'aller joindre, qui est tout ce qu'on a demandé d'icy, quoi qu'on nous dise. J'ay faict aussy embarquer un fort bon régiment d'infanterie que je vous envoye. Une partie des cavaliers est partie ; une autre s'embarquera le 27 de ce mois et le reste quinze jours après. Ayez un commissaire pour les recevoir et leur faire passer monstre : car je ne les dois payer que sur le certificat que vous m'en envoyerez. Voyez aussi s'ils auront leurs armes à leur arrivée, comme ils me l'ont promis. Pour les affaires de la campagne, quand la flotte sera arrivée et les cavaliers montés, qu'une partie des troupes ennemies aura marché en Italie et en Catalogne, je voy qu'il faut s'applicquer aux postes de la Garonne, autrement les vendanges courront risque, et leur voisinage de Bourdeaux y fera toujours un fort meschant effect. Il ne me reste à parler que de l'affaire de M. Lenet. Je suis bien fasché qu'il vous ait donné suject de n'en estre pas absolument satisfaits, mon intention estant que ceux qui sont à moy comme luy soient dans l'entière dépendance de vous. Je luy en escris, et pour luy et pour M. de Marchin. Je m'asseure qu'ils vivront de manière que vous en serez satisfaits ; mais aussi trouvez bon que je vous prie de ne vouloir pas soustenir ceux qui s'eslèveront contre eux ; et comme je veux que vous soyez leurs maistres, après vous je souhaitte qu'ils ayent la principale autorité. Ayez la bonté de leur tesmoigner de l'estime et de l'amitié, de faire que je reste le cognoisse et vive avec eux comme avec des gens qui sont mes amys et les vostres, et cela coupera les racines à toutes les divisions. Si après cela ils ne vivoient pas avec vous avec tout le respect, toute la soubmission et toute l'obéissance qu'ils doivent, j'en userois de manière que tout le monde cognoisse que je veux que vous soyez obéis; mais pour ceux qui s'eslèvent contre eux, je vous prie d'y donner aussi ordre. Ainsi vostre réunion estant faite, les mazarins chassés, les Espagnols et ceux que je vous ay envoyés entrés dans la rivière, et ces deux messieurs estant bien avec vous et la source des divisions esteinte, je ne doubte pas que les affaires n'aillent bien en Guienne. Nous tascherons de nostre costé à faire nostre debvoir et bien tost vous entendrez parler de nous.

A Anvers, le 15 mai [1]. »

Cette même appréhension du prince de Condé au sujet des mécontentements de son frère et de sa sœur contre Lenet et Marsin, lui inspira la lettre

[1] Lettre inédite; Papiers de Lenet, Fonds français, 6715, f° 77. *Bibliothèque nationale.*

suivante en réponse à celle que le comte de Maure lui avait écrite pour l'entretenir des mêmes faits :

» J'ay receu de très bon cœur les advis que vous m'avez donnés par une lettre du 17 avril et je seray bien aise que vous continuiez à m'escrire l'estat de toutes choses, ayant en vous toute la confiance que vous scauriez désirer. Je serois bien fasché que M. Lenet, après ce que je leur ay escrit touchant vos intérests, manquast à vous donner toutes les satisfactions possibles et je m'asseure que vous et luy n'agissant que pour une mesme fin, vous contribuerez l'un et l'autre pour establir une bonne intelligence par ensemble, qui est ce que je souhaitte fort passionnément. Quant à ce qui est de la conduite de M. Lenet envers mon frère et ma sœur que vous me mandez n'estre pas telle qu'elle devroit, ce que vous m'en escrivez est le premier tesmoignage que j'en aye encore receu, car je puis assurer que toutes les lettres de M. Lenet ne me parlent jamais de mon frère et de ma sœur qu'avec tous les respects imaginables et tels qu'il pourroit avoir pour moy-mesme ; et que dans toutes celles de ma sœur, sur lesquelles mon frère s'est presque toùsjours remis m'ayant bien peu escrit depuis mon départ de Guyenne, je n'y ay recogneu aucune plainte, ny aucun mescontentement de M. Lenet, tellement que j'ay tousjours creu qu'il vivoit bien avec eux, comme ça tousjours esté mon intention, n'en ayant jamais eu d'autre, si non que mon frère et ma sœur disposassent absolument de toutes choses et que M. de Marchin et M. Lenet fissent aveuglément tout ce qui seroit de leur volonté. Cela estant, je prie aussy mon frère et ma sœur, et vous me ferez plaisir de le leur dire, qu'il est bien juste et et tout à faict nécessaire pour le bien des affaires que M. Lenet et M. de Marchin ordonnent avec un pouvoir absolu et indépendant du leur, M. Lenet pour les finances, et M. de Marchin pour la guerre, sans qu'il y ayt pas un des officiers généraux, ny autre, qui aye cognoissance des affaires, excepté vous en qui j'ay toute confiance et que j'estime et considère de longue main ; et si M. Lenet en cela s'est tenu un peu ferme, ce n'a esté que par mes ordres, luy ayant défendu assez souvent de communiquer les affaires à qui que ce soit, dont le succès doibt estre souvent attribué au secret qu'on en garde. Je ne vous diray autre chose sur ce subject et j'adjousteray seulement que quand mon frère aura à désirer quelque chose de M. Lenet, il n'a qu'à dire je le veux, et moy j'entends qu'il soit obéy sans qu'il soit besoing que cela se passe par caballes, brigues ou monopoles qui sont de fascheux moyens pour venir à bout de ce qu'il peut souhaiter. Vous direz donc à ma sœur et à mon frère ce que je vous en escris et je voy maintenant que le bon ménage de M. Lenet aura paru par les comptes du trésorier et qu'on aura veu que les finances n'auront pas esté mal gouvernées, que le blasme qu'on aurait peu luy donner échoua et que la bonne intelligence entre mon frère, ma sœur, M. de Marchin et luy, se restablira, en quoy je vous prie de servir de médiateur.

« Quant à la civilité avec laquelle vous me mandez qu'il faut traiter les gens de condition, je suis bien de vostre advis ; c'est une chose que j'ay tousjours entendue, mais il y a bien de la différence entre la civilité et l'indépendance ; car comme je veux que M. Lenet et M. de Marchin soient entièrement soubmis aux volontés de ma sœur et de mon frère, il fault aussi que tout ce qui est dans l'armée obéisse avec une entière déférence, scavoir à M. Lenet, pour les finances, et à M. de Marchin, pour les armes ; et tous néantmoins sous les ordres de mon frère et de ma sœur, et ne point souffrir journellement des plaintes des officiers inférieurs, ayant tousjours eu pour maxime que l'inférieur obéisse aveuglément à son supérieur, dont je me suis tousjours bien trouvé, aymant mieux y perdre trois, quatre et six mesme, s'il estoit besoing, que de faire un mauvais exemple à ne pas auctoriser ceux qui ont le commandement entre les mains, et je m'asseure que mon frère et tous aussy seront de mon advis en cela et qu'on ne voudra plus souffrir de cabales les uns contre les autres comme Vilars, Chouppes et d'autres ont fait, que j'ay trouvé fort mauvaises.

« Pour vostre regard, je prétends en user différemment estant bien aise que vous ayez communication des affaires et que l'on face toutes choses qui se pourront pour vostre satisfaction et pour vos intérests.

A Bruxelles, le 24 may 1653 [1]. »

Dans cette lettre au comte de Maure le prince de Condé accentue d'une manière bien humiliante pour son frère et pour sa sœur, pour le premier surtout, le rôle infime dans lequel il prétend les renfermer, tout en leur laissant quelques prérogatives honorifiques. La mission confiée au comte de Maure était bien difficile : contenter le prince et la princesse en les assurant qu'ils étaient les maîtres en toutes choses, sauf pour les finances et pour la guerre pour lesquels Marsin et Lenet ne doivent compte à personne. Après ces deux exceptions quelle autorité leur restait-il ?

Pourvu que les chefs de son parti restassent unis à Bordeaux, or il s'y prenait par de singuliers

---

[1] Lettre inédite; Papiers de Lenet, fonds français, 6715, f° 86 et 88, *Bibliothèque nationale*. Cette lettre est en double exemplaire; le second porte cette suscription : A Monsieur, Monsieur le comte de Maure, à Bordeaux.

procédés, le prince de Condé vivait plein d'espérance. Son alliance avec l'Espagne et celle en voie de négociation avec l'Angleterre lui semblaient des garants assurés d'un succès définitif. Il ne redoutait plus que cette délicate époque des vendanges qui portait les Bordelais à faire bon marché de tous autres intérêts, époque si funeste à son parti lors du premier siège de Bordeaux, et qui, l'année précédente, l'avait jeté dans de si cruelles perplexités.

Avant même cette redoutable échéance le prince de Condé avait tout à craindre des divisions qui allaient s'accroissant chaque jour.

D'abord la manière dont il entendait réconcilier le prince de Conti et la duchesse de Longueville avec Lenet et Marsin, auxquels il ne prescrivait que quelques formes de respect extérieur, sans rien changer au fond des choses, était propre au contraire à accentuer leur mutuelle antipathie; ensuite, dans la ville de Bordeaux, les esprits étaient loin de se diriger dans le sens de la soumission qu'il espérait

La lettre royale, malgré son insuccès, la tentative de l'avocat général Dussaut, malgré son échec, avaient néanmoins propagé l'esprit de réaction dont la lettre du *bon français et bon royaliste* nous a signalé une des manifestations. Le blâme contre l'envoi de l'ambassade qui était partie pour l'Angleterre faisait des prosélytes, un grand nombre aurait voulu revenir sur cette fâcheuse démarche et en paralyser l'effet. Ce sentiment avait jeté la division dans l'Ormée elle-même dont une partie voulait repousser l'alliance anglaise, en affichant ses préférences pour une autre alliance, celle de l'Espagne. L'autre partie de l'Ormée grossie par l'adhésion des protestants n'en devenait que plus ardente pour l'alliance de l'Angleterre. Il fallut en venir à la convocation d'une assemblée. Chose singulière, les deux chefs de l'Ormée, bien que signataires des pleins pouvoirs donnés aux ambassadeurs bordelais, se prononcèrent pour l'alliance de l'Espagne, ce qui indique qu'ils étaient au fond plus partisans des princes que de la république, mais la majorité persista pour l'alliance de l'Angleterre, tout en admettant que le mot de république devait être sous-entendu par prudence, sans que le projet en fût abandonné. La république devait rester un article secret qui serait mis au jour suivant les événements. L'ambassade envoyée à Londres et qui y était arrivée, ne fut donc point révoquée et il n'y eut point lieu de lui envoyer des instructions nouvelles. La préférence donnée à l'alliance anglaise n'impliqua point l'abandon de l'alliance espagnole ; on resta disposé à accepter des secours de toutes mains. En définitive cette assemblée dans laquelle le dernier mot resta naturellement à la majorité, ne rendit la minorité que d'autant plus mécontente et désireuse de voir arriver le jour de sa revanche. En outre elle amena un résultat inattendu qui fut de mettre en échec l'influence de Vilars et de Dureteste. Ces deux chefs de parti, afin de rester tels, durent se résigner à suivre le courant qu'ils ne pouvaient plus diriger, sort ordinaire des chefs révolutionnaires qui finissent toujours par être débordés.

L'abbé de Guron, dans la lettre suivante, en parlant des divisions qui nécessitèrent la convocation de cette assemblée, emploie des termes d'après lesquels on pourrait croire que les ambassadeurs bordelais ne partirent qu'ensuite, tandis qu'ils étaient partis immédiatement après la première assemblée du 4 avril qui les avait investis de leur mission. Il était nécessaire, avant la lecture de la lettre de l'abbé de Guron, de rectifier une erreur provenant soit de l'inexactitude de ses informations sur ce point, soit de la clarté insuffisante de son style.

« Monseigneur,

« Jeudi dernier M. le prince de Conti tint un grand conseil pour la satisfaction des bourdelois divisés présentement en deux factions dont l'une a pour chefs Vilars et Dureteste qui demandent le secours d'Espagne, et l'autre est composée d'une partie de l'Ormée et de la plus part des huguenots qui disent que les espagnols les trompent et qu'il ne faut point attendre de secours d'eux, mais qu'il faut s'adresser à la République d'Angleterre qui leur donnera un prompt secours. Les deux factions se regardent l'une et l'autre sans oser se rien dire, quoique dans une mesme assemblée, et, par l'appréhension de leur perte, elles n'osent s'attaquer. Cette dernière néantmoins paroist la plus forte parce que quelques fois elle parle plus hardîment et qu'elle a proposé de se mettre en république; ce qui a fait penser M. le prince de Conti à sa subsistance et à faire résoudre dans le Conseil qu'il seroit permis à ceux qui demanderoient le secours d'Angleterre, de le demander pourveu qu'il ne fut pas parlé de république, ce qui a esté accepté par eux, parce que leurs envoyés auront cet article secret et qu'il ne paroistra pas qu'ils l'ayent demandé en cas de refus ou de longueur du costé d'Angleterre et par conséquent en estat de prendre l'amnistie et d'obliger les autres à se remettre dans l'obéissance si monseigneur le prince ne fait son traité, parce que, disent-ils, il doit avoir relation de Monsieur le prince à eux, comme il y en a d'eux à lui. Le sieur de Trancas a donc esté envoyé avec trois autres. De l'autre côté M. le prince de Conti qui voit son parti, quoique Vilars à la teste, n'estre pas si puissant, a envoyé en Espagne, avec Salnove, l'agent du roy catholique qui estoit à Bourdeaux, pour représenter la dernière nécessité dans laquelle ils étoient du secours de leur armée navale, laquelle ne devoit plus les secourir par l'entrée de la rivière, parce que, par la construction des forts et l'augmentation des vaisseaux qui nous arrivoit tous les jours et la malignité de la rivière dans laquelle on ne pouvoit chenaller qu'avec une sonde, on ne pouvoit entreprendre un combat que très désavantageusement. Il estoit présentement impossible de rien entreprendre de ce costé-là; il falloit donc penser à un autre dessein qui estoit une diversion dans les îles, afin de les obliger à lever l'ancre.

« M. le duc de Vandosme envoie à Vostre Eminence l'advis qu'il a de Bayonne touchant l'armée d'Espagne de terre qui doit estre de huit mille hommes de pied, deux mille chevaux et mille officiers réformés.

« Bourdeaux n'a de blé, à ce que les plus éclairés disent, que pour la fin de juillet; et présentement le seigle manque.

« Nous n'avons nulles nouvelles de M. le duc de Candale. Il seroit important qu'il se saisit de la Teste-de-Buch, parce que l'argent leur vient par là.

« M. le marquis de Duras a remis son château de Blanquefort entre les mains de messieurs les princes......

« On n'a pu envoier de Bourdeaux à Saint-Sébastien qu'une pièce de toile pour faire un jeu de voiles, ce qui n'est que pour un vaisseau.

« M. de Sauvebeuf a passé par ici qui nous a dit plusieurs choses de la part de Vostre Eminence sans avoir apporté de ses lettres et m'a voulu persuader qu'il avoit ordre de se concerter avec moi. Je connois le personnage et je scai de quelle manière il le faut entretenir, principalement dans la conjuncture de sa chimérique prétention. Il est allé trouver M. de Candale et m'a dit qu'il reviendroit. Plust à Dieu que Vostre Eminence eust voulu donner ce mesme emploi à M. d'Estrades pour lequel je ferai instance s'il plaist à Vostre Eminence. C'est,

Monseigneur,

de Vostre Eminence le très humble, très obéissant et très fidelle serviteur

Guron, *évesque de Tulle.*

A Blaye, ce 17 may 1653 [1]. »

[1] Lettre inédite ; *Archives nationales*, KK, 1220, f° 164.

La majorité de l'assemblée bordelaise s'était donc prononcée en faveur de l'alliance avec l'Angleterre ainsi qu'il fallait s'y attendre puisqu'une précédente assemblée formée des mêmes éléments avait décidé l'envoi à Londres de la députation qui négociait alors avec le gouvernement de Cromwell. L'unique concession que le prince de Conti avait pu obtenir était que le projet de proclamer la république serait passé sous silence. Cet article, pour être laissé dans l'ombre, n'en était pas moins le but que la majorité se proposait de poursuivre, et les envoyés bordelais s'étaient déjà donné en Angleterre libre carrière à cet égard.

Du reste la préférence des Bordelais pour l'alliance anglaise n'excluait pas pour le parti des princes la faculté d'user de l'alliance espagnole. La lettre de l'abbé de Guron parle d'un nouvel envoyé expédié en Espagne par le prince de Conti afin de presser le secours de son armée navale, tout en prévenant qu'il n'était plus possible, vu l'armement terminé des forts, de tenter directement la délivrance de Bordeaux par la Gironde, mais seulement par une diversion contre les îles de Ré et d'Oléron qui forcerait la flotte royale de France de quitter la Gironde pour aller à leur secours.

L'abbé de Guron prévient le cardinal Mazarin contre le marquis de Sauvebeuf qui guette l'occasion d'obtenir de nouveau un commandement important dont le comte d'Estrades est plus capable.

Nous savons déjà que l'abbé de Guron, dans sa lettre du 9 mai au premier ministre, réclamait à grands cris l'envoi du comte d'Estrades, le défenseur de Dunkerque [1], dont la capacité diplomatique et militaire ne faisait doute pour personne. La présence d'un tel officier lui paraissait indispensable pour suppléer à l'incapacité un peu hautaine du duc de Vendôme et à l'inexpérience du duc de Candale. Le cardinal Mazarin étant entré dans cette manière de voir, l'envoi en Guyenne du comte d'Estrades fut décidé. Le duc de Vendôme fut loin d'apprendre cette résolution avec plaisir ; il voyait clairement dans le comte d'Estrades une sorte de tuteur donné à sa personne, aussi, tout en se soumettant, adressa-t-il au premier ministre cette protestation indirecte :

« Monsieur,

« J'aurois reçu à grâce particulière que Vostre Eminence m'eust baillé M. d'Estrades dès le commencement pour les raysons de son méritte et autres portées dans la lettre de Vostre Eminence, mais à présent qu'il vient avecque des conditions ex-

---

[1] Voy. t. IV, chap xxxvi.

traordinaires et quy ne conserveront pas l'harmonie entre ceux quy servent le roy avecque moy dans cette armée, je crains que cela nuise au lieu d'avancer le service de Sa Majesté. Toutes fois comme Vostre Eminence est plus esclairée et prudente que moy, je n'ay qu'à me soumettre à ses ordres[1]. »

L'abbé de Guron renouvelle l'avis tant de fois donné de l'importance majeure de couper les communications de la ville de Bordeaux avec la Teste, le seul point par lequel des relations maritimes lui soient encore permises; et il accuse une fois de plus les lenteurs du duc de Candale qui ne donne aucune nouvelle de la marche de son armée. Il prévient enfin le cardinal Mazarin d'une diversion par terre que l'Espagne se propose d'entreprendre en faisant entrer par Bayonne un corps de huit mille hommes.

L'imminence de ce danger nouveau vint retenir à Bayonne le comte de Gramont; à défaut de troupes régulières, il fit, pour s'opposer à cette invasion, des levées de milices, et il adressa, pour s'excuser de ne pouvoir aller le rejoindre, la lettre suivante au duc de Candale :

[1] Lettre inédite datée de Blaye, le 20 mai 1653. *Archives nationales*, KK, 1220, f° 168.

« Monseigneur,

« Le rude traitement qui a esté fait à Dax aux derniers irlandois a fait un si mauvais effect pour le servyce du roy que ceux qui estoient tous prêts d'en faire autant ont surcis leur résolution. Néantmoins j'espère, Monseigneur, que nous tascherons d'y remédier. Jamais il ne s'est ouy parler d'un procédé pareil ny si nuisible et alarmant au service de Sa Majesté.

« J'envoye ce messager pour aprandre des nouvelles de la santé de Vostre Altesse et luy renouveller mes très humbles obéissances comme la personne du monde qui luy est la plus acquise. J'eusse souheté passionément, Monseigneur, d'aller servir près d'elle, comme j'avay les ordres pour les y envoyer ; mais je n'ose quitter ce poste où les ennemis sont tousjours assemblés en nombre à la frontière. Les ennemis se vantent qu'il leur doit arriver cette semene prochaine un secours d'Angleterre d'omes et de vaisseaux avec un austre de Flandres et joignant cella avec ce qu'ils ont issi faire un corps capable de tout entreprendre. Il est constant, Monseigneur, que despuis avant hyer le duc de Veraguas est arrivé à Saint-Sébastien avec quatre vaisseaux de Séville et quatorze compagnies d'infanterie espagnole. Ils ont arresté tous les petits vaisseaux, enfin ce qui est en cette frontière de leur armée peut sortir en mer dans quatre jours avec quatorze gros vaisseaux, trente-deux brûlots et trente petites frégates ou pinasses; mais ce n'est pas assez pour forcer M. de Vendosme auquel j'ay donné avis de tout cecy. Il y a trois jours, Monseigneur, que j'ay mis mes milices sous les armes, affin d'estre en bon estat, ne sachant pas ce qui pourra arriver. Il y a une compagnie du régiment de cavalerie de mon neveu le comte de Guiche qui a son lieu d'assemblée dans une terre qui est à moy, ce qu'on ne savoit pas; je supplie très humblement, Monseigneur, Vostre Altesse de vouloir commander à un de ses secrétaires de changer l'ordre et mettre cette compagnie là auprès, en un village qui est à un maistre des comptes de Pau; il est plus juste que ce soit luy que moy. Il avoit pleu, Monseigneur, à Vostre Altesse me commander de bien vivre avec M. de Poyanne; ce que j'ay à luy dire c'est qu'en cela et en tout le reste vous estes mon maistre et que je seray toute ma vie avec respect, Monseigneur, vostre très humble très obéissant et très fidèle serviteur.

Gramont de Toulongeon [1].

A Bayonne, le 18 may 1653 [2]. »

[1] Henri de Gramont, comte de Toulongeon, frère puîné du maréchal de Gramont.
[2] Lettre inédite, Papiers de Lenet, Fonds français, 6715, f° 207, *Bibliothèque nationale*. La présence de cette lettre dans les papiers de Lenet prouve qu'elle fut interceptée.

Cet avis ne fut pas le seul qui vint donner de sérieuses appréhensions d'une attaque de l'Espagne par l'une ou l'autre des deux extrémités des frontières des Pyrénées. Pour prévenir l'invasion du Roussillon, le comte de Carces[1], lieutenant-général du gouvernement de Provence, reçut l'ordre d'aller à Toulon pour hâter le départ des vaisseaux destinés à protéger les côtes de France depuis Port-Vendre jusqu'à Narbonne[2].

Le comte de Gramont relève dans sa lettre la faute commise à Dax d'avoir infligé de mauvais traitements aux Irlandais, faute qui rendait impossible de compter sur eux pour couvrir la frontière des Pyrénées, tandis qu'il aurait suffi d'un traitement favorable pour être à peu près certain de les gagner tous au parti du roi.

On vit bientôt en effet à Lormont quels avantages on pouvait tirer d'une bonne entente ménagée avec les troupes irlandaises.

Heureusement pour la cause royale les divisions intérieures de Bordeaux augmentaient chaque jour, tandis que les approvisionnements diminuaient pour les subsistances ; faits qui sans doute n'étaient pas sans quelque rapport entre eux. Dans la lettre qui va suivre, le duc de Saint-Simon adressait à cet

---

[1] Voy., sur le comte de Carces, t. IV, p. 61.
[2] *Gazette*, art. sous la rubrique : Aix, en Provence, le 17 may 1653.

égard au cardinal Mazarin de précieux renseignements, en se plaignant que ses conseils n'étaient pas assez écoutés, et que ses tentatives pour entretenir des intelligences dans Bordeaux étaient contrecarrées par la jalousie du duc de Vendôme :

« 23 may 1653,

Monsieur,

« Je vous escrirois plus souvent si je ne scavois fort bien que plusieurs personnes vous informent très particulièrement des choses qui se passent de deçà où les affaires s'avancent plus que beaucoup de gens ne pensent, et je seray fort trompé en mon particulier s'il plaist au Roy de faire chastier les bourdelois, s'il n'en a le plaisir avant que nous soyons bien avant dans le mois de juillet et si Teste-de-Buch leur avoit esté osté, et la Bastide, ce seroient des gens aujourd'huy en grande extrémité. Il sera toujours, Monsieur, très important de leur prendre ces deux postes, et, avec cela, la rivière estant bien fermée hault et bas, je ne vois point de ressource qui puisse empescher ces rebelles d'estre réduits au point qu'il plaira à Sa Majesté et d'estre punis aussi sévèrement que le bien de son service le désire. Les pistolles seront plus à combattre et à craindre que les canons et les espées d'Espagne pour empescher qu'il n'entre des vivres dans la ville. Il est certain que leurs grains se diminuent beaucoup et que selon ceux qui croyent estre les plus scavans en leurs affaires, ils n'en ont pas pour le mois de juillet, et il n'y a pas d'apparence qu'ils attendent jusqu'au dernier sac de farine. Je me serois fort mépris sy celui de juin finit sans qu'il arrive un changement agréable aux gens de bien dans cette ville là, pourveu que le service soit avivé et poussé comme il fault par ceulx qui en ont les emplois. Il est bien temps de rompre tous les moulins des environs, et on leur peut faire le dégât jusqu'aux portes, les ennemis ayant trop peu de forces pour s'y opposer. La division augmente parmy eux; Dureteste a fait grand bruit contre les boulangers, n'ayant pas trouvé chez eux les grains qu'il s'estoit imaginé, M. Lenet forme une nouvelle cabale de gens pour détruire l'Ormée ou du moins pour luy tenir teste, estant tout à fait mal avec M. le prince de Conty quy n'est pas en meilleure intelligence que cy-devant avec Madame sa sœur. Je scais de bonne part que la plus fine et forte cabale de Bourdeaux tend à la république; c'est elle qui a fait la députation en Angleterre pour en avoir secours et appuy; mais si cette ressource leur manque, je scay aussy qu'ils ont résolu après cet effort de se remettre dans l'obéissance légitime plustost que de demeurer dans l'estat qu'ils sont. Il semble que Dieu les aveugle de plus en plus pour les faire chastier comme ils méritent. L'espérance qu'ils ont aux Espagnols est fort médiocre, je ne vois pas aussy qu'il y ait lieu d'appréhender ces anciens ennemis dans cette occasion, et dès que j'ai veu l'armée navale du Roy en rivière, je n'ay point creu qu'ils s'engageassent d'y revenir, si ce n'est depuis la résolution prise de porter toutes les forces de la mer au fort César, deux lieues avant dans la Garonne. Cela peut donner pensée et hardiesse aux ennemis de venir à Bourg, toutes les places de la Dordogne estant pour eux. Ils se peuvent aussy saisir de l'isle de Casau, ayant tout le bas de la rivière et de la mer libre. J'ay deux fois représenté cet inconvénient avant l'engagement que j'estime assez digne de considération. Il est vray que je tiens impossibilité à secourir Bourdeaux; mais aussy nos forces de mer courent fortune d'estre enfermées, et sy les ennemis estoient assez puissants pour entreprendre, ils pourroient attaquer Blaye pour faire diversion, ne pouvant pas ignorer le mauvais estat de la place et aussy nostre faiblesse en hommes. Vous aurez agréable d'en juger, s'il vous plaist, et s'il ne seroit pas bien à propos qu'un corps ne s'esloignât pas de nous pour la conservation d'une chose si importante.

« J'avois trouvé moyen d'establir un marchand de Paris parmy les ennemis capable de rendre un service très avantageux; mais M. de Vendosme ayant découvert son employ, à cause qu'il n'en avoit pas de cognoissance et prenant la chose mal, en fit un tel vacarme qu'il a rendu cette voye inutile et mesme furieusement exposé ce pauvre homme et son bien, en me désobligeant en mon particulier d'une manière assez choquante. Cet homme m'avoit adverty fort à propos du secours de Bourg et Libourne et des convois de Teste-de-Buch dont j'avois donné des avis à M. de Vendosme à temps. Il s'estoit fourré dans la munition où il auroit esté très utile, s'il y avoit du secret icy parmy les choses qui se passent, les affaires en iroient mieux. J'ay vescu tout aussy bien que j'ay pu avec M. le duc de Vendosme par la considération du service du Roy, mais en vérité il est tellement incompatible par son humeur extraordinaire qu'il y a des peines fort ennuyeuses à se conduire avec luy. Je vous puis asseurer que tous ceux qui sont employés sous luy en sont mécontents autant qu'il est possible, en exceptant très peu de personnes du grand nombre.

« J'ai appris, Monsieur, que vous avez bien voulu conclure pour nos assignations dont je vous remercie très humblement, vous jurant que j'ay tout le besoin imaginable d'en estre payé; j'aurai demeslé pour cela avec M. de Vendosme qui veut tout ; mais j'espère que Bourdeaux sera réduit, que l'armée navale sera employée ailleurs, et que vous serez maistre pour en ordonner, nous tirerons cependant ce que nous pourrons par vostre protection, vous suppliant très humblement de croire que je suis plus fidèlement que personne du monde assurément,

Monsieur,

vostre très heumble et très obéissant serviteur

LE DUC DE SAINT-SIMON.

A Blaye, ce 23ᵉ may 1653.

« *P. S.* «Monsieur, je vous supplie d'excuser si ce n'est pas de ma main, une petite incommodité au poulce m'en oste le moyen [1].

« *P. S.* « Depuis la depesche escrite, le pacquet estant prest à donner, un billet de nouvelles de Bourdeaux vient d'arriver parmy lesquelles il y a des choses assez considérables et qui me surprennent en mon particulier. Il est d'une personne qui a toujours donné de bons advis. Cela fait veoir de nouveau le mal que Buch [2] fait aux affaires du Roy, M. de Candale doit y avoir des intelligences, le lieu estant à M. le duc d'Espernon, son père; il doit aussy avoir des advis de Bourdeaux. Il est constant que M. le prince doit y avoir des cavaliers avec des selles, des brides et des armes; ce

---

[1] Cette phrase est de la main du duc de Saint-Simon.
[2] La Teste-de-Buch.

dessein se peut bien empescher estant seu de tout le monde ¹. »

Les Bordelais, afin de répondre à la menace des deux forts construits par le duc de Vendôme pour commander le cours de la rivière, l'un le fort César, du côté du Médoc, l'autre, devant la maison d'Allenet, au-dessus de Vallier, du côté de l'Entre-deux-Mers, avaient fortifié le château de Lormont et l'avaient entouré de grands retranchements derrière lesquels ils avaient dressé une puissante batterie. Cette redoutable position commandant la Garonne ne pouvait permettre à la flotte royale de remonter jusqu'à Bordeaux, et elle assurait la communication par terre avec de petites places encore occupées par l'armée des princes dans le pays d'Entre-deux-Mers. Cinq cent soixante-quinze Irlandais sous les ordres du colonel Dillon avaient reçu la garde de ce poste important que sut enlever le duc de Vendôme par une secrète négociation appuyée de mille écus envoyés au colonel Dillon ².

Au jour convenu, le 26 mai, avec la marée montante, une petite escadre de galères, brigantins,

---

¹ Lettre inédite. *Archives du Ministère des Affaires étrangères;* France, vol. 149.

² Lettre inédite de l'abbé de Guron au cardinal Mazarin, du 20 mai 1653. *Archives nationales*, KK, 1219, f° 170.

Dillon passa au service de France ; il fut nommé lieutenant-général après la bataille de Castiglione. Voy. les *Mémoires du duc de Saint-Simon*.

pinasses, barques longues et chaloupes, montés par les deux régiments d'infanterie de Normandie et de la Meilleraye, s'avança sous Lormont en canonnant la flottille bordelaise composée de brigantins et de galères qui était mouillée sous le canon du château ; la flottille, évitant le combat, remonta jusqu'au Chapeau-Rouge en tirant quelques coups de canon. Le château de Lormont s'était tu, sans la protéger. Les troupes de débarquement de l'escadre royale s'élancèrent à terre sous la conduite du comte de Comminges, lieutenant général, des deux frères comte et baron de Montesson, du baron de la Croix, maréchaux de camp, et d'un Anglais, serviteur fidèle de Charles II, le chevalier de Carteret ; mais une attaque était superflue, les Irlandais ne demandaient qu'à capituler, ils remirent la place et s'enrôlèrent dans l'armée royale.

A la suite de cette défection, le comte de Marsin, voyant qu'il ne pouvait se fier aux Irlandais, prit la précaution de se faire remettre par chacun de leurs régiments des ôtages qu'il changeait tous les dix jours.

Le 27 mai, Marsin crut pouvoir reprendre Lormont par un coup de main ; il était accompagné des marquis de Chouppes et d'Aubeterre et de cent vingt maîtres ; mais il jugea prudent de se retirer après une simple reconnaissance [1]. La perte de

[1] Voy. sur la défection des Irlandais et la prise de Lormont la *Gazette*, art. sous la rubrique : Bordeaux, 29 may 1653.

Lormont enlevait aux Bordelais leur poste le plus important aux portes de leur ville ; elle permit à deux vaisseaux de la flotte royale, *l'Elbeuf* et *la Sainte-Agnès*, de s'embosser sous le château et de diriger de ce point une canonnade qui jetait une inquiétude incessante dans le port de Bordeaux. Le fort que le prince de Conti faisait construire à Mâcon, entre les forts de Vallier et de l'île de Casau occupés par l'armée du duc de Vendôme, perdait ses principaux avantages, n'étant plus relié à Bordeaux par le château de Lormont[1].

Le comte de Marsin furieux de la perte de Lormont et de la trahison des Irlandais écrivit au prince de Condé :

« Vous voyez par ce que vous escrit M. de Lenet comme le Roy d'Espagne et Son Altesse sont trahis par les Irlandois. L'on avoit donné ordre pour ramasser les charettes et faire le convoy qu'ils demandoient ; mais cet accident de Lormont nous a osté tout moyen de pouvoir risquer tous envoys, si ce n'est du costé du pont de Mouron, prenant pour cela nos mesures avec M. le comte de Maure qui est à Libourne ; de plus je prends tout ce que les habitans ont de vivres. Enfin nous n'attendons l'armée navalle que dans trois semaines. Croyez que

---

[1] Voy. la *Gazette*, art. datés du 29 mai et du 6 juin 1653.

l'on fait tout ce qu'on peut pour ménager nos vivres....

Fait à Bordeaux, ce 30 may 1653.

De Marchin [1]. »

En même temps qu'il perdait Lormont, le parti des princes perdait la Tour-Blanche, en Périgord; le chevalier de Folleville s'en empara, après avoir envoyé Regnefort et Luret barrer le passage au secours que le colonel Balthazar s'apprêtait à y conduire de Château-l'Évêque, près de Périgueux [2].

Les succès de la cause royale eurent alors pour effet d'accentuer d'une manière bien différente l'attitude du Parlement de Bordeaux et celle du Parlement de Paris ; tandis que le premier, même la fraction des conseillers qui s'était rendue à Agen, subissait d'assez mauvaise grâce l'abaissement de ses prétentions, le second qui avait pris avec tant d'ardeur l'initiative de la Fronde retournait avec empressement sa robe et ses couleurs ; il recevait le cardinal Mazarin comme membre honoraire et inspirait à Lenet cette réflexion : « Le Parlement de Paris a reçu le cardinal Mazarin con-

---

[1] Lettre inédite. *Archives nationales*, registre KK, 1220, f° 188.

[2] *Gazette*, art. sous la rubrique : Limoges, 30 may 1653.

seiller honoraire ; il avoit pourtant mis sa teste à prix. Voilà comment va le monde [1]. »

Plaçons ici une particularité : le léger et sémillant Sarrasin avait épousé une femme vieille, laide et acariâtre [2] dont il vivait séparé et ne s'embarrassait guère; néanmoins il suffisait que Mme Sarrasin fût la femme du secrétaire des commandements du prince de Conti pour que la cour eût les yeux sur elle, sans s'en méfier beaucoup évidemment, car nous avons trouvé le document suivant qui ajoutait quinze jours aux six semaines qu'elle avait été autorisée à passer à Paris :

« De par le Roy.

« Sa Majesté ayant été supliée par la dame Sarrasin de lui permettre de demeurer encore quelque temps en cette ville pour ses affaires particulières, Sa Majesté a permis et permet à la dite dame Sarrasin de séjourner pendant quinze jours en cette ville, outre les six sepmaines qui lui ont été accordées, à compter du jour qu'elles seront expirées ; après quoy Sa Majesté veut qu'elle retourne demeurer à la campagne.

Fait à Paris, le dernier may 1653 [3]. »

[1] Dépêche inédite datée de Bordeaux, le 26 mai 1653. Papiers de Lenet, t. XIV, n° 6715, f° 96, *Bibliothèque nationale*.
[2] Voy. la Biographie universelle publiée par Michaud.
[3] Minute inédite ; *Archives du Ministère de la Guerre*, vol. 139.

La Bourgogne était aussi un terrain foulé par la guerre civile ; nous n'y avons pas encore pénétré ; mais, la prise de Bellegarde [1] nous y appelle. Le comte de Boutteville [2] tenait cette place pour le prince de Condé, et, de ce poste, il dominait et mettait à contribution une partie de la province. Le duc d'Epernon, gouverneur de Bourgogne, n'avait pu s'y opposer jusqu'au mois de mai 1653 ; à cette époque le cardinal Mazarin lui envoya des troupes pour entreprendre le siège de cette place forte. Ces troupes furent réparties en deux quartiers : celui de Champblanc sous les ordres du marquis de Roncherolles ; celui de Chazel, sous les ordres du marquis d'Uxelles. Ils ne se couvrirent point de lignes de circonvallation, parce qu'il n'y avait d'attaque à craindre que du côté de la Franche-Comté qui était en neutralité avec la France. L'investissement fut commencé le 3 mai et la tranchée fut ouverte le 14, par le régiment de la Marine ; les assiégés firent sur les premiers travaux une sortie de cavalerie qui fut repoussée. Des deux extrêmités de la tranchée qui contournait les bastions à distance,

---

[1] La petite ville de Seurre, sur la rive gauche de la Saône, aujourd'hui chef-lieu de canton du département de la Côte-d'Or. Elle fut érigée, en 1620, en duché-pairie, sous le nom de Bellegarde, en faveur de Roger de Saint-Larry, grand écuyer.

[2] François Henri de Montmorency-Boutteville qui devint, en 1675, maréchal de France, sous le nom de maréchal de Luxembourg.

deux tranchées d'approche furent creusées ; des places d'armes pour trois cents hommes chacune et des plates-formes pour l'artillerie furent établies pendant la nuit ; et, dans la matinée du 16, le comte de Marigny étant de jour, dix pièces de canon placées en batterie ouvrirent leur feu contre les remparts. Le 20, une batterie de trois pièces fut dressée proche de la contre-escarpe ; une autre batterie de deux pièces pour battre à revers le front d'attaque et faciliter le logement de la contre-escarpe, fut dressée le 22, sur la rive opposée de la Saône, et reliée par un pont de bateaux construit par la Margerie, intendant de justice de la province, frère de la Margerie de Plassac, enseigne-colonel du régiment des Gardes. Une demi-lune emportée fut reprise par les assiégés, mais avec de grandes pertes. Leur pont sur la Saône démoli par l'artillerie sur une longueur de trente toises, fut rendu inutile pour eux. Un signal ranima un instant l'espoir des assiégés, un grand feu parut au sommet d'une montagne du côté de la Franche-Comté, et les assiégés y répondirent par un coup de canon ; mais cette espérance de secours fut vaine ; une reconnaissance de cavalerie envoyée par le duc d'Epernon ne découvrit nul ennemi et lui donna la certitude qu'il n'avait nulle crainte à concevoir. Le régiment de Bourgogne, dans la nuit du 29 au 30, avança la sape du chemin couvert jusqu'au milieu de la face du bastion attaqué et le mineur y fut attaché ; on avait par une percée ouvert le fossé rempli d'eau, et il avait été mis à sec.

Le comte de Boutteville reconnaissant une plus longue résistance inutile, demanda à parlementer et remit la place, le 7 juin, aux conditions suivantes : qu'il lui serait permis d'aller avec sa garnison rejoindre l'armée du prince de Condé ; que les prisonniers seraient rendus de part et d'autre, et que le sieur Arnoux, curé de la ville, pourrait sortir en toute sûreté et l'accompagner [1].

La guerre civile se trouva dès lors uniquement concentrée dans la Guyenne et sur ses confins.

---

[1] Voy. sur ce siège les *Mémoires* du marquis de Montglat et divers articles de la *Gazette*.

CHAPITRE LXIII

Suprême et décisif effort de Daniel de Cosnac auprès du prince de Conti pour le presser de négocier son accommodement avec la Cour. — Daniel de Cosnac propose le marquis de Chouppes pour remplir cette mission. — Coïncidences de nature à la faciliter. — Lettre inédite du prince de Condé au sujet du marquis de Chouppes, du 30 mai. — Lettre inédite du prince de Condé au marquis de Chouppes, du 31 mai. — Rapprochement avec les *Mémoires* du marquis de Chouppes. — Billet de la duchesse de Longueville à Daniel de Cosnac. — Réponse de Daniel de Cosnac. — Perplexités au sujet des instructions à donner à M. de Chouppes. — Résolution du prince de Conti de s'adresser à l'intermédiaire du duc de Candale. — Départ pour la cour du marquis de Chouppes. — Il demande un évêché pour Daniel de Cosnac. — Pleins pouvoirs envoyés par la cour au duc de Candale pour traiter avec le prince de Conti. — Daniel de Cosnac se propose pour aller s'aboucher avec le duc de Candale. — Un billet intercepté de son ami Langlade rend impossible sa sortie de Bordeaux. — Dureteste, à la tête d'une députation de l'Ormée, dénonce Daniel de Cosnac. — Guilleragues choisi pour suppléer Daniel de Cosnac ne peut partir. — Le duc de Candale, sous un faux prétexte, envoie son capitaine des gardes au prince de Conti. — Émotion populaire causée par cet incident. — Communications établies avec le duc de Candale au moyen d'un trompette. — Signature secrète de conventions préliminaires.

(1653.)

Nous touchons aux circonstances décisives qui

mirent fin à la guerre civile à Bordeaux. Malgré le mauvais accueil que la faiblesse des uns et la perversité des autres venaient de faire à la lettre si conciliante du roi, la répulsion que devait inspirer un parti qui n'avait désormais d'autres chances de réussite que l'appui de l'étranger, la confiance exclusive donnée par le prince de Condé à Lenet et à Marsin au préjudice de l'autorité et de la dignité même du prince de Conti, fournirent à Daniel de Cosnac de nouveaux et puissants arguments pour porter ce prince à la paix en entamant des négociations secrètes. Puisque les habitants de Bordeaux étaient conviés à faire partir des envoyés pour la cour, pourquoi un prince du sang, pour se réconcilier avec elle, n'y enverrait-il pas le sien? Avec une éloquence plus pressante que jamais, il exposa ses raisons, et le prince se rendit cette fois aux avis de son conseiller fidèle. La difficulté ne consistait désormais que dans le choix du messager. Il fallait, dit Daniel de Cosnac dans ses *Mémoires*, un homme secret, sûr, habile ; malheureusement nul dans la maison du prince de Conti ne répondait à ces conditions ; et quant à lui, il n'eût pu partir sans que sa personnalité seule ne dévoilât le secret. Il songea à employer son ami le marquis de Chouppes qui venait de remplir d'une manière si satisfaisante sa mission en Espagne ; mais, pour qu'il ne pût être soupçonné d'être envoyé à la cour par le prince de Conti, il fallait qu'il fût rendu évident aux yeux de tous qu'il quittait Bordeaux uniquement pour des motifs de mécontentement personnel. Cette couleur était d'autant plus facile à donner qu'elle ne manquait pas de vérité; Chouppes, de lui-même, désirait vivement se retirer; Lenet et Marsin désiraient de leur côté se voir débarrassés de sa présence importune. Ils avaient rompu toutes relations amicales avec lui, et même étaient devenus ses ennemis acharnés depuis la proposition qu'il avait faite de soumettre leurs comptes à un examen. Pour se soustraire à leur rancune, Chouppes avait fait connaître le désir, non de se rendre à la cour, mais auprès du prince de Condé, ou de se retirer chez lui[1].

Le marquis de Chouppes ayant écrit au prince de Condé pour obtenir cette autorisation, le prince de Condé renvoya sa demande au prince de Conti et à la duchesse de Longueville en l'accompagnant de la lettre suivante :

« Je vous envoye une lettre de Chouppes par laquelle vous verrez comme il me demande son congé et comme il est incompatible avec MM. de Marchin et Lenet. J'ay creu ne luy devoir pas refuser. Je vous envoye aussy la responce que je luy fais et quoy que je n'aye pas accoutusmé à me le faire demander deux fois, ny de souffrir dans un

[1] Voy. la dépêche précédente de Lenet au prince de Condé, du 8 mai.

lieu un subalterne mal avec son supérieur, j'ay commandé à M. Lenet de ne luy donner pas ma responce sans vostre consentement ne voulant rien faire en Guienne que ce que vous voudrez. Ce que Chouppes mande contre M. de Marchin auroit esté de meilleure grâce avant ces malheurs arrivés qu'après cet échec ; il semble qu'on ne doit souffrir ces sortes de plaintes qui vont à desservir, contre les officiers et ceux qui servent, quand on les fait à contre-temps et quand les maux sont arrivés. Continuez-moy sur toutes choses vos amytiés et me croyez tout à vous.

« A Bruxelles, le 31 may 1653 [1]. »

En outre le prince de Condé adressait au marquis de Chouppes cette réponse dans laquelle il ne lui déguisait pas sa désapprobation :

Monsieur,

« Je suis bien fasché d'avoir appris par vostre lettre tous les sujects que vous avez de mécontentement. Vous scavez que je ne me suis jamais esloigné de toutes les choses qui pouvoient vous donner quelque satisfaction et qu'au contraire je m'y suis tousjours porté avec joye ; tesmoing les employs

[1] Lettre inédite. Papiers de Lenet, 6715, Fonds français, *Bibliothèque nationale*.

d'armée que je vous ay donnés, où, de mareschal de camp que vous estiez quand vous commençates de vous attacher à moy, je vous fis dabord lieutenant-général. Je me souviens que je ne fus pas plus tost parti de Guienne que vous tesmoignates dès lors quelque chagrin ; ensuite de cela vous vintes à Paris où je vous receus avec toutes les démonstrations d'estime et d'amytié qui me furent possibles ; et, sur la parolle que je vous donnay de quelque employ, à cause que je ne le peus faire si tost que vous le souhaittiez, vous aymates mieux retourner en Guienne que d'attendre que j'eusse l'occasion de vous en donner un qui vous fut convenable. Depuis vous futes envoyé en Espagne, d'où, à peine de retour, vous me tesmoignez d'estre mal satisfait de M. de Marchin et de M. Lenet, et que la mésintelligence qui est entre vous et eux est à ce poinct qu'il seroit difficile d'y remédier ; de quoy j'ay esté fort fasché, et encore plus de ce qu cela regarde des personnes que j'estime au point que je fais lesdits sieurs de Marchin et Lenet, et en qui j'ay toute sorte de confiance. Si les choses ont esté si négligées et si mal conduites que vous me l'escrivez, vous m'auriez bien plus obligé de me le mander avant que ces malheurs ne fussent arrivés dans les trouppes, afin d'y pouvoir remédier, que de m'en escrire quand il n'y a plus de remède, qui est une chose bien facile à faire et qui ne répare pas les accidents qui sont arrivés ; mais puisque cette division est telle que vous me l'écrivez, je voy bien qu'elle seroit fort préjudiciable au bien des affaires de delà ; c'est pourquoy je trouve bon que vous reveniez vers moy, ou que vous vous retiriez chez vous, comme vous tesmoignez le désirer, en attendant que j'aye le moyen de vous donner quelque employ où vous trouviez plus de satisfaction. Tout ce que je puis faire est d'y consentir, laissant à mon frère de vous donner vostre congé, estant de luy que vous devez le prendre et surtout croyez que je seray tousjours véritablement,

Monsieur, votre très affectionné à vous servir.

De Bruxelles, le 31 may 1653[1]. »

Puisque le prince de Condé, qui ne pouvait pardonner au marquis de Chouppes d'avoir osé critiquer ses deux hommes de confiance, remettait au prince de Conti de lui accorder ou qu'il vînt le rejoindre, ou qu'il se retirât chez lui, les circonstances concouraient d'elles-mêmes à rendre plus facile l'exécution du projet. Daniel de Cosnac proposa en conséquence au prince de Conti d'accorder au marquis de Chouppes l'autorisation de se retirer chez lui, et, sous cette apparence, de lui confier une mission

[1] Lettre inédite. Papiers de Lenet, 6715, Fonds français, *Bibliothèque nationale*. Ce document est une copie que dut prendre Lenet avant de remettre la lettre au destinataire.

pour la cour. Le prince de Conti ayant agréé cette proposition, Daniel de Cosnac prévint son ami du choix dont il était l'objet. Chouppes flatté de cette preuve de confiance et de l'importance de cette mission, accepta avec empressement [1]; il ne restait plus qu'à ménager entre le prince et lui une entrevue dans un lieu où elle put passer inaperçue :

Laissons parler M. de Chouppes :

« Pendant ce temps là je voyois Leurs Altesses à l'ordinaire, très souvent l'abbé de Cosnac qui étoit mon ami particulier. M. le prince de Conti qui mettoit en lui toute sa confiance s'étant ouvert à lui au sujet des mécontentemens qu'il recevoit de M. son frère et de l'envie qu'il avoit de quitter son parti, il lui demanda s'il pouvoit se fier à moi. L'abbé lui ayant répondu qu'il le pouvoit, S. A. le chargea de me faire venir. Je comptois quand je fus mandé par le prince aller prendre congé de lui ; ainsi je me rendis à la maison des Jésuites où Son Altesse étoit alors. Ce lieu étoit tout propre pour s'entretenir avec liberté. L'abbé de Cosnac s'y étant trouvé me mena dans la chambre du prince qui me dit : Vous avez tant de probité et d'honneur que je crois pouvoir me confier en vous et vous consulter sur le dessein que j'ai de quitter le parti de mon frère ; mais je ne sçais si je trouverai toutes

---

[1] Voy. les *Mémoires* de Cosnac, t. I, p. 57.

mes sûretés du côté de la Cour. Je ne demande que celle de ma personne dans le royaume et la permission de rester dans une de mes terres [1]. »

Le marquis de Chouppes transporté de pouvoir quitter Bordeaux dans des conditions si brillantes pour son propre avenir, assura le prince de son zèle et de sa discrétion. Il fut convenu, afin de détourner tous les soupçons, qu'il irait prier madame de Longueville de demander son congé à M. le prince de Conti. Cette princesse trouvant Chouppes d'une humeur fort incompatible depuis l'affaire des comptes, affaire qui avait failli la brouiller elle-même avec le prince de Condé, Lenet et Marsin, après un semblant d'opposition, accéda à son désir. Comme ses relations avec le prince de Conti, sans être précisément rompues, étaient fort tendues, la princesse pensa que, pour obtenir plus facilement ce congé, elle ferait mieux au lieu de s'adresser directement à son frère, de s'adresser à son fidèle confident dont l'influence n'était un mystère pour personne. Prenant la plume, elle écrivit ce billet à Daniel de Cosnac :

« Chouppes m'est venu dire qu'il vouloit se retirer chez lui, et qu'il me prioit de demander son congé. Je crois que mon frère le lui doit accorder. Si l'abbé de Cosnac lui en disoit un mot, il me feroit

---

[1] *Mémoires* du marquis de Chouppes.

plaisir et s'en feroit peut-être un à lui-même, de l'humeur obligeante dont je le connois, s'il pouvoit rendre ce service à Chouppes pour l'amour de moi[1]. »

Daniel de Cosnac, qui n'avait pas vu la princesse depuis le jour où elle lui avait manifesté un mécontentement si vif pour avoir refusé d'entrer dans ses intérêts aux dépens de ceux du prince de Conti, fut d'autant plus satisfait de cette avance qu'elle lui fournit la preuve de la merveilleuse réussite du plan de conduite qu'il avait indiqué. Sur l'heure il envoya à la princesse cette réponse accompagnée d'un passe-port pour le marquis de Chouppes signé par le prince de Conti :

« J'ai bien de la douleur, Madame, de ce que je n'ai pas l'honneur de porter moi-même à Vostre Altesse le passeport de M. de Chouppes. Elle sait bien que le respect que j'ai pour elle m'empesche; mais le malheur que j'ai de lui estre peu agréable ne m'empeschera jamais d'être avec plus de respect que personne.... [2]. »

Après de si heureux préliminaires, restait la chose capitale : convenir des instructions dont le marquis de Chouppes serait porteur. Le prince de Conti n'avait rien dit à personne de cette affaire, pas même à Sarrasin et à madame de Calvimont;

---

[1] *Mémoires* de Cosnac.
[2] *Mémoires* de Cosnac, t. Ier, p. 58.

la responsabilité des instructions à donner et celle du succès retombait donc tout entière sur Daniel de Cosnac. Le soir de ce même jour, il réfléchissait non sans quelque effroi aux éventualités qu'il assumait, en se promenant solitaire dans le jardin de la demeure du prince de Conti, lorsqu'il aperçut au bout d'une allée le prince lui-même faisant une promenade également rêveuse. Ils s'abordèrent et le prince lui dit : « J'ai quelques inquiétudes sur notre projet. Notre manière d'agir me paraît assez incertaine et embarrassée. Il me sembleroit plus à propos de faire en sorte que la cour envoyât à M. de Candale des pouvoirs de traiter avec nous. » Daniel de Cosnac approuva fort cet expédient, et parce qu'il le trouvait bon, et parce que sa responsabilité se trouvait dégagée par celle que le prince prenait lui-même.

La préférence du prince de Conti pour le duc de Candale, au lieu du duc de Vendôme, revêtu d'un pareil commandement et de pouvoirs égaux dans la Guyenne, est facile à comprendre. Possédant lui-même tout le brillant de la jeunesse, sans en excepter les défauts, il se sentait plus d'attraction pour celui que l'on appelait le beau Candale, jeune et galant comme lui, que pour le vieux duc de Vendôme dont l'âge avait accru la difficulté du caractère. Il pensait que le duc de Candale, par esprit de rivalité inévitable avec un collègue plus âgé et en définitive plus autorisé que lui, serait flatté d'être le pivot d'une négociation aussi importante et désirerait ardemment devenir l'intermédiaire de la paix. Enfin, en s'adressant à lui, le prince de Conti calculait que cette faveur excessive auprès du cardinal Mazarin qui avait fait obtenir au beau Candale un si important commandement avec la perspective d'épouser une de ses nièces, lui ferait d'autant mieux accorder les pouvoirs demandés.

Le duc de Candale éprouvait de son côté une réelle attraction vers-le prince de Conti; elle l'engageait à de certains ménagements qui devinrent un thème d'accusations de la part des partisans du duc de Vendôme.

En exécution de la résolution arrêtée, le prince de Conti fit partir pour le quartier du duc de Candale un trompette nommé Beaulieu, porteur d'un billet de Daniel de Cosnac à l'adresse du général de l'armée royale. Celui-ci fit réponse par le même trompette qu'il enverrait à la cour demander les pouvoirs nécessaires pour traiter.

La mission dont on était d'abord convenu de charger le marquis de Chouppes perdait dès lors de son importance; et Daniel de Cosnac dit dans ses *Mémoires* que le prince et lui éprouvèrent quelques regrets de s'être ouverts si complètement à son égard de leurs projets. Ils ne lui retirèrent pas néanmoins la mission donnée ; mais ils eurent seulement en lui un négociateur auxiliaire chargé particulièrement de presser l'envoi de pleins pouvoirs au duc de Candale. M. de Chouppes, pour être moins nécessaire, ne fut pas moins plein de zèle. Après s'être rendu auprès du duc de Candale, il partit pour la Cour. Dans plusieurs entrevues qu'il eut avec la reine-mère et le cardinal Mazarin, il plaida vivement la cause du prince de Conti afin de lui faire obtenir un accommodement avantageux ; et, chose que Daniel de Cosnac paraît avoir ignorée d'après le silence gardé sur ce point dans ses *Mémoires*, son ami fit valoir ses services, en représentant combien était considérable et précieuse l'influence qu'il exerçait sur le prince, et sa conclusion était qu'on ne pouvait moins faire que de lui donner un évêché [1].

Bientôt le duc de Candale reçut les pouvoirs de traiter qu'il avait demandés, et il s'empressa d'en informer le prince de Conti, en l'engageant à profiter promptement des dispositions indulgentes de la Cour à son égard. Le prince de Conti n'avait lui-même qu'un désir, celui d'une rapide conclusion ; mais, pour y aboutir, il fallait prendre des mesures pour établir des communications régulières avec le général de l'armée royale. Les difficultés qu'elles

---

[1] Voy. les *Mémoires* du marquis de Chouppes.

rencontrèrent devinrent une source d'incidents dangereux.

Le prince de Conti ne voyant personne à qui se fier complètement pour s'aboucher avec le duc de Candale, Daniel de Cosnac crut devoir se proposer pour cette délicate et périlleuse entreprise. Mais il fallait trouver un prétexte pour justifier sa sortie de Bordeaux. Précisément un bénéfice à la nomination du prince, dans l'évêché de Condom, avait été récemment refusé par Daniel de Cosnac en raison de son peu d'importance; on fit courir le bruit qu'il était plus considérable qu'on ne l'avait cru d'abord; Daniel de Cosnac en reçut les provisions et se prépara au départ sous l'apparence d'aller en prendre possession. Il allait trouver le duc de Candale, lorsque survint une aventure qui faillit avoir les plus terribles conséquences.

Langlade [1], son ami, s'était, depuis la mort du duc de Bouillon, attaché à la personne du cardinal Mazarin dont il était devenu secrétaire. Le premier ministre, en considération probablement de sa liaison avec le premier gentilhomme de la chambre du prince de Conti, le jugeant plus propre que nul autre à mener à bonne fin les négociations commencées, l'envoya auprès du duc de Candale comme une espèce d'homme du roi; fonction ana-

---

[1] Voy. sur lui, t. Ier, p. 75 et les *Mémoires* de Daniel de Cosnac.

logue à celle que remplissaient MM. de Guron et de Bourgon, auprès du duc de Vendôme. Dès son arrivée auprès du duc de Candale, il écrivit à Daniel de Cosnac par une voie qu'il croyait sûre; mais la lettre fut interceptée par les séditieux de l'Ormée qui occupaient tous les postes des alentours de Bordeaux.

La lettre de Langlade ne renfermait en apparence qu'un simple compliment; toutefois certains termes jugés obscurs éveillant les défiances, une députation de l'Ormée vint porter la lettre au prince de Conti, en lui signalant le danger de la trop grande confiance qu'il plaçait en son premier gentilhomme de la chambre.

En raison de ses fonctions, l'introducteur de la députation auprès du prince fut Daniel de Cosnac lui-même. L'orateur de la députation était le plus violent et le plus cruel des deux chefs de l'Ormée, le terrible Dureteste en personne. L'ancien boucher était plus apte heureusement à abattre un bœuf, à dresser un échafaud, à exécuter une sentence qu'à formuler un réquisitoire ou à interroger le visage de ceux qu'il accusait. Dès ses premières paroles, au trouble que ne purent de prime abord s'empêcher de manifester Daniel de Cosnac et le prince de Conti lui-même, il aurait pu se convaincre que ses soupçons étaient fondés. Heureusement, comme les termes mêmes de la lettre ne contenaient rien de compromettant, le prince de Conti, promptement remis de son émotion, put facilement lui répondre qu'il concevait des craintes chimériques, et il l'assura, tout en le remerciant de ses bons conseils, que son premier gentilhomme de la chambre ne se mêlait absolument de rien ; que du reste il lui défendrait expressément à l'avenir toutes relations de cette nature. Dureteste et sa députation se retirèrent assez satisfaits.

Leur départ soulagea Daniel de Cosnac du poids d'une émotion qui avait été bien vive ; mais le prince et lui reconnurent que, dès ce moment, son état de suspicion ne permettait plus qu'il se rendît auprès du duc de Candale. Il fallut faire un autre choix ; le prince de Conti le fit tomber sur Guilleragues [1], autre ami particulier de Daniel de Cosnac et son ancien camarade au collège de Navarre, esprit charmant auquel Boileau devait un jour adresser l'Épître qui commence par ces vers :

> « Esprit né pour la cour, et maître en l'art de plaire,
> « Guilleragues, qui sais et parler et te taire. »

Daniel de Cosnac l'avait retrouvé à Bordeaux, lieu de sa naissance ; il l'avait retiré des habitudes d'une vie plus que dissipée, et l'avait attaché à la personne du prince de Conti auquel il avait plu promptement par son esprit et son assiduité. Guil-

---

[1] Voy., sur lui, les *Mémoires* de Cosnac.

leragues, futur ambassadeur à Constantinople, lui dut ainsi un brillant avenir dans la carrière diplomatique dont le point de départ fut sa mission auprès du duc de Candale, bien que les circonstances l'aient empêché de la remplir [1]. De très petit personnage, il se vit tout à coup transformé en homme d'importance, en plénipotentiaire d'un prince de sang, avec cet avantage d'exciter d'autant moins les méfiances que nul n'eût soupçonné la confiance qui lui était accordée. Une propriété qu'il possédait aux environs de Bordeaux lui fournissait un prétexte facile pour obtenir un passe-port. Il partait, lorsque l'incident le plus imprévu fit échouer cette nouvelle combinaison.

Le duc de Candale, inquiet de rester sans nouvelles du prince de Conti, dans l'appréhension qu'il n'eût changé de résolution, envoya son capitaine des gardes [2], avec un trompette, à Bordeaux. Sa mission apparente était un compliment au prince pour le remercier de lui avoir renvoyé quelques gardes faits prisonniers; sa mission vraie était d'obtenir un entretien particulier, afin de savoir du prince ou de Daniel de Cosnac, pourquoi aucune suite

---

[1] Lorsque Louis XIV lui confia l'ambassade de Constantinople en remplacement de Nointel, il lui dit : « J'espère que je serai plus content de vous que de votre prédécesseur. » L'habile courtisan lui répondit : « Je ferai en sorte que Votre Majesté ne fasse pas le même souhait à celui qui me succédera. »

[2] Le chevalier de Mun.

n'était donnée aux négociations dont l'ouverture avait été acceptée par la Cour. Cet envoi du capitaine des gardes n'était pas motivé sur des raisons apparentes assez sérieuses pour ne pas éveiller de soupçons ; aussi ne manqua-t-il point d'être arrêté par les avant-postes de l'armée et conduit avec escorte chez le prince de Conti. Le long du chemin le bruit se répandant que l'on conduisait le capitaine des gardes du duc de Candale, une foule malveillante s'amassa et grossit le cortège.

Arrivé en présence du prince de Conti, le capitaine des gardes s'acquitta publiquement du remercîment dont il était chargé ; alors les séditieux assemblés lui demandèrent avec insolence s'il n'avait pas quelque autre commission à remplir. Sur sa réponse négative, ils se mirent à crier qu'ils n'étaient point dupes, qu'il avait certainement une mission secrète se rapportant à quelque conjuration nouvelle dans la ville, et ils l'accablèrent d'injures. Le bruit allait grossissant et la foule s'ameutait de plus en plus nombreuse et menaçante ; elle se fût portée à des extrémités fâcheuses, si le prince de Conti, conservant sa présence d'esprit et son sang-froid, n'eût dit avec fierté et une brusquerie accentuées au capitaine des gardes que puisque sa commission était remplie, il n'avait qu'à se retirer ; puis, s'adressant à la foule d'un ton plus doux, il lui représenta que ce capitaine était venu de bonne foi, confiant dans le respect du droit des gens, et qu'il allait de son honneur de ne pas le violer ; que du reste, pour prévenir l'effet de toutes mauvaises intentions qu'il pourrait avoir, il fallait le faire sortir sur-le-champ. Immédiatement, autant pour protéger l'envoyé que pour donner une satisfaction apparente à la populace, il donna l'ordre à son propre capitaine des gardes de ramener aux avant-postes celui du duc de Candale.

Cette conduite habile du prince de Conti prévint un grand malheur en contenant une foule qui avait une horreur si profonde pour tout se qui se rattachait aux noms d'Epernon et de Candale qu'elle aurait pu se livrer aux derniers excès. Toutefois cet événement produisit un tel éclat que le Conseil, par une délibération expresse, décida que l'on ne donnerait plus accès dans Bordeaux à aucun envoyé du dehors, excepté aux trompettes que l'on avait toute liberté de garder et d'observer, et qu'il ne serait plus accordé de passe-ports à qui que ce fût pour sortir de la ville.

La possibilité d'entrer en communications suivies avec le duc de Candale par le moyen de Guilleragues fut anéantie par cette décision du Conseil.

Heureusement restait l'exception réservée pour les trompettes. Le prince de Conti la mit à profit en se servant du même trompette de la compagnie de ses gardes qu'il avait envoyé une première fois. Chaque jour ce trompette fut chargé d'apporter au général de l'armée royale quelque billet du prince de Conti l'assurant de la persistance de ses bonnes dispositions. Enfin, toujours par le moyen de ce trompette, le prince de Conti envoya au duc de Candale un engagement signé de sortir de Bordeaux dans un laps de temps qui ne devait pas excéder deux mois ; en retour, le duc de Candale envoya au prince la promesse signée, en vertu de ses pleins pouvoirs, d'une amnistie générale pour lui et pour tous ceux qui voudraient l'imiter, ainsi que celle de son rétablissement dans toutes ses charges et gouvernements[1].

[1] *Mémoires* de Cosnac.

CHAPITRE LXIV

Rivalité entre les ducs de Vendôme et de Candale. — Fragment d'une lettre inédite de l'abbé de Guron, du 3 juin. — Lettre inédite du duc de Vendôme au cardinal Mazarin, du 6 juin. — Nouvelles violences dans la ville de Bordeaux. — Courage de Raymond. — Chevalier pris, jugé et pendu en quelques instants. — Secours de l'Espagne annoncé par le marquis de Lusignan. — Mesures prises par le duc de Vendôme. — Entente entre les ducs de Vendôme et de Candale pour les opérations militaires. — Dispersion ou prise de frégates espagnoles qui venaient ravitailler Bordeaux. — La suspicion règne dans les deux partis. — Le comte de Marsin établit son camp auprès de Blanquefort. — Lenet donne des explications sur sa conduite et demande des adjoints pour la direction des affaires. — Etrange situation du prince de Conti; emploi fait par la cour de ses propres revenus. — Ressources financières proposées par Lenet : emprunts, vente des bijoux et de l'argenterie des princes et des princesses. — Causes de l'impopularité inattendue du comte de Marsin. — Défections et excès des troupes irlandaises. — Le duc de Candale accusé de faiblesse. — Lettre inédite du duc de Candale au cardinal Mazarin, du 20 juin. — Mission du chevalier de Mun. — Préparatifs du siège de Bourg. — Lettre inédite du comte d'Estrades au cardinal Mazarin, du 22 juin. — Entrevue des ducs de Vendôme et de Candale. — Hésitation de la flotte espagnole à prendre la mer. — Échec éprouvé par une escadre espagnole dans la Méditerranée. — Ravitaillement de la ville de Roses. — Siège de Castillon d'Ampuries par le marquis du Plessis-Bellière. — Capitulation de cette place. — Soulèvements en Catalogne en faveur de la France. — Nomination d'un Inquisiteur en Catalogne.

(1653.)

La rivalité des ducs de Vendôme et de Candale, arrivait à l'aigreur. Le premier avait voulu combiner avec le concours du second un mouvement de concentration sur Bordeaux dont il se promettait le résultat le plus décisif; mais ce mouvement n'avait pu s'exécuter sans que le duc de Candale en fût précisément la cause, ses troupes ayant refusé de marcher, ainsi que le fit savoir Marin, lieutenant-général, parce qu'elles voulaient auparavant être payées [1]. Le duc de Vendôme furieux d'une excuse qu'il ne voulait pas accepter, et croyant reconnaître un mauvais vouloir caractérisé de la part du duc de Candale, écrivit au cardinal Mazarin :

« De Blaye, ce 3ᵐᵉ juin 1653.

« Monsieur,

« Les lettres interceptées de Marsin et du comte de Maure que j'envoie à Vostre Éminence vous feront voir clairement que sy tout le monde agissait comme moy, Bordeaux, à l'heure que je vous escris, seroit entre les mains du Roy, et Sa Majesté en puissance de se servir, non d'une partie, mais du total des trouppes qui sont soubz M. le duc de Candale et soubz moi [2]. »

[1] Lettre inédite de l'abbé de Guron. *Archives nationales*, KK, 1220, f° 191.

[2] Lettre inédite ; *Archives nationales*, KK, 1220, f° 195.

Dans une lettre du même jour adressée au cardinal, l'abbé de Guron, au nom du duc Vendôme, se plaignait que tandis que la Cour avait refusé à ce général la faculté de délivrer des passeports, le duc de Candale en délivrait à son gré :

« Pour les passeports, il ne suffist pas de défendre, il faut que M. de Candale les refuse, parce que Chouppes, Fors, Saint-Surin et (nom illisible) m'ont persécuté par plusieurs lettres de leur en faire accorder, les trois derniers pour demeurer quatre mois chez eux sans se mesler de rien, et le premier pour se retirer tout à fait ; et tous m'ont escrit que puisque la Cour nous tenoit la bride si haute, il n'en estoit pas de mesme de M. de Candale qui le leur avoit *accordé ;* ce qui a donné un peu de chagrin à mon général parce qu'il croit que les défenses ne sont que pour lui [1]. »

Le duc du Vendôme commence en ces termes une lettre adressée de Blaye, le 6 juin, au cardinal Mazarin : « Je suis revenu de Lormont par un accès de fièvre qui m'oblige de me venir baygner et prendre quelques petits remèdes rafraîchissants [2], » puis il insiste plus vivement encore que l'abbé de Guron, sur son étonnement de ne voir paraître aucunes troupes du duc de Candale et il ajoute « que l'étonnement de M. Marin, homme

---

[1] Lettre inédite ; *Archives nationales*, KK, 1220, f° 191.
[2] Lettre inédite ; *Archives nationales*, KK, 1220, f° 199.

de beaucoup d'honneur et de vertu, n'est pas moindre. »

Plus la situation devenait tendue, plus les meneurs inquiets de la démagogie devenaient agissants à Bordeaux. Afin d'assurer leur prépondérance, ils avaient provoqué, le 29 mai, une nouvelle assemblée à l'Hôtel de ville, dans laquelle les Ormistes se trouvant en majorité conspuèrent et menacèrent quelques partisans de la paix qui avaient osé élever la voix pour accepter l'amnistie. Afin de soustraire ceux-ci aux fureurs populaires, le prince de Conti leur fit remettre des passe-ports pour sortir de Bordeaux; le courant d'opinion qui se manifestait pour la paix fut néanmoins assez fort pour qu'ils se hasardassent à rester.

Les Ormistes exaspérés d'une audace à laquelle ils n'étaient point accoutumés, convoquèrent pour le premier juin une nouvelle assemblée; mais lorsqu'ils se présentèrent, ils trouvèrent fermées les portes de l'Hôtel de ville. Raymond, commandant du poste de la garde bourgeoise, leur refusa courageusement l'entrée, bien qu'ils fussent conduits par Dureteste lui-même. Pour se venger, les Ormistes se saisirent, le lendemain, de Raymond ; ils l'avaient conduit sur le port et l'embarquaient, afin de l'expulser, lorsque des jeunes gens se déclarant pour le parti du roi le délivrèrent et le reconduisirent dans sa maison [1].

Cet échec fit résoudre les Ormistes à exercer une surveillance plus exacte que jamais pour empêcher toute communication des partisans de la paix avec le dehors. Un navire partant du port des Salinières pour Alger leur ayant été signalé comme suspect, Vilars en tête, ils y coururent et le forcèrent de revenir à la rive auprès de l'hôpital des Manufactures. Chevalier, avocat, fils d'un procureur au Parlement, était sur ce navire; ils se saisirent de sa personne et le conduisirent chez le prince de Conti. Fouillé, Chevalier fut trouvé porteur de plusieurs lettres, dont l'une de Mounier, conseiller au Parlement, adressée à M. de Mirat, à Agen; une autre lettre était à l'adresse de Desbordes, également conseiller. Chevalier, en outre, était porteur d'un passe-port du roi, de lettres de créance pour le duc de Vendôme et de mémoires en chiffres. Il fut révélé par l'examen de ses papiers que sa mission consistait à aller prévenir le duc de Vendôme de s'avancer sur Bordeaux d'un côté, pendant que le duc de Candale s'avancerait de l'autre; leurs attaques dirigées sur quatre points différents diviseraient nécessairement les forces du comte de Marsin, et alors les partisans de la paix se saisiraient d'une des portes de la ville et l'ouvriraient

---

[1] Voy. les *Mémoires* du P. Berthod.

aux troupes royales en criant : l'amnistie ! vive le roi !

Sur les révélations de ces papiers, Vilars, avec ses satellites, courut pour investir la maison du conseiller Mounier; heureusement pour celui-ci une contestation s'élève sur le mot d'ordre, une sentinelle tire sur un sergent, et Mounier se sauve au milieu de la confusion qui s'en suit. Desbordes, autre compromis, parvient à se dérober aux recherches.

La fureur populaire se retourne alors d'autant plus vive contre Chevalier qu'il reste la seule victime livrée à sa discrétion. Un prétendu tribunal composé de pâtissiers, de cordonniers et d'apothicaires s'improvise [1]; quelques instants suffirent pour que Chevalier soit mis à la question, jugé, condamné et pendu.

La terreur qui se répandit dans Bordeaux à la suite de cette exécution sommaire en fit sortir tous ceux qui avaient cru pouvoir braver l'ostracisme populaire qui les désignait depuis la dernière assemblée. Le comte de Marsin pour rétablir quelque sécurité, introduisit dans la ville de nouvelles troupes qui firent chaque nuit de nombreuses patrouilles, et il renforça de deux cents cavaliers la garde ordinaire du prince de Conti [2].

[1] Voy. les *Mémoires* du P. Berthod.
[2] Voy la *Gazette*, art. sous la rubrique : Bordeaux, 5 et 12 juin 1653.

Le 7 juin, le marquis de Lusignan revint d'Espagne ; nous savons qu'il avait été écarté une première fois pour faire place au marquis de Chouppes ; mais il y avait été envoyé dès que l'on eût conçu des soupçons sur la manière dont Chouppes s'était acquitté de sa mission. Lusignan annonçait que la flotte espagnole était prête à prendre la mer sous les ordres du marquis de Sainte-Croix, ayant à son bord le baron de Vatteville à la tête de quatre mille hommes de débarquement qui devaient prendre terre à la Teste-de-Buch. Cette flotte était forte de dix-sept vaisseaux, dont le plus grand, *la Sainte-Thérèse*, du port de douze cents tonneaux, était armé de quatre-vingts canons ; outre ces vaisseaux, il y avait nombre de frégates, brigantins et brûlots. Restait à savoir si ce départ annoncé tant de fois s'effectuerait réellement [1].

Pour recevoir de son mieux la flotte d'Espagne, le duc de Vendôme élevait une batterie à Lormont et une autre armée de quarante canons à Parampure, dans un endroit où, lorsque le vent et la marée sont favorables les vaisseaux passent avec tant de vitesse que sur cent coups de canon qu'on leur tire, il n'y en a pas un qui porte [2]. Ce général

---

[1] Voy. la *Gazette*, art. sous la rubrique : Bordeaux, 12 juin 1653.

[2] *Relation* inédite souvent citée ; Fonds de Sorbonne, n° 1257, *Bibliothèque nationale*. Art. sous la rubrique : Bordeaux, 19 juin 1653.

était impatienté de voir que le duc de Candale n'avait encore rien entrepris pour couper les communications de Bordeaux avec La Teste, d'autant plus que le comte de Marsin s'y était rendu avec un corps de cavalerie pour recevoir au débarquement quelques gens de guerre et quelque argent venus d'Espagne. Pour tâcher de troubler, de ce côté, la sécurité des communications de Bordeaux avec la mer, le duc de Vendôme envoya vers La Teste le baron de Montesson, commandant du fort César. Celui-ci, avec cent chevaux, surprit la compagnie des gens d'armes de Bourgogne qu'il défit entièrement ; il envoya prisonniers au château d'Angoulême trois des officiers de cette compagnie, dont deux moururent de leurs blessures [1].

Depuis que le duc de Vendôme avait établi à Lormont son quartier général, le duc de Candale avait placé le sien à Cadillac [2]. Du splendide château de son père il dirigeait commodément ses opérations militaires. Les deux généraux en chef des armées royales, en occupant ces deux importantes positions, interceptaient en aval et en amont de la ville de Bordeaux le cours de la Garonne. Une meilleure entente paraissant s'établir entre eux, il fut convenu que le duc de Candale garderait le fort César, afin de rendre disponible l'armée que le duc de

---

[1] *Gazette*, art. sous la rubrique : Lormont, 13 juin 1653.
[2] Voy. sur le château et la ville de Cadillac, t. V, chap. XI.

Vendôme destinait à entreprendre le siège de Bourg, et que pour atteindre le résultat important de couper définitivement la dernière communication de Bordeaux avec la mer, le duc de Candale ferait occuper les abords de la Teste-de-Buch pendant que le duc de Vendôme établirait une croisière de vaisseaux en avant du golfe d'Arcachon [1].

Cette petite escadre composée du vaisseau *le Gabaret*, des frégates *la Lune*, *la Beaufort* et *la Saint-François*, avec quatre brûlots, fut heureuse dans sa croisière. Elle fit la rencontre de quatre frégates espagnoles qui venaient apporter des secours à l'insurrection bordelaise; trois de ces frégates étaient chargées de chevaux, de selles et de pistolets; la quatrième, armée en guerre, portait des subsides en argent. Les trois premières frégates furent capturées, et la quatrième fuyant à toutes voiles fut poursuivie jusqu'au port du Passage [2].

Les difficultés d'une situation dont la tension était extrême, jetaient dans les divers partis l'incertitude et la suspicion. Du côté de la cause royale, M. de Pontac, au dévouement duquel justice avait enfin été rendue, suspectait les conseillers retardataires du Parlement de Bordeaux qui se sou-

---

[1] *Gazette*, art. sous la rubrique : Bordeaux, 19 juin 1653.
[2] Lettre inédite du duc de Vendôme au cardinal Mazarin, datée du 21 juin 1653. *Archives nationales*, registre coté KK, 1220, f° 225.

mettant à l'ordonnance de la translation de leur corps à Agen, se rendaient dans cette ville ; il craignait qu'ils ne vinssent y former une majorité nuisible au service du roi[1]. Du côté de la cause insurrectionnelle, le comte de Marsin lui-même commençait à être traité en suspect : les Ormistes le soupçonnaient de vouloir entrer en pourparlers avec l'évêque de Saintes ; on l'accusait d'être bien moins habile pour la conduite de cette guerre, que ne l'avaient été, pour la première, les ducs de Bouillon et de La Rochefoucauld. Du reste, soit que l'intention du comte de Marsin fût de suivre de lui-même leur exemple, soit que ces récriminations aient exercé sur lui quelque influence, il plaça ses troupes dans le camp où le duc de Bouillon avait placé les siennes, auprès de Blanquefort. Lenet découragé parlait de partager avec d'autres la conduite des affaires, même de se retirer ; c'était au fond une manière de faire taire ceux qui trouvaient plus facile de critiquer que de se charger du fardeau ; il accusait même plus de cent mille écus de dettes exigibles. Il s'expliquait sur ces choses dans la lettre suivante au prince de Condé :

« Je pris occasion de parler dans le Conseil de l'estat des affaires ; je priai l'assemblée de me

[1] Lettre inédite de M. de Pontac au cardinal Mazarin datée d'Agen, le 17 juin 1653. *Archives nationales*, registre KK, 1220, f° 221.

donner tous les advis qu'elle jugeroit plus convenables pour la conduite des affaires que Vostre Altesse m'avoit fait l'honneur de me confier sous l'authorité de M. le prince de Conty et de Mesdames les princesses, que je les suppliois mesme de me donner les adjoints qu'ils jugeront à propos pour soustenir un fardeau si pesant; que j'espérois encore m'en démettre tout à fait, non pas par mécontentement, ny par crainte du mauvais estat des choses que je ne trouvois pas tel qu'on n'eust sujet d'en fort bien espérer, ny pour me retirer auprès de la personne de Vostre Altesse, ny pour aucun autre mouvement que celuy de voir tout le monde satisfait, et, par leur bon conseil, voir les affaires mieux administrées; que pour cela je demeurerois auprès de ceux auxquels M. le prince de Conty en pourroit donner soin; que je leur donnerois le peu de lumière que j'avois dans cette nature d'affaires, que je continuerois à emprunter comme j'avois fait à diverses fois, enfin que je serois comme un bon moyne qui de Provincial devient quelques fois portier ou questeur. J'entray là dessus dans le détail des dépenses que Vostre Altesse avoit faites, du compte rendu des debtes par moy contractées, dont j'estois à présent pour plus de cent mil escus échus chez les marchands et banquiers. De là j'ay blâmé les faux bruits contre M. de Marchin, je leur remontray d'où ils pouvoient venir, la nécessité d'estre unis, de finir toute cabale, de juger bien les uns des autres, de ne songer ny à paix, ny à guerre, que Vostre Altesse qui n'en avoit jamais voulu conclure, n'en conclueroit jamais qu'avec eux, et avec plus de ménagements des intérêts, en général, et des siens, en particulier. M. de Marchin parla après si bien que chacun l'admira; Son Altesse de Conty y fut merveilleux, et tout se passa si heureusement que ceux qui estoient venus mal prédisposés, furent confus, et tout le monde tellement satisfait que tout aboutit à de grandes louanges [1]. »

Étrange situation que celle du prince de Conti que Lenet nous représente déployant son éloquence naturelle pour maintenir la concorde dans le parti qu'il médite de quitter par les négociations secrètes qu'il a entamées; et, pendant ce temps, la Cour emploie ses revenus qu'elle a saisis, à lever et à armer des troupes contre le parti que ce prince sert encore en apparence [2].

Le but principal de la convocation du Consei dont Lenet a entretenu dans sa lettre le prince de Condé était d'aviser aux moyens de trouver de l'argent; mais il repoussait l'emploi des taxes dont

---

[1] Minute inédite datée de Bordeaux, le 19 juin 1653. Papiers de Lenet, Fonds français, 6715, *Bibliothèque nationale*.

[2] Voy. à l'*Appendice* une ordonnance royale prescrivant l'emploi de neuf mille livres sur le revenu de l'une des abbayes du prince de Conti pour lever deux compagnies de chevau-légers.

l'impopularité n'aurait pas manqué de ruiner promptement le parti, il ne proposait que la ressource qui fut approuvée de la continuation des emprunts, ensuite éventuellement le recours à la vente des pierreries et de l'argenterie des princes et princesses, ressource que l'on fut bientôt contraint de réaliser.

Dans cette même lettre Lenet annonçait au prince de Condé que la réforme économique qui consistait à réunir dans une même demeure la princesse de Condé et son fils avait été exécutée, et que par suite le duc d'Enghien logeait définitivement à l'Archevêché. Enfin il terminait sa lettre en observant que le prodigieux appétit qu'il ne manquait jamais de reprocher à la princesse, ne la fortifiait guère :

« La santé de Madame est un peu meilleure ; mais je luy trouve une fiebvre qui ne cesse jamais, une grande maigreur et une très grande faim. Son Altesse est extrêmement aymée en cette ville. »

La lettre de Lenet nous fait bien connaître quelques-uns des reproches qui altéraient la popularité du comte de Marsin parmi les Ormistes de Bordeaux ; mais il nous laisserait ignorer la plus curieuse de ces récriminations, si nous ne l'avions trouvée dans une correspondance inédite sans signature adressée de Bordeaux, le 18 juin, au cardinal

Mazarin ; elle était basée sur un fait qui fut habilement exploité :

« Ce qui advance les affaires c'est que Marsin a des sauvegardes de M. de Candale pour les maisons de sa femme. Je n'ay pas manqué d'en faire mon profit ; je l'ay fait publier. Cela met nos bourgeois aux champs [1]. »

Si Lenet s'est tu dans sa lettre sur cette cause des suspicions élevées contre Marsin, c'est évidemment parce qu'elle était vraie et qu'il ne voulait pas indisposer contre son ami le prince de Condé qui ignorait cette précaution d'intérêt personnel. Au contraire les pourparlers imputés à Marsin pour un accommodement étaient faux. Marsin voulait bien ménager les biens de sa femme, mais il était réellement trop attaché au prince de Condé pour jamais songer à l'abandonner ; il avait sacrifié jusqu'à son honneur à cet attachement, lorsqu'il avait déserté la Catalogne et l'avait fait perdre à la France. Quant à l'indiscipline des troupes qui lui était imputée, elles étaient si mal payées qu'il ne pouvait en être rendu responsable que dans une limite très restreinte. Le duc de Candale avait habilement agi, il faut en convenir, en lui accordant une sauvegarde pour les biens de sa femme, il le compromettait ainsi à peu de frais, et nous sommes

---

[1] *Archives nationales*, registre KK, 1220, f° 223.

amenés à reconnaître que si ce favori du cardinal Mazarin développa peu de talents militaires dans cette campagne, il se montra diplomate habile, et que ce fut surtout son penchant aux négociations qui amena plus tard un pacifique dénoûment ; mais cette conduite lui attira plus d'une imputation dont il fut forcé de se justifier.

La prise ou la dispersion par l'escadre en croisière devant le golfe d'Arcachon des navires espagnols qui venaient apporter des subsides en nature et en argent à la ville de Bordeaux, força définitivement le prince de Conti et les princesses, pour répondre aux nécessités les plus pressantes, de réaliser la vente éventuellement prévue, mais différée le plus possible, de leurs bijoux et de leur argenterie ; le prince de Condé s'était réservé, comme nous le verrons, d'employer leurs pierreries à payer l'armement de vaisseaux équipés en Angleterre. Cette pénurie n'était pas faite pour maintenir les troupes irlandaises au service du parti, aussi les défections, soit partielles, soit de corps tout entiers, s'accroissaient chaque jour ; et une lettre du colonel Dillon à ses compatriotes aurait fait perdre encore huit cents hommes d'un seul coup, si elle n'eût été interceptée par le comte de Marsin [1]. Ces Irlandais que les malheurs de leur

---

[1] Correspondance sans signature adressée au cardinal Ma-

pays forçaient à s'expatrier, et dont une sorte de traite des blancs pourvoyait les deux partis, en sorte qu'ils se trouvaient obligés souvent de s'entre-détruire, n'étaient du reste pas toujours dignes de l'intérêt qui s'attachait à leur infortune. Entre autres faits à citer, plusieurs furent pendus pour avoir fait sauter la cervelle à un paysan dont ils avaient rempli la bouche de poudre[1].

Les accusations portées contre le duc de Candale en raison de sa lenteur pour agir et de sa condescendance envers les ennemis, à force d'être répétées par le duc de Vendôme, par l'abbé de Guron et bien d'autres, sans compter le correspondant anonyme qui se dissimulait sous la qualification de *bon Français et bon royaliste*, avaient fini par faire impression sur l'esprit de son protecteur le cardinal Mazarin. Il prévint le duc de Candale d'avoir à tenir une ligne de conduite plus vigoureuse. Celui-ci, tout en protestant de son obéissance, s'excusa et s'expliqua auprès du premier ministre dans une lettre dont on lira ci-après les passages les plus importants :

zarin, de Bordeaux, le 18 juin 1653. *Archives nationales*, registre KK, 1220, f° 223.

[1] *Gazette*, art. sous la rubrique : Bordeaux, 19 juin 1653.

« Cadillac, ce 20 juin 1653.

« Monsieur,

« J'ay veu par la dernière lettre que Vostre Eminence m'a fait l'honneur de m'escrire par le sieur de Montcassein qu'elle avoit eu du desplaisir de ce que je lui mandois qu'après les deux premiers mois de cette campagne, je ne me chargeois point de faire subsister les troupes et de leur avoir le pain réglé. J'ay un desplaisir extrême d'avoir rien escrit qui puisse vous choquer en aucune façon ; car j'aurai toute ma vie tous les soins de l'application dont je peux estre capable pour l'attachement inviolable que j'ay à ses intérêts.

« Le sieur de Caumont m'a fait aussy savoir que vous ne désiriez plus que j'en usasse avec courtoisie avec les ennemis. Je feray exactement tout ce que vous désirez. Vous saurez pourtant, Monsieur, particulièrement par le chevalier de Mun, capitaine de mes gardes, que je vous envoie pour une affaire de la dernière conséquence et en qui je vous supplie d'avoir entière créance, que les civilités que j'ai faites n'ont pas produit un mauvais effet puisque le Roy sera maistre de Bordeaux quoi qu'il puisse arriver, quand mesme les Espagnols seroient maistres de la rivière. Le chevalier de Mun dira toutes ces choses à Vostre Eminence, à qui je dois pourtant dire que la plus grande grâce qu'elle me puisse faire, c'est de tenir secret ce que je lui envoie dire et que si elle a assez de confiance en moy pour vouloir que l'on achève ce qui est commencé, il me faut un pouvoir absolu de traiter avec la sœur comme avec le frère. Je croy que tout ce qu'elle peut désirer est d'estre protégée contre son mary.

« Je pars demain avec les troupes pour aller mettre des gens suffisamment pour la garde du fort (le fort César). J'ai esté contraint de fort partager les troupes de cette armée à cause des deux postes où les ennemis ont des troupes qui achèveront de ruiner toute la province, si on ne leur laissoit quelque chose d'opposay. Je marcheray pourtant avec quatre à cinq mille hommes de pied et quinze à seize cens chevaux, sans compter près de huit régimens de cavalerie que j'ay laissés autour de Tartas et de Villeneuve, et les deux régimens d'infanterie de Belsunce et de Foix que j'ay laissés dans leurs quartiers jusqu'à ce qu'ils ayent esté payés. Enfin Vostre Eminence pourra faire fonds que si tout estoit joinct présentement, sans compter le corps de Sauvebœuf, qu'il y auroit six à sept mille hommes de pied et près de trois mille chevaux, la moitié de vieille cavalerie et le reste pas mauvaise, bien que nous soyons dans un pays où l'on ne peut point faire de cavalerie, parce que l'on n'y peut trouver un cheval.

« Je seray vendredi vingt-unième de ce mois aux portes de Bordeaux. J'y ay une intelligence fort grande. Théobon en est le chef. Ils m'ont promis une porte. Si cela est, la guerre est finie en Guienne; mais s'il manquoit, au moins ne leur laisserois-je pas un espi de bled et marcherai à La Teste, et bien que les ennemis ayent fort bien accommodé ce poste, je croy que nous l'emporterons. J'en ferai savoir, avec la grâce de Dieu, bientost la nouvelle à Vostre Eminence que je supplie de me conserver l'honneur de ses bonnes grâces et d'estre persuadée que je suis avec beaucoup de respect,

« Monsieur,

vostre très humble et très obéissant serviteur.

LE DUC DE CANDALLE [1]. »

Il n'est pas douteux pour nous que la mission verbalement confiée au chevalier de Mun auprès du cardinal Mazarin par le duc de Candale se rapportait à certains ménagements d'apparence compromettante auxquels l'obligeait sa secrète entente avec le prince de Conti. Il demandait pour traiter avec la duchesse de Longueville un pou-

---

[1] Lettre inédite. *Archives nationales*, registre coté KK, 1220, f° 245.

voir semblable à celui qu'il avait reçu pour traiter avec le prince de Conti, dans l'attente que cette princesse lui ferait faire quelque ouverture ; mais elle était trop attachée au prince de Condé pour tenter aucune démarche personnelle préjudiciable aux intérêts de son frère.

Pendant que le duc de Candale se berçait de l'espoir de terminer la guerre par une surprise en entrant sans coup férir dans Bordeaux, grâce aux intelligences qu'il y avait ménagées, le duc de Vendôme avait en vue de s'emparer de la ville de Bourg. Il avait fait les premiers préparatifs du siège dont le comte d'Estrades vint prendre la direction, non sans critiquer les opérations préliminaires du général en chef ; il fit part de ses observations au cardinal Mazarin dans la lettre suivante :

« A Blaye, ce 22 juin 1653.

« Monseigneur,

« J'ay trouvé M. de Vendosme à une lieue de Bourg avec douze cents hommes de pié et cinq cents chevaux en dessein de faire le siège lorsque M. de Candale aura envoyé de l'infanterie dans le fort César pour relever son régiment et celuy de Montausier. Le régiment de Douglas ne doit estre à l'armée que le 25 de ce mois ; il attend le reste de ses recrues. Le sieur de Jocelarin vouloit tout quitter sur ce que l'on a mandé que V. E. donnoit le régiment à un jeune frère de M. Douglas ; mais je l'ay retenu et luy ay promis d'en escrire à V. E. en sa faveur. Il est fort bon officier et fort aimé et estimé dans son corps.

« Si j'eusse été près de M. de Vendosme je lui eusse conseillé de ne venir pas devant Bourg que son infanterie n'eust esté jointe et qu'il n'eust assemblé tout ce quy luy estoy nécessaire. Il a laissé M. de Cominges avec les régiments de Normandie, de la Meilleraie, d'Estissac, et trois cens chevaux à Lormont pour agir entre Deux-Mers, et m'a prié de servir dans le siège. J'aurois eu sujet de le refuser, mon poste estant plutôst entre Deux-Mers avec mon corps séparé que non pas d'agir avec luy ; mais il y auroit eu une trop grande perte de temps à changer les quartiers et comme cette affaire demande de la diligence, j'ay mieux aimé passer par dessus tout et m'arrester auprès de luy pendant ce siège. Je luy ay donné un mémoire des choses qui sont absolument nécessaires et l'on travaille à les tirer des vaisseaux et de Blaye. L'intelligence que M. de Candale avoit dans Bordeaux a manqué. V. E. me permettra de luy dire que toutes ces négociations ne servent qu'à retarder les avantages qu'on a peu prendre plusieurs fois et qu'il me semble qu'on devroit ne s'y arrester plus et songer tout de bon aux moyens qui peuvent réduire Bordeaux par la force. M. de Vendosme a telement séparé son infanterie, en ayant lessé trois régimans à Lormont et deux au fort César, qu'il faut qu'il attende que M. de Candalle soit arrivé au fort César pour retirer les deux régimans qui y sont. J'estime qu'il est nécessaire que M. de Vandosme et M. de Candalle se voyent, et M. de Saintes le juge ainsi, et il peust beaucoup contribuer à leur bonne intelligence, et certenement on ne peust rien attandre de bon de ce costé ici s'ils ne vivent bien et qu'ils n'agissent de concert, c'est tout ce que je puis dire présantement à V. E. et la supplie de croire que je suis très véritablement

« Monseigneur, de V. E. le très humble, très obéissant et très fidèle serviteur

DESTRADES [1]. »

Le comte d'Estrades vient de nous apprendre que les intelligences pratiquées dans Bordeaux par le duc de Candale n'ont pas abouti ; cet officier général semblait cependant devoir d'autant plus compter cette fois sur le succès que le parti de la paix avait grandi et avait même osé tenir tête à l'Ormée dans quelques occasions récentes. Nous donnerons au chapitre suivant les détails de cette entreprise avortée.

[1] Lettre inédite. *Archives nationales*, KK, 1220, f° 232.

Les ducs de Vendôme et de Candale avaient rapproché leurs quartiers à trop peu de distance l'un de l'autre pour ne pas s'aboucher ensemble, le bien du service l'exigeait, leur entourage, particulièrement l'abbé de Guron et le comte d'Estrades, avaient catégoriquement exprimé leur opinion à cet égard, l'entrevue désirée s'effectua. Elle fut cordiale et parut avoir effacé leurs réciproques griefs, car l'abbé de Guron s'empressa d'informer le cardinal Mazarin de la bonne intelligence qu'ils avaient manifestée, tant en raison de leur parenté [1], que pour le bien du service du roi [2]. Dans cette même lettre, l'évêque de Tulle apprenait au premier ministre que l'escadre détachée de la flotte royale était allée jusqu'aux ports du Passage et de Saint-Sébastien, où elle avait fait grand bruit de son artillerie, en sorte que le marquis de Sainte-Croix, au lieu de prendre la mer, avait envoyé demander de nouveaux ordres à Madrid.

La prudence de la marine espagnole pouvait bien puiser ses motifs dans un échec récent éprouvé par son escadre de la Méditerranée sur les côtes de Catalogne.

Quatre vaisseaux armés à Toulon par les soins de Tallemant, maître des requêtes, étaient partis

---

[1] L'un était fils, l'autre petit-fils de Henri IV.
[2] Lettre inédite datée du camp devant Bourg, 24 juin 1653. *Archives nationales*, registre coté KK, 1220, f° 241.

de ce port sous les ordres de MM. de Fricambaut, de Vidille, de la Carte[1], de Fresnoy, ils escortaient un convoi destiné au ravitaillement de la ville de Roses, la seule place de la Catalogne que la défection du comte de Marsin n'eût pas fait perdre à la France. Huit galères espagnoles tâchèrent d'enlever ce convoi ; mais, après un combat malheureux, elles furent obligées de livrer le passage et la ville de Roses fut ravitaillée [2].

A la tête des troupes qu'il avait amenées de l'Aunis et de la Saintonge, le marquis du Plessis-Bellière tenait la campagne en Catalogne avec assez de succès pour faire une importante diversion aux entreprises de l'Espagne sur la Guyenne. Il avait commencé le siège de la ville de Castillon d'Ampuries, la tranchée était ouverte et le 23 juin, jour où il écrivait au cardinal Mazarin [3], il comptait attacher le mineur au corps de la place. Après la prise de Castillon, M. du Plessis-Bellière, en at-

---

[1] Le commandeur de la Carte, grand prieur d'Aquitaine. Son neveu *François Gabriel* par suite de son mariage avec Françoise Charlotte de Saint-Nectaire, fille du maréchal de Saint-Nectaire, fut substitué au nom de la Ferté et prit le titre de marquis de la Ferté. Voy. l'*Histoire généalogique* du P. Anselme et les *Mémoires du duc de Saint-Simon*.

[2] Documents inédits. *Archives du ministère des Affaires étrangères*, Espagne, vol. XXIX ; et *Gazette*, art. sous la rubrique : Toulon, 2 juin 1653.

[3] Lettre inédite du 23 juin 1653. Voy. cette lettre à l'*Appendice*.

tendant que l'arrivée du maréchal d'Hocquincourt, pourvu du commandement en chef, permît d'entreprendre des opérations plus considérables, se proposait, appuyé sur les bonnes dispositions des paysans de la plaine de Vic, de s'emparer de quelques châteaux et bicoques dans lesquels l'ennemi avait placé des garnisons.

Le corps principal de l'armée espagnole, fort de cinq mille hommes d'infanterie et de deux mille chevaux, assiégeait la ville de Roses. Cette place venait d'être ravitaillée par mer; Du Plessis-Bellière, afin de la dégager définitivement, suspendit le siège de Castillon pour se porter à son secours. A la seule arrivée de son avant-garde vingt-trois officiers réformés et dix-sept soldats qui occupaient la tour de la petite ville de La Jonquière capitulèrent au premier coup de canon à la condition d'avoir la vie sauve et de pouvoir se retirer en Espagne. Sans attendre les troupes françaises, les troupes espagnoles abandonnèrent le siège de Roses et battirent en retraite du côté de Castillon. Du Plessis-Bellière les suivit et leur offrit le combat dans la position qu'elles s'étaient choisie, couverte par trois ruisseaux. Néanmoins les troupes espagnoles profitèrent de la nuit pour se dérober et se retirèrent en arrière de Girone, après avoir renforcé de six cents hommes la garnison de Castillon.

Le marquis du Plessis-Bellière put alors, sans

crainte d'aucune diversion, reprendre le siège de la ville de Castillon. Le marquis de la Fare [1], gouverneur de Roses, vint l'y trouver pour lui témoigner toute sa reconnaissance de la délivrance de sa place [2]. Le camp français devant Castillon avait été placé à Fortia, afin de couper les communications des assiégés avec tout ravitaillement du dehors. Le régiment d'Auvergne se saisit des maisons du faubourg qui commandaient la ville du côté du couvent des religieuses de Sainte-Claire ; et, perçant de maison en maison, il s'avança jusqu'à l'esplanade sur le bord du fossé. Simultanément le régiment de Navailles attaquait l'église des Augustins occupée par une garnison qu'il forçait à se rendre.

Le lendemain 22, les régiments de Poitou et de Mazancourt ayant relevé les régiments d'Auvergne et de Navailles, ouvrirent chacun une tranchée ; la première fut poussée à soixante pas sans autre perte que celle de Boisrobin, capitaine au régiment de Poitou ; mais le régiment de Mazancourt, sur

---

[1] Charles de la Fare, marquis de Montclar, maréchal de camp en 1648, lieutenant général en 1651, s'était constamment distingué dans les guerres de Catalogne. Au siège de Roses, qui avait duré neuf mois, il avait, pour faire subsister la garnison, dépensé soixante-deux mille livres de son propre bien. Voy. l'*Histoire généalogique* du P. Anselme.

[2] *Gazette*, art. sous la rubrique : Villeneuve près Castillon, le 21 juin 1653.

lequel la place dirigeait un feu plus vif, dut se borner à établir quelques logements au delà des maisons. Le 23, les régiments d'Harcourt et de Noirmoutier ayant relevé les deux précédents, le premier continua la tranchée, et le second acheva de percer quelques autres maisons. Le matin même fut établie une batterie de deux pièces de canon amenées de Roses, l'une de 18, l'autre de 12, dont le tir démolit rapidement les parapets des tours, à la grande surprise des assiégés. Quelques prisonniers faits dans les approches rapportèrent que la place était armée de huit pièces de fonte verte, dont deux de 48, pourvue d'abondantes munitions de guerre et de bouche, et de mille hommes de garnison. Le 24, les régiments de Gramont et de Roquelaure, étant de jour, continuèrent l'attaque et les travaux. Les régiments qui les avaient précédés reprirent leur tour dans le même ordre les jours suivants pendant lesquels le marquis du Plessis-Bellière, pour moins exposer ses troupes, fit ouvrir une sape au-dessous du fossé; Mazancourt[1], mestre de camp, y fut tué, le 30, d'un coup de feu dans la tête. Le mineur avait été attaché au pied d'une grosse tour ronde, les fourneaux étaient prêts à jouer, lorsque les assiégés, voyant qu'ils ne pouvaient

---

[1] D'une maison alliée aux maisons de Poitiers, de Poix, de Neufchâtel. Voy. l'*Histoire généalogique* du P. Anselme.

pousser plus loin leur résistance, capitulèrent, le 2 juillet [1].

La présence du marquis du Plessis-Bellière et ses premiers succès avaient réveillé parmi une notable portion des habitants de la Catalogne l'attachement pour la France que le mode de son gouvernement avait fait naître parmi eux. Des soulèvements en sa faveur avaient éclaté en divers lieux, particulièrement à Girone, et douze cents hommes de diverses garnisons espagnoles avaient été massacrés [2].

Chaque pays se gouverne suivant ses mœurs ; l'Inquisition, qui n'a jamais pu s'établir en France, était certainement populaire en Espagne, où elle remplissait le rôle d'institution politique bien plus que celui d'institution religieuse ; car elle était surtout placée dans la main du gouvernement. Nous en avons rencontré une preuve très intéressante dans les deux documents inédits que nous allons citer. Du moment où la perte de la Catalogne infligée à la France par la défection du comte de Marsin parut en voie d'être réparée, le premier acte du gouvernement de France fut de pourvoir au poste vacant de l'Inquisition par la nomination d'un titulaire ; c'était évidemment une satisfaction

[1] Voy. la *Gazette*.
[2] Voy. la *Gazette*, art. sous la rubrique : Narbonne, 30 juin 1653.

donnée à l'esprit public du temps en Espagne, esprit que la domination française, pour solidement s'établir, avait intérêt à ménager, et un ressort administratif que l'usage avait rendu relativement nécessaire.

Le roi, pour faire agréer par le Saint-Siège la nomination qu'il avait faite, adressa deux lettres, l'une au bailly de Valançay, son ambassadeur à Rome, l'autre au souverain Pontife [1].

---

[1] Voy. à l'*Appendice* la lettre adressée au souverain Pontife.

CHAPITRE LXV

Conspiration du marquis de Théobon, de Dussaut, de Fillot et de madame de Boucaut. — Le duc de Candale déçu dans son espoir de se saisir de la ville de Bordeaux. — Dépêche inédite de Lenet, du 26 juin. — Satisfaction de Lenet. — Détails sur la découverte de cette conspiration. — Nouvelles d'Espagne apportées par Baron. — Résultats de la mission du comte de Fiesque bien différents de ceux de la mission du marquis de Chouppes. — Un secours prochain est annoncé. — Intervention déguisée de Cromwell. — Quatre lettres inédites de Lenet à don Louis de Haro, à Saint-Agoulin, au marquis de Sainte-Croix, au baron de Vatteville, du 26 juin. — Appréciation de ces lettres. — Le comte de Marsin et Lenet sont l'objet de tentatives de séduction de la part de la cour; ils restent inébranlables. — Le prince de Condé interdit toutes communications avec l'ennemi. — Dépêche inédite de ce prince à Lenet, du 28 juin. — Prépondérance donnée au comte de Fiesque sur Lenet. — Lenet est un homme usé. — Traité du prince de Condé avec des armateurs anglais. — Seconde dépêche inédite du prince de Condé à Lenet, du 28 juin. — Ordre donné à Mazerolles de se rendre en Angleterre. — Inquiétudes causées au prince de Condé par le mécontentement du colonel Balthazar. — Récompense accordée au marquis de Chouppes à la suite de son accommodement avec la cour. — Marche des armées des maréchaux de Turenne et de la Ferté d'après trois lettres inédites du maréchal de Turenne. — Siège et capitulation de Réthel. — Conséquences de la prise de Réthel. — Soins de Fabert pour faire passer un convoi d'eau de Spa destinée au cardinal Mazarin. — Le roi se rend à l'armée accompagné par le cardinal Mazarin. — Particularités concernant l'abandon du gouvernement de la Fère par Manicamp. — Le roi revient à Paris.

(1653.)

Le duc de Candale avait fondé l'espoir de la réduction prochaine de la ville de Bordeaux sur une nouvelle conspiration de la portion royaliste de ses habitants appuyée par ceux qui, fatigués des désordres, désiraient également le triomphe de la cause royale. Des personnes importantes dans la noblesse, la magistrature, la bourgeoisie, les finances, des femmes portées aux généreuses entreprises, avaient préparé le mouvement qui devait éclater. Les principaux chefs étaient le marquis de Théobon, Dussaut, conseiller au Parlement, Fillot, trésorier de France, enfin madame de Boucaut. Cette nouvelle conspiration, bien qu'elle fût entourée de circonstances plus favorables que les précédentes, ne réussit pas davantage. Les précautions prises à l'avance pour se garantir des premiers désordres qui pourraient suivre l'irruption dans la ville des troupes royales, des révélations traîtresses la firent découvrir avant qu'elle eût éclaté. Le duc de Candale, qui se tenait prêt à entrer dans Bordeaux, et qui se félicitait déjà d'un dénoûment dont il aurait recueilli seul la gloire, le duc de Vendôme y étant complètement étranger, ne vit pas sans regret l'échec de ses combinaisons. Leur réussite eût été funeste aux intérêts du prince de Conti, puisque la ville de Bordeaux rentrant sous l'autorité du roi sans son concours, le monarque eût été en droit de le traiter en captif et en rebelle. Il est probable que l'appui du prince qui fit défaut à cette conspiration, fut une des causes qui ne lui permit pas d'aboutir.

La dépêche suivante de Lenet au prince de Condé nous apporte des détails sur cette conspiration avortée et sur nombre d'autres faits intéressants :

« A Bordeaux, ce 26 juin 1653.

« J'ai receu le 24 celle qu'il a pleu à Vostre Altesse m'escrire de Bruxelles, le 14 du courant, et appris avec beaucoup de joye l'estat de sa santé et celuy de son armée à laquelle nous souhaitons icy un bon succès par plus d'une raison.

« Je suis fort aise que vous receviez touttes mes lettres affin que Vostre Altesse soit d'autant mieux instruite de l'estat de touttes ses affaires de par deçà et qu'elle prenne des mesures certaines.

« Leurs Altesses reviennent de plus en plus et je ne fais nul doubte que M. Marchin et moy continuant comme nous ferons fort exactement à leur rendre toutte sorte d'obéissances et de respect, et vous gardant une fidélité toute entière, elles ne cognoissent à la fin la friponnerie et le sale intérais de ceux qui ont voulu nous priver de leurs bonnes graces. Nous avons fait et ferons envers leurs dites Altesses et tous ceux dont vous nous avez escrit, fort ponctuellement tout ce que vous nous avez mandé. Soyez assuré, Monseigneur, que nous ne donnerons jamais de prétexte à qui que ce soit de se plaindre. Depuis le départ de Chouppes les choses vont de mieux en mieux.

« Monseigneur le duc est maintenant fixé dans l'archevêché et ne sera plus séparé de Madame qui se porte un peu mieux qu'à l'ordinaire ; mais ce mieux là n'est guère bien.

« Madame de Longueville n'est ny trop gaye, ny en trop bonne santé ; elle tesmoigne aussy bien que M. le prince de Conty beaucoup de passion pour vostre service et une grande colère contre ceux qui ont semé fort mal à propos des bruits contraires à cette vérité. L'un et l'autre ont envoyé à lamonn oye, aussy bien que Madame, M. le duc et moy, leurs vaisselles d'argent pour mieux soubtenir les affaires jusques à l'arrivée de nos vaisseaux.

« Je vous envoye la coppie d'une lettre de M. de Toulongeon que nous avons interceptée. Vostre Altesse ne sera pas fachée de voir comme il se met à son debvoir envers M. de Candalle. Sy M. le mareschal de Gramont en scavoit la teneur, je croy qu'il s'en resjouiroit fort ; ce qu'elle dit de nostre secours de mer est la plus freiche nouvelle que nous en ayons, les dernières lettres que j'ai receues de Longchamps estant du 15, et celle-cy est du 18 de ce mois. Nous attendons avec beaucoup d'impatience l'effect de tant de promesses ; chacun croit qu'au commencement de juillet nous verrons ce secours en rivière ; mais je vous oserois assurer, Monseigneur, que pourveu que nos gens donnent et gaignent le combat à la fin dudit mois, voire dans le 15ᵉ d'aoust, nous aurons encore de quoy manger, pourveu que les conspirations continuelles n'abrègent cette affaire sur ce subject. Vostre Altesse scaura qu'un jeune homme nommé Chastaing, Bordelois, qui avoit esté mis par M. de la Vie vers M. de Marin, ayant donné advis à un bourgeois, son parent, qu'il retirât ce qu'il pouvoit avoir de meilleur chez luy, parce que dans peu M. de Candalle entreroit dans Bordeaux l'espée à la main d'un costé et l'amnistie de l'autre, M. d'Auteuil par quelque voye de religieux en eust advis et le fit scavoir à Son Altesse. Il négotia avec le bourgeois qui gagna Chastaing, son nepveu, lequel s'estant rendu à Bègle chez sa mère, y donna rendez-vous audit sieur d'Auteuil auquel il descouvrit toute chose, signa un traitté avec luy et consentit que Son Altesse l'envoyât enlever la nuit du 20 de ce mois et amener dans Bordeaux, ce qui fut fait.

Au mesme temps on arresta M. Dussaut, conseiller, et M. Fillot, trésorier, qu'il avoit dit estre les principaux conjurés. Il accusa aussy un de ses plus proches parens de son mesme nom, un nommé David, plus certain roux qui avoient faict toutes les allées et venues de Bordeaux vers ledit sieur de Marin; mais on ne pust les attraper. Vostre Altesse verra dans les imprimés qu'on en fist le reste de l'histoire. Cependant, à l'heure que j'escris, on donne la question à Fillot que j'aurois bien voulu qu'on luy eust espargné pour en tirer dans la nécessité présente cinquante ou soixante mil francs et qu'il nous déclarât ses complices qui auroient payé en ares ou en rente selon leur parenté ou leur richesse. Pour M. Dussaut il est tousjours là sans qu'on luy aye encore rien demandé.

« M. de Candalle a receu un mortel déplaisir d'estre venu si près de Bourdeaux sans entrer dedans comme il auroit indubitablement fait si nous n'avions esté advertis à temps. Il n'est pas allé à la Teste-de-Buch ni à Certes comme l'on asseuroit, mais au fort de Cazau; c'est ainsy que M. de Vendosme a faict appeler celuy qu'il a basty à Parempure et celui-cy en retire ses troupes pour aller ouvrir la tranchée devant Bourg. Je crois que c'est sur le bruit de nostre secours d'Espagne; se voyant hors d'espérance de le réduire par la famine avant son arrivée. Nous ferons nostre possible pour le secourir. Le mal est que ce c'est pas prudent de retirer les troupes des environs de Bordeaux estant continuellement menassés de conspirations. Ce Chastaing a confessé que tous les bruits qu'on a fait courir contre M. de Marchin et contre moy sont venus de l'armée de M. de Candalle pour essayer de nous faire faire quelques insultes dans cette ville où il dit qu'il ne nous voudroit ni l'un ni l'autre. C'était pour nous pousser, mais assez inutilement, car leurs calomnies sont retombées sur ceux qui s'en sont faits les autheurs ou sont demeurés cachés ; mais les principaux instruments ont esté MM. de Massip et de Mestivier qui ont sur ce suject composé un beau libelle jesté dans la chambre de S. A. de Conty qui nous le monstra. Toutes les injures qui sont dans ce pasquin y estoient juchées l'une sur l'autre, et sous prétexte d'advis à mondit Seigneur pour se conduire mieux à l'advenir que par le passé. Je vous asseure qu'il n'en avoit pas moindre part que Monseigneur.

« Puisque Vostre Altesse veut nous tenir toujours ici, nous y demeurerons pour servir comme par le passé ; mais certainement ce n'est pas un petit sacrifice [1].

« Fillot a souffert la question ordinaire et extraordinaire sans rien dire ou avouer.

[1] Nous omettons ici la reproduction de quelques paragraphes de peu d'importance.

« On envoye Milord Digby dans cette province, croyant que sa présence assurera des faits et gestes des Irlandois.

« Nous avons des officiers de tous ces corps en ostages en ceste ville, attendant que M. de Vatteville soit arrivé pour les commander. Ces gens qui debvoient estre entretenus par Sa Majesté Catholique nous ont ruiné en pain de munition et solde; il s'en faut consoler. Nous avons encore bien de quoy donner de la besogne aux *mazarins* dans ceste province.

« Depuis ma lettre escrite, nous avons receu une nouvelle admirable par un gentilhomme nommé Baron que j'avais envoyé avec M. de Salneuve qui a esté despesché pour venir prendre les ordres du combat naval. Il a laissé l'armée preste à mettre à la voile, composée de vingt vaisseaux ou frégates, douze frégatilles, trente pinasses et vingt brulôts. Il y a quatre mille huit cents hommes des meilleures troupes d'Espagne sur les vaisseaux, cinq cents officiers réformés ou volontaires. Ils préparent une seconde armée qui sera composée de dix vaisseaux anglois pour lesquels ils ont traicté, et de quelques autres de Cadix et des galères qu'ils font venir de Barcelone. Ils apportent quatre mille outilz, autant de mousquets et de piques, force munitions. Il y a cinq grands vaisseaux chargés de bleds. Nous allons envoyer aujourd'huy mesme ledit sieur Baron, avec les ordres de donner la bataille. Pour des matelots de rivière, le marquis de Sainte-Croix a ordre de faire tout ce que Salneuve luy dira de vostre part. Pourveu qu'ils viennent assez à temps pour sauver Bourg, je suis content. La frégate qui précède les gallions des Indes, est arrivée de l'avant à Cadix. Si tout ce qu'on nous promet est à moytié vray, je vous asseure que nous ferons icy bonne fin. Voilà, Monseigneur, ce que les lettres de M. le comte de Fiesque, M. Don Louis, le marquis de Sainte-Croix, le duc de Véraguas, don Diégo de Cardenas, M. de Vatteville, Salneuve, Longchamp, du député de l'Ormée portent en termes exprès, et qui est conforme au discours du sieur Baron. J'envoye à Vostre Altesse un duplicata du comte de Fiesque dont Saint-Agoulin a escrit un brouillon. Il a envoyé l'argent de son rescu pour avancer le départ de l'armée navalle, de sorte qu'il n'a rien eu et n'aura que son retour. Il a fort bien réussi et chacun m'en escrit fort avantageusement. Il me tarde fort que je le voye ici. Vatteville a ordre d'Espagne de fort bien vivre avec nous et d'écarter toutes les cabales. Je contribueray tout mon possible pour l'union et la satisfaction de tout le monde. Vostre Altesse verra que M. le prince de Conty vous envoye sa lettre dans mon pacquet; il me l'a apportée luy mesme et me paroist fort revenu. J'ay faict icy signer le sieur Baron qui mérite bien par la bonne nouvelle qu'il nous apporte de vous asseurer ici de son obéissance.

« Je viens de l'Hostel-de-Ville prosner sur ce suject ici, où j'ay esté si bien receu que jamais rien n'a esté pareil[1]. »

Cette lettre de Lenet respire la satisfaction et la confiance comme toutes celles qu'il ne manquait pas d'écrire chaque fois qu'une conspiration était découverte. Il n'est pas douteux du reste que ces avortements ne donnassent une recrudescence de forces à l'Ormée et au parti du prince de Condé, que nous devons cesser logiquement d'appeler le parti des princes, depuis que le prince de Conti qui s'en est secrètement retiré, n'y reste plus que par nécessité jusqu'à ce que la voie de la retraite se soit ouverte pour lui. Il en est réduit à jouer un rôle difficile dont il se tire habilement, puisque Lenet peut écrire : « il me paroist fort revenu ».

Ce fut pourtant à M. d'Auteuil, qu'il poursuivait d'une inimitié si vive, que Lenet dût la découverte importante de cette conspiration dont un religieux, d'opinions toutes contraires à celles du père Ber-thod, tira l'aveu du sieur Chastaing, son neveu. Il entrait dans les projets du marquis de Théobon, s'il fallait s'en rapporter à la version probablement exagérée du colonel Balthazar, de massacrer jus-

[1] Lettre inédite. Papiers de Lenet, Fonds français, 6715, *Bibliothèque nationale*.

qu'aux princes et aux princesses. Chose plus certaine, les intelligences formées devaient aboutir à livrer une porte de la ville aux troupes royales, but que s'étaient proposé sans exception toutes les conspirations précédentes. Madame de Boucaut, dont le mari avait été chassé de Bordeaux comme suspect, avait apporté à nouer les intelligences cette ardeur que les femmes savent toujours mettre au service des causes qu'elles embrassent [1]. Dussaut, procureur général au Parlement, si souvent compromis par des soupçons de participation à chaque conspiration, le fut plus évidemment encore cette fois; mais sa situation et quelque protection secrète de la part du prince de Conti le tirèrent de ce mauvais pas dont il fut quitte pour être jeté en prison. Bien différent fut le sort de Fillot, trésorier de France, qui fut soumis à la question ordinaire et extraordinaire; il l'endura pendant quatre heures avec un courage qui ne se démentit pas un instant, sans vouloir nommer personne.

Un autre sujet de joie non moins grand pour Lenet que celui de la découverte de cette conspiration, lui a été apporté d'Espagne. Il lui paraît indubitable cette fois, d'après le rapport de Baron, que

---

[1] Voy. les *Mémoires* du P. Berthod. Nous nous trouvons avoir rectifié, en rapportant les faits dans l'ordre des dates, une erreur qu'il a commise en confondant en une seule la conspiration de Chevalier et celle de Dussaut et Fillot.

la flotte du marquis de Sainte-Croix va prendre la mer, et même qu'une seconde flotte suivra de près la première ; dans cette seconde flotte doivent figurer dix vaisseaux anglais, intervention déguisée de Cromwell accordée aux sollicitations de l'Espagne. La mission du comte de Fiesque remplie dans un esprit tout différent de celle du marquis de Chouppes, avait donc réveillé l'Espagne de son assoupissement, mais les événements avaient marché, ces efforts étaient bien tardifs, et Lenet ne peut s'empêcher d'exprimer la crainte que le secours n'arrive pas à temps pour sauver Bourg.

Dans sa satisfaction qui déborde, le même jour et de la même plume, Lenet écrit à Don Louis de Haro, à Saint-Agoulin, au marquis de Sainte-Croix, au baron de Vatteville, les quatre lettres qui suivent :

DON LOUIS DE HARO.

« Monseigneur,

« Je ne me suis pas donné l'honneur d'escrire à Vostre Excellence depuis le retour de M. de Lusignan en ce pais, ayant laissé à M. de Saint-Agoulin à vous rendre compte de toute chose comme je fais encore à présent, luy envoyant des copies des ordres et advis que son Altesse de Conti a envoyés à M. le marquis de Sainte-Croix qui vient infailliblement cueillir des lauriers dans cette province. Toutes les apparences du monde estant qu'il deffera l'armée ennemie et secourera Bourg et Bordeaux. Le premier est assurément aux dernières extrémitez, et l'autre y est réduit quatre fois le jour par les factions, les mauvaises intentions et la famine contre laquelle il n'y a guaire de gens qui puissent combattre longtemps. Vantez-vous, Monseigneur, d'avoir soustenu cette affaire au delà de tout ce qu'on eust pu imaginer; car je puis dire à Vostre Excellence, sans la flatter, que la créance et la confiance que Son Altesse Monseigneur le prince a en vostre probité et en vostre amitié luy a fait souffrir avec fermeté et constance tout ce que le désordre d'une guerre inégalle luy a peu faire ressentir et causer de ruine en ses biens, et je ne doubte nullement, Monseigneur, qu'à l'arrivée des galions Vostre Excellence ne lui face cognoistre qu'il a eu raison d'espérer qu'elle le mettroit en estat d'accomplir le dessein qui lui a fait entreprendre la guerre, en luy faisant fournir la plus grande partie de ce que Sa Majesté Catholique luy doit. L'exemple du passé vous doit faire voir que les sommes que Son Altesse recevra ne seront pas inutiles à Sa Majesté Catholique et que difficilement pourroit-elle les mieux employer ailleurs; et si son affection pouvoit estre augmentée, elle le seroit asseurement par les soings que nous voyons que S. M. C. prend pour secourir sa famille et son gouvernement opprimez. Toutes Leurs Altesses, qui sont icy, nous commandent de vous tesmoigner par advance les ressentimens qu'elles en ont et de vous supplier, de leur part, de continuer vos bons offices auprez du Roy pour le soustien de ce party, et moy, Monseigneur, je me sers de cette occasion pour vous asseurer que je suis avec toute sorte de respect et de passion.

« Monseigneur,
de Vostre Excellence, vostre très humble et très obéissant serviteur.

« *P. S.* J'ose vous dire, Monseigneur, que le plus tost et le plus favorablement que Vostre Excellence puisse expédier les affaires de M. de Marchin sera la meilleure par beaucoup de raisons.

« A Bordeaux, ce 26 juin 1653 [1]. »

A MONSIEUR DE SAINT-AGOULIN.

« A Bordeaux, ce 26 juin 1653.

« Je viens de recevoir vos trois grandes et amples lettres du mois de may avant et depuis l'arrivée de M. le comte de Fiesque que je suis fort aise que

---

[1] Minute inédite. Papiers de Lenet, Fonds français, 6715, f° 256, *Bibliothèque nationale.*

vous ayez cognu que c'est un bon et galant homme. Son Altesse l'a envoyé sans fausse et sans artiffice quelconque; elle traite si bien M. de Marchin, et moy et avec une confiance si entière, que c'est une chose qui passe toute imagination que je ne scaurois jamais assez recoignoistre par mes services. Je vous asseure, mon cher, que l'envie ny la caballe n'a encore rien inventé contre moy, ny contre luy, dont Son Altesse me m'ayt donné advis, qu'il ne m'ayt envoyé en original les lettres qu'on luy a adressées, les responses toutes ouvertes.... Croyez que jamais homme n'a esté plus satisfait d'un autre que je le suis de Son Altesse. Chouppes a pris l'amnistie, et, depuis son départ, tout le monde a recognu sa friponnerie et chacun est tellement revenu à vous, cognoissant vostre probité, la fausseté des bruits contraires, et la nécesité des secours de M. de Marchin, car les miens sont fort peu considérables; en un mot nous sommes à cette heure tous bons amis.

« Pour revenir à M. le comte de Fiesque, je vous diray que je suis fort aise qu'il vive bien avec vous. Je luy ay mandé aujourd'huy tout ce que vous m'avez mandé d'obligeant de luy, et je suis d'advis, comme je vous l'ay déjà mandé, que vous vous accommodiez avec luy. Il est d'une condition, d'un poste, et d'une confiance avec le patron, que vous auriez tort de vous plaindre de luy estre en quelque manière d'infériorité. Trouvez-vous que je vous parle comme à mon frère. Il n'est pas pour estre toujours là, vous verrez aussi clair aux affaires de par de çà que luy; vostre poste est beaucoup trop ruineux; quand vous en sortirez, il faut en trouver un tout prest pour vous satisfaire et c'est à quoy je vacqueray. Croyez-moi encore une fois, vous vous en trouverez bien ; c'est assurément un homme avec qui M. de Marchin et moi vivrons bien et que M. le prince a envoyé plustôt pour vous servir.

« Quant à moi je suis trop obligé à M. Don Louis de l'estime qu'il me tesmoigne ; je vous asseure, mon cher, qu'il n'y a personne au monde qui soit plus touché que moy, ny qui publie plus hautement sa grande vertu. Dites à M. Don Christoval qu'il n'a pas à craindre de la diminution pour moy dans l'esprit du patron, il y a plus c'est de l'augmentation ; du moins il y en a beaucoup dans nos cœurs pour le prince. Le compte que j'ay fait rendre au trésorier publiquement a confondu les fripons auxquels Son Altesse a escrit fort vertement.

« Pour les ordres que Son Altesse vous a envoyés et que vous qualiffiez ordres de guerre, ne vous estonnez pas, voilà comme il en use d'ordinaire ; je dis mesme à femme et à frère et à sœur; car il ne remet le détail de tout qu'à moy; il n'y a sur ma foy rien à philosophie. Vous verrez par la copie cy-jointe l'estat de toutes nos affaires; ce sont les expéditions envoyées par le sieur Baron despeché de la part de M. de Saleneuve icy; vous en cognoissez assez le sujet pour leur escrire; vous ferez scavoir le tout à M. Don Louis que je vous supplie d'asseurer de mon obéissance. Si nous gagnons un combat naval asseurez-vous que nous avons une grande besogne. S'il nous tient parolle pour les quatre cent mil escus, en nous asseurant que les gallions sont venus, au nom de Dieu qu'on continue le dessein pris avec Chouppes, il sera infaillible. Je n'avais de peur que Bourg ne se perde avant que l'armée navalle soit icy. Adieu, mon cher, je ne vous escris nulle nouvelle parce que M. Du Fay m'a promis de voir tout le monde. Adieu encore une fois. Je vous embrasse de tout mon cœur. M. de Marchin est vostre amy et vous en dit autant, et suis ma foy tout à vous [1]. »

A MONSIEUR LE MARQUIS DE SAINTE-CROIX.

« Monsieur,

« J'ay reçu avec toutte sorte de respect celle qu'il vous a pleu m'escrire par M. Baron [2] et me sers de cette mesme voye pour en rendre mes grâces

[1] Minute inédite. Papiers de Lenet, Fonds français, 6715, f° 256. *Bibliothèque nationale.*
[2] Ce messager de Lenet dont il vient d'être question à plusieurs reprises était seigneur de Cottainville et de Pussey, en Beauce.

à Vostre Excellence et luy offrir mes très humbles services, attendant que je puisse moy-mesme vous en donner les asseurances en cette ville, où nous attendons Vostre Excellence avec une impatience non pareille. J'espère, Monsieur, que ce ne sera qu'après une victoire entière, les apparences estant touttes que Dieu bénira les armes de Sa Majesté Catholique sous la conduite de Vostre Excellence dans un dessein si juste que celuy que vous allez entreprendre.

« J'envoye à Vostre Altesse douze pilotes qui scavent fort bien ces costes et cette rivière icy. Si j'avois pû en trouver de meilleurs, et plus grande quantité, je les aurois fait partir en toutte diligence.

« Madame la princesse, Madame la duchesse de Longueville, Monseigneur le duc d'Anguien et Monseigneur le prince de Conty ont receu une grande joye quand Leurs Altesses ont seu que Sa Majesté Catholique avoit confié à Vostre Excellence leur secours et celuy de Bordeaux, et je puis dire d'un des plus grands et des plus justes partys qui se soient jamais eslevés en France. Elles vous envoyèrent le résultat de leur Conseil et de la résolution qu'elles y ont prise sur le sujet dudit secours, comme aussy M. Du Fay, capitaine des gardes de Monseigneur le prince de Conty, pour estre à vostre suitte et dire à Vostre Excellence les choses dont

Son Altesse l'a chargé sur l'estat de nos affaires et de celles des ennemys dans cette rivière ; de sorte, Monsieur, que je n'ay qu'à me remettre sur ce que vous apprendrez tant par ledit escrit que par ledit sieur du Fay, et à vous dire que Son Altesse et Monseigneur le prince qui a seu et par M. le comte de Garcies et par mes lettres vostre envoy en cette province, m'a commandé d'offrir à Vostre Excellence tout ce qui y dépend d'elle, à quoy je satisfaits par ces lignes.

« Je vous envoye aussy une dépesche de mondit le comte de Garcies, et vous asseure, Monsieur, que personne du monde n'est plus véritablement que moy,

« Monsieur,

vostre très-humble et très-obéissant serviteur.

« A Bordeaux, le 26ᵉ juin 1653 [1]. »

A MONSIEUR LE BARON DE VATTEVILLE.

« Je donne au diable la Corogne et tout ce qui vous retient si longtemps au pays où vous êtes. Venez viste, je vous conjure, nous ramener nos beaux jours. Ces Messieurs vous diront de nos nou-

[1] Minute inédite. Papiers de Lenet, Fonds français, 6715, f° 253, *Bibliothèque nationale*.

velles; ce seroit perdre temps que de vous faire des relations des affaires de Bordeaux quand de tels gens portent les lettres. M. du Fay va pour ne pas quitter M. le marquis de Sainte-Croix et pour luy dire les sentiments de Son Altesse. Je vous envoie la copie de la résolution qu'elle a prise dans son Conseil pour faire donner le combat, et Dieu veuille qu'on le puisse assez à temps pour sauver le pauvre Bourg qui est à la dernière extrémité. J'escris tous les jours par quatre ou cinq voyes différentes; mais il y a longtemps que je n'ay pas response; pas un de mes messagers ne revenant icy, j'y en ay despesché cinq différens aujourd'huy pour donner advis à Don Joseph de l'estat de l'armée navale. La tranchée est ouverte devant cette place là qu'il sera impossible de secourir à cause que nous n'avons quasi plus de trouppes, et que nous n'oserions quitter Saint-Seurin et Bacalan où elles sont, par la considération des conspirations de Bordeaux, du voisinage de l'armée de M. de Candalle qui est à Blangues et à Parampure. M. de Vendosme a aussi douze cents hommes à Lormont et trois cents chevaux. Vos longueurs nous couppent la gorge. Nous sommes au mois de juillet et on nous devoit secourir en mars. Ne songeons plus au passé, mais à l'advenir. Vostre pendard de Chouppes s'en est allé après nous avoir tous brouillés, emporté de l'argent et pris l'amnistie. M. le prince l'envoya bien viste à Montélimar, comme on dit en ce païs icy. Depuis son départ, nous sommes tous raccomodés. Madame la princesse est toujours malade ; elle vous remercie de vostre souvenir et dit qu'elle vous fera response de bouche, vous priant de l'excuser. Je vous envoye au surplus les responses de M. le prince de Conty et de madame de Longueville. Son Altesse n'escrit point à M. le marquis de Sainte-Croix, parce que estant Grand d'Espagne, il aurait peutestre voulu imiter Don Louis pour des responses que l'on auroit pas pu recevoir ; ainsi pour éviter cela, il a esté jugé à propos de ne pas escrire et de me faire escrire à la manière que vous verrez. Ils en seront assurément meilleurs amis. Adieu, guérissez-vous, aimés-moy, venés et me croiés tout à vous.

« A Bourdeaux, le 26 juin 1653 [1]. »

Les quatre lettres que l'on vient de lire sont une appréciation faite par Lenet d'événements ou de circonstances sur lesquels nous avions déjà donné les nôtres ; il ne nous reste par conséquent rien à y ajouter au point de vue général ; mais à un point de vue plus restreint, en envisageant le petit côté des choses qui a aussi souvent son intérêt et même son importance, nous y remarquons des traits de jalousie

[1] Minute inédite, Papiers de Lenet, Fonds français, 6715, f° 255, *Bibliothèque nationale*.

de situation, de dissimulation forcée, de faux épanchements d'amitié, qui ont certainement leur piquant. M. de Saint-Agoulin est froissé de l'envoi du comte de Fiesque à Madrid venant empiéter sur ses fonctions diplomatiques ; mais, pour détourner l'effet nuisible que ce froissement pourrait avoir, Lenet rappelle que la supériorité de la situation de M. de Fiesque est telle, qu'il n'y a pas d'humiliation pour Saint-Agoulin à être classé comme son inférieur ; il lui rappelle aussi la confiance entière accordée à M. de Fiesque par celui qu'il appelle, en employant une expression d'une trivialité et d'une familiarité qui surprennent le *patron !* Le prince de Conti qui n'a plus qu'un désir, celui de quitter au plus vite le parti de son frère, feint d'être joyeux de l'arrivée prochaine du secours d'Espagne et pour mieux le témoigner en apparence, a envoyé au marquis de Sainte-Croix du Fay[1], son capitaine des gardes ! Lenet qui a demandé avec tant d'instances le renvoi du baron de Vatteville et qui a exprimé l'espoir que cet amiral, lors de son départ de la Guyenne, ne portait rien moins que sa tête à Madrid, ne tarit pas avec lui en expressions d'amitié et lui demande de hâter son retour en ramenant les beaux jours ! Enfin si le prince de Conti n'a pas écrit au marquis de Sainte-

---

[1] Descendant de Pierre du Fay, pannetier de France sous Charles-le-Bel.

Croix, c'est que celui-ci, comme Grand d'Espagne, aurait pu prétendre employer des formes de style qui, paraît-il, eussent empêché de recevoir sa réponse ; donc au milieu de la situation la plus grave, la politique même se subordonne à une puérile étiquette !

Quant à la blessure faite par le marquis de Chouppes à Lenet, celui-ci y porte trop souvent la main pour qu'il ne soit pas évident qu'elle avait été profonde, et que, malgré ses fanfaronades, elle était loin d'être guérie.

La cour qui menait de front les négociations secrètes avec la guerre tâcha de désorganiser à fond le parti ennemi en lui enlevant ses deux chefs les plus éminents. Les sauvegardes acceptées par le comte de Marsin pour la conservation des biens de sa femme donnèrent lieu de penser qu'il serait accessible à des avantages pour lui-même, s'ils lui étaient offerts, et des pourparlers dont l'évêque de Saintes prit l'initiative, aboutirent à lui faire des propositions séduisantes ; mais Marsin resta inébranlable. Lenet fut aussi l'objet de tentatives de séduction ; l'abbé de Guron lui demanda une entrevue secrète qu'il refusa.

Bien que le prince de Condé n'eût point à redouter sérieusement l'abandon de Marsin et de Lenet, il n'en éprouva pas moins quelque alarme ; aussi dès qu'il fut informé qu'ils étaient en but à des séductions, afin de leur éviter toute tentation, s'empressa-t-il d'envoyer l'expresse défense d'écouter aucune proposition de paix et de formuler l'interdiction presque absolue d'avoir aucune communication avec l'ennemi. Il transmit sur ces points ses volontés à Lenet dans une lettre dont nous reproduisons les passages les plus importants :

« Bruxelles, 28 juin 1653.

« Quant aux lettres que vous me mandez m'avoir escrites touchant la conduite de M. de Marchin sur les propositions que la Cour lui a fait faire, je ne les ay point reçues et je ne vous puis dire autre chose là-dessus, ni sur l'entrevue que vous a demandé M. l'évesque de Tulle, sinon qu'il faut rejetter toutes sortes de propositions et que mon frère, M. de Marchin et vous, n'en escoutiez aucune ; car il est certain que la Cour veut présentement moings de paix que jamais, et qu'il y a longtemps que nous l'aurions eue, si elle l'avait désiré. Cela ne servirait qu'à donner subjet aux ennemis de mon frère et aux vostres qui sont dans Bourdeaux, d'en faire prendre des ombrages fort préjudiciables, et à la Cour d'en tirer les advantages qu'elle se propose. Tellement que le moins de communication que mon frère et vous pourrés avoir avec les ennemis, ce sera tousjours le meilleur, et je croy qu'il est bon de desclarer hautement dans Bourdeaux que vous ne pensez point du tout à la paix, en attendant qu'on y voie la Cour autrement disposée qu'elle n'y est à présent, et que toute votre application est à soustenir la guerre avec le plus d'esclat que vous pourrés, et de le faire en effest. Par ce moyen Bourdeaux n'entrera dans aucun soupçon et n'aura nulle mesfiance.

« Je suis bien aise de l'acte qui s'est passé pour appeler le secours d'Angleterre, n'y ayant rien qu'il ne faille mettre en usage pour le secours de Bourdeaux où je ne doubte pas que la présence de M. le comte de Fiesque ne fût nécessaire pour un peu de temps, estant capable d'y restablir bien des choses; car, comme c'est une personne d'honneur et de condition et fort désintéressée, je m'asseure que tout le monde prendra créance à tout ce qu'il dira de ma part; comme en vostre particulier je vous prie d'y prendre confiance comme a moy mesme. Je croy bien que dans le séjour qu'il aura à faire en Espagne, il sera fort soulagé de M. de Saint-Agoulin, aussy mon dessein est-il de l'y laisser sous luy, et comme ce serait apparemment faire quelque tort à M. le comte de Fiesque que d'envoyer quelqu'un en Espagne durant le temps qu'il y sera, si quelque affaire oblige d'y dépescher exprès, il suffit de luy envoyer des lacquays et non des personnes qui ne briguent ces voyages que pour en tirer des gratifications.

« Quant à M. d'Auteuil, je veux bien qu'il sache que mon intention est que tous ceux qui sont auprès de mon filz se gouvernent à ma mode sans aller chercher des exemples que je ne prétends pas servir de règle aux choses que je désire des gens qui sont à moy. Tellement que si après cela il faict encore difficulté d'observer mes ordres, il n'a qu'à se retirer où bon luy semblera, et je ne croy pas que ma sœur, ny mon frère, veuillent prendre aucun intérêt, ny s'opposer aux ordres que je donne dans mes affaires domestiques.

« Je suis encore obligé de vous dire que M. le comte de Fuensaldagne m'a asseuré qu'on lui avait escrit d'Espagne que ce qui estoit cause que l'armée navale ne se trouvoit pas présentement en l'estat qu'il seroit à souhaiter, c'est que vous leur écrivites, il y a desjà six mois ou environ, qu'à moings de l'avoir pour un temps qui estoit fort court, Bourdeaux estoit entièrement perdu, et sans ressource. Sy bien que ce voyant dans l'impossibilité de faire les choses pour le temps que vous leur marquiez, ils ont négligé d'y faire travailler pour ne pas employer l'argent mal à propos et rendre leurs soins inutiles [1]. »

[1] Cette dépêche a été publiée dans la collection Michaud, nous l'avons collationnée sur l'original; Papiers de Lenet, t. XIV, n° 6715, f° 263.

Pour la première fois dans la correspondance du prince de Condé nous venons de rencontrer des reproches adressés à Lenet, et ils paraissent peu fondés, car évidemment Lenet écrivant en Espagne que si le secours naval n'arrivait pas dans le délai qu'il fixait, Bordeaux serait inévitablement perdu, n'avait d'autre intention que de faire hâter d'autant plus le secours. Le comte de Fuensaldagne s'était donc servi d'un prétexte bien mal coloré pour excuser de fâcheux retards. Mais les affaires menaçant de mal tourner en Guyenne, le fidèle Lenet est bien près d'avoir aux yeux du prince de Condé les torts de ceux qui ne réussissent pas ; déjà ce prince le trouve insuffisant, et il institue un nouveau ministre de ses volontés et de ses affaires, le comte de Fiesque, qu'il place d'une manière non déguisée au-dessus de Lenet. Seulement le comte de Fiesque pourra-t-il suffire à tout ? car il est en Espagne où il négocie et presse les secours, Saint-Agoulin ayant passé au rôle d'agent subalterne. Le prince de Condé est impatient du retour du comte de Fiesque à Bordeaux, où il espère que le prestige qui s'attache à sa situation considérable pourra dominer les divisions. Lenet avait été jusqu'alors pour le prince un autre lui-même, celui-ci en accrédite un autre comme son représentant en tous lieux, et recommande à Lenet de se conformer à tout ce que le comte de Fiesque dira de sa part, comme s'il avait parlé lui-même. Lenet était donc usé ; le prince de Condé lui attribuait sans doute en partie la mauvaise tournure que prenaient ses affaires dans la Guyenne ; aussi le rôle prépondérant du comte de Fiesque se serait certainement développé, si les événements ne s'étaient pas précipités.

Dans sa lettre, le prince de Condé exprime sa satisfaction de la mission envoyée en Angleterre par la ville de Bordeaux ; il espérait sans doute que cette démarche, en raison de l'initiative populaire dont elle émanait, pourrait exercer sur Cromwell une influence plus efficace que celle tentée jusqu'alors par ses propres agents : le marquis de Cugnac et Barrière.

Le prince de Condé, dans son impuissance à entraîner ouvertement dans sa cause le meurtrier de Charles Ier, était seulement parvenu à obtenir dans une certaine mesure le concours de l'Angleterre sous la forme d'un traité privé avec des commerçants. Il nous apprend dans la dépêche suivante à Lenet écrite le même jour, et quelques instants après celle que l'on vient de lire, que pour un prix convenu, huit frégates armées seront mises à sa disposition. Pour remplir les engagements pris avec les armateurs, il réclame l'envoi déjà promis des pierreries des princesses. Enfin dans la crainte que l'Espagne informée de ces conventions soit moins prompte à faire partir sa flotte, il recommande à Lenet le secret le plus absolu :

« La jonction des vaisseaux de Toulon que vous me mandez estre arrivez à La Rochelle, bien que je croy qu'il n'y en aît pas un, n'en ayant reçu aucun advis d'ailleurs, mais quand bien il n'y en auroit point de Toulon, ny d'aucune autre part, il ne faut pas laisser de faire entrer promptement le secours tant pour le salut de Bourdeaux que pour celui de Bourg où je vous recommande de jetter en diligence toutes les choses nécessaires, car il seroit fascheux que le seul port qui nous reste nous eschappast, encore le bruit estant que les ennemis ont dessein de l'assiéger.

« Je juge par la desclaration que fist Chevalier que la petite Fronde est maintenant beaucoup plus à craindre que tout le reste ; c'est pourquoy il faut se desfaire de tout ce qui en reste le plus tost que l'on pourra ; car les intrigues que M. de Mirat conserve parmy eux produiroient tost ou tard quelques dangereux effets, si on le laissoit plus longtemps à Bourdeaux.

« Il ne me reste plus rien à vous dire, sinon que je faicts partir Mazeroles [1] ce jourd'huy pour aller en Angleterre et y achever de tout point une

---

[1] De la maison de Scorailles. Le château de Mazerolles, dans la Haute-Auvergne, appartient aujourd'hui au baron de Fénis de la Prade, père de la marquise de Cosnac.

affaire dont Barrière est en traicté pour le secours de Bourdeaux ; ce sont huict frégattes armées et équippées et dont la moindre est de vingt-quatre pièces de canon que l'on loue de quelques marchands qui ont promis de les mettre en mer quinze jours après la signature du traicté. Mazeroles y porte tout l'argent nécessaire pour le louage des frégattes, tellement qu'il ne reste qu'à pourvoir à la sureté des marchands pour le prix desdites frégattes, en cas qu'elles vinssent à périr. A cela près, on peut tenir la chose faicte et je croy qu'elle réussira ; mais comme elle n'est pas encore tout à fait assurée, je ne puis pas vous en respondre si certainement, et il ne faut pas que vous la divulguiez dans Bourdeaux, ni qu'elle vous empesche de tirer une seule pinasse de moings que vous feriez de l'armée d'Espagne, si vous n'en debviez rien espérer ; et afin que rien ne retarde la conclusion de ceste affaire, je vous prie d'envoyer sans aucun délay par quelque personne seure pour cinquante mil escus de pierreries à Mazerolles et si on ne le trouve à Londres et qu'il soit avec les frégattes, il faudra mettre les pierreries entre les mains de M. de Barrière qui me les fera tenir seurement partout où je seray ; et comme je ne doubte pas que M. le comte de Fuensaldagne n'en donne advis à M. de Vatteville, il est à propos que vous luy en escriviez, à M. le marquis de Sainte-Croix et mesme à M. le comte de Fiesque, afin que si on vient à luy en parler en Espagne, il soustienne que ce n'est pas une chose assurée ; mais aussy que vous les priez de ma part que cela n'empesche pas qu'ils ne rendent l'armée navale toute la plus forte que se pourra, comme si ce secours ne la debvoit pas joindre et qu'ilz n'en fissent ny plus ny moings ; car s'il arrive, l'armée en sera d'autant fortifiée et on aura d'autant moins de peine à battre les ennemis ; comme au contraire si ceste espérance faisoit rendre l'armée navale d'Espagne moings forte et que la chose vint à manquer, l'on incomberoit dans d'estranges embarras, et les fausses mesures causeroient peut estre la ruyne de toutes les affaires, ce que je vous prie de bien exposer à M. de Vatteville afin qu'il y donne ordre. Je lui escris pour cet effet la lettre que vous trouverez cy jointe à celle-cy qui n'est qu'une créance sur vous pour ce que vous luy manderez sur cette affaire.

« Pour respondre à votre lettre en chiffres du douze, je vous diray que M. de Marchin se mocque de vouloir s'amuser à respondre à la lettre de Chouppes, ne l'ayant point envoyée pour cela ; mais bien pour marque de la confiance que j'ay en luy et en vous.

« Si ma sœur veut prendre quelques mesures avec vous, faictes que M. de Marchin en soit aussi et parlez luy en souvent, afin de l'obliger à le traiter de mesme que vous, et quelque chose que mon frère et ma sœur facent pour vous brouiller avec M. de Balthazar donnez-y ordre, car il auroit tous les sujects du monde de se plaindre si on ne luy en faisoit part. Vous ne le pourriez sans me fascher beaucoup estant une personne que j'aime et qui me rend de très bons services dont je suis très satisfait.

« Je vous escris amplement par l'autre lettre que vous pouvez faire voir à mon frère et à ma sœur, mes sentiments sur le sujet de M. d'Auteuil et je suivray les vostres pour le retirer quand je seray près de Paris.

« Ne vous inquiettés pas davantage de toutes ces petites caballes dont je voy que vous estes fort en peine, comme de celle de la Tour [1] dont vous ne devez pas appréhender le retour, non plus que celuy de Blainvilliers, prenant à ma charge de les empescher de retourner à Bourdeaux. Ne soyez plus inquiet aussy sur le retour de Saint-Agoulin ayant résolu de le laisser en Espagne ainsy que je

---

[1] Probablement Jacques de la Tour-Murat, dont le petit-fils devint le gendre de Sainctot, maître des cérémonies. Les La Tour d'Auvergne, en raison de la grandeur à laquelle ils étaient parvenus, ayant obtenu le rang de princes, ne voulurent jamais reconnaître cette branche de leur famille qui ne s'en était cependant séparée que depuis Antoine Raymond de la Tour, fils puîné de Anne de la Tour, seigneur d'Oliergues, premier vicomte de Turenne. Voy. les *Mémoires* du duc de Saint-Simon.

vous le mande par mon autre lettre, et si l'on vous parle davantage de ce que l'on deviendra en cas de malheur, vous pouvez respondre qu'on n'est pas loing d'Espagne et que de là on peut facilement venir en ce pais. Par ce moyen vous fermerez la bouche à tous ceux qui vous pourront tenir ces discours.

A Bruxelles, ce 28 juin [1].»

Mazeroles, à qui le prince de Condé venait d'envoyer l'ordre de partir pour l'Angleterre, était encore en Espagne où nous l'avons laissé à Saint-Sébastien; mais auparavant, il devait aller s'aboucher à Madrid avec le destinataire de la lettre suivante écrite par le prince. La suscription de la lettre est perdue; mais tout indique que ce destinataire ne pouvait être que le comte de Fiesque :

« Je vous envoye Mazeroles pour vous informer de ce que j'ay faict en Angleterre pour le secours de Bourdeaux. Je croy que de vostre costé vous n'aurés rien négligé pour faire advancer celuy d'Espagne, et qu'aincy l'affaire de Bourdeaux s'achèvera heureusement, il n'y a qu'une chose qui me soucie, qui est la division que je voy entre mon frère et ma sœur, M. Lenet et M. de Marchin, sur

---

[1] Dépêche inédite; Papiers de Lenet, 6715, f° 269. *Bibliothèque nationale.*

quoy je vous ay déjà mandé mes intentions, et à eux aussy, et pour vous faire sçavoir comme elles n'ont point changé. Vous scaurés que je veux absolument que M. de Marchin et M. Lenet obéissent à mon frère et à ma sœur et vivent avec eux dans une entière dépendance, et qu'ilz ne disposent de rien que par leurs advis, et par leurs ordres, mais aussy je ne croy pas que lesdits sieurs de Marchin et Lenet gardant régulièrement cette conduite, mon frère et ma sœur puissent refuser de leur donner soubz eux toute sorte d'authorité, sçavoir à M. de Marchin pour la guerre, et à M. Lenet pour les finances, et les autres affaires ; de quoy je les prie de tout mon cœur, d'avoir de l'amitié pour eux, et si quelqu'un s'élevoit contre eux, de leur donner plus tost leur congé, que de les garder, particulièrement Chouppes, et comme je ne voy personne par qui mes intentions puissent estre, ny mieux expliquées, ny mieux receües que par vous, et que je vous cognois incapable d'aucunes partialitez, ny d'aucunes cabales, je vous prie, en cas que les affaires d'Espagne vous le puissent permettre, de faire un tour à Bourdeaux pour remédier à tout cela, pour par après vous en retourner à Madrid.

« Estant à Bourdeaux vous témoignerés aussi à M. de Marchin et à M. Lenet que j'entendz qu'après le dit sieur de Marchin, M. de Balthazar aye la principale considération, particulièrement dans les affaires de la guerre; car c'est une personne que j'estime tout ce qui se peut, et qui me sert fort fidellement, outre que le bonheur l'a tousjours accompagné dans toutes ses actions, n'ayant jamais manqué de réussir dans toutes les choses qu'il a entreprises. Je vous prie donc estant à Bourdeaux de témoigner à mon frère, à ma sœur, à M. de Marchin, à M. Lenet, à M. de Balthazar et à tous ceux qu'il faudra que vous parliez, qu'ilz me feront un insigne plaisir de contribuer du leur à faire que tout aille de concert, et avec une entière union et bonne intelligence, et que, si au contraire, ils me désobligeront extrêmement, et je vous prie mesme de déclarer à ceux que vous verrez avoir de la pente pour quelque caballe, que vous me le manderés exactement, et en effet ne manquez pas à m'en avertir afin que j'y apporte les remèdes nécessaires.

« Et comme je scay que certains mal intentionnés veulent mettre dans l'esprit de ceux de Bourdeaux de demander la paix à quelque prix que ce soit, vous leur dirés à tous que j'ay plus de volonté de la faire qu'eux mesmes ne le desirent, et que je n'en perdray pas l'occasion dès que je verray qu'elle se pourra faire avec honneur, advantage et seureté, tant pour Bourdeaux, que pour mes amys, que pour moy; mais c'est à moy à juger du temps, et qu'il ne faut pas s'imaginer que tandisque nos affaires y vont mal, il y ayt moyen d'avoir la paix, n'estant pas d'humeur à la faire mal à propos. Ostez leur donc une fois pour toutes cette pensée de l'esprit.

« A Bruxelles, le 28e juin 1653.

Louis de Bourbon. »

« *P. S.* Mazerolles vous entretiendra de quantité d'autres affaires dont je l'ay chargé, sur lesquelles vous prendrés créance en tout ce qu'il vous dira de ma part.

Louis de Bourbon [1].»

Le prince de Condé était d'autant plus sérieusement préoccupé des mécontentements donnés au colonel Balthazar qu'il craignait que leur résultat ne fit détacher de sa cause ce chef aventureux, redouté, toujours heureux, dit-il. A tort ou à raison le prince de Condé était persuadé que le prince de Conti et la duchesse de Longueville travaillaient à brouiller Lenet avec Balthazar; mais il était bien autrement positif, que même sans leur intervention, la mésintelligence régnait entre ces deux chefs. Le général était jaloux du colonel et le traitait assez mal. Lenet étant incompétent pour les affaires militaires et ne

[1] Lettre inédite. Portefeuille du prince de Condé, Fonds français, 6731, f° 202. *Bibliothèque nationale.*

les voyant que par les yeux de Marsin, ce n'était pas à Lenet que le prince de Condé pouvait utilement recommander des ménagements, de plus, avec son caractère entier et peu conciliant, malgré sa fidélité, il pouvait s'y prêter de mauvaise grâce ; aussi ce fut au comte de Fiesque que le prince confia le soin d'adoucir les susceptibilités de Balthazar ; la haute situation du comte devait en faire naturellement son interprète écouté et au besoin le surveillant de l'exécution de ses volontés. Pour que la situation du colonel Balthazar ne pût être amoindrie par aucune jalousie, ni par aucun caprice, le prince prit le soin de la fixer lui-même en spécifiant que pour la conduite des affaires, particulièrement celles de la guerre, Balthazar viendrait immédiatement après Lenet et Marsin.

Quant au marquis de Chouppes, le prince de Condé n'ignorait pas que c'était lui qui avait apporté dans son parti le levain des discordes, en fournissant sur l'assistance de l'Espagne, au retour de sa mission, des renseignements qui avaient jeté le doute et le découragement ; mais ce prince ignorait encore son départ de Bordeaux, aussi donnait-il l'ordre de l'éloigner, ordre que Chouppes avait prévenu lui-même.

L'accommodement du marquis de Chouppes avec la cour lui valut le brevet de lieutenant-général des armées du roi qu'il reçut le 30 août de cette même année [1] pour aller combattre en Catalogne.

Bien que les armées royales en Guyenne eussent été dégarnies pour renforcer les armées du nord-est sous les ordres des maréchaux de Turenne et de La Ferté, la guerre, de ce côté, était peu active encore ; les troupes avaient vu prolonger la durée de leurs quartiers d'hiver, et la seule opération un peu considérable qui entrât pour le moment dans les plans du maréchal de Turenne était le siège de Réthel. A cet effet il concentra d'abord les premières troupes qu'il avait sous la main dans un camp sur la Marne, à trois lieues de Châlons, où se trouvait une admirable prairie pour donner rendez-vous à la cavalerie. Il y attendit le maréchal de la Ferté pour se concerter avec lui ; puis, avec son armée, il se dirigea par les plaines de la Champagne, en évitant la contrée montagneuse des environs de Rheims, pour gagner la rivière de l'Aisne. Il écrivait, le 20 et le 23 juin, au cardinal Mazarin pour l'informer de sa marche, et il lui écrivait de nouveau, le 1er juillet [2], pour lui apprendre qu'il avait dépassé Réthel de deux lieues, en franchissant à

[1] Minute de ce brevet ; *Archives du ministère de la Guerre*, vol. CXLI.

[2] Voy. à l'*Appendice* les trois lettres inédites du maréchal de Turenne au cardinal Mazarin sur lesquelles nous donnons le récit des marches militaires qui ont précédé le siège de Rethel.

Château-Portien la rivière de l'Aisne, tandis que le maréchal de la Ferté avait passé la même rivière au-dessus de Réthel, en sorte que s'il était possible de trouver à Rheims les équipages nécessaires pour conduire l'artillerie, la place de Réthel pourrait être promptement emportée. Le maréchal de Turenne avait envoyé à M. de Bar l'ordre de côtoyer les troupes ennemies qui, de Flandre, pourraient marcher sur le Hainaut, afin de pouvoir faire sa jonction avec lui avant que ces troupes eussent pénétré en France. Il était informé que la cavalerie lorraine avait déjà passé par Namur pour se réunir aux troupes du prince de Condé. Le maréchal se plaignait de la faiblesse numérique des troupes placées sous ses ordres : cinq régiments d'infanterie et, quant à sa cavalerie, près de la moitié ne l'avait pas rejoint encore. Cependant il jugea qu'il était suffisamment en mesure, dès le 5 juillet, d'attaquer Réthel dont il emporta d'emblée les approches. Le marquis de Persan, gouverneur de la place, que nous avons vu soutenir à Montrond [1] avec tant d'opiniâtreté un long siège contre le comte de Palluau, fut moins heureux contre le maréchal de Turenne. Deux batteries firent brèche dans la place le 8 juillet, et, le 9, Persan capitula à la condition de se rendre à Stenay, place appartenant au prince de Condé.

[1] Voy. l'épisode du siège de Montrond, t. IV, chap. xxx.

La prise de Réthel renversait les plans de campagne du prince de Condé : avec cette place, Stenay et Mousson, comme base d'opérations, il lui eût été facile de marcher sur Paris ; sa possession permettait au maréchal de Turenne, de couvrir la Champagne, la Picardie et l'Île-de-France [1].

Pendant ce temps, le brave Fabert, gouverneur de Sedan, toujours aux petits soins pour son puissant protecteur, se livrait avec succès à des opérations stratégiques d'une tout autre nature ; elles avaient pour but, si non de sauver la vie au cardinal Mazarin, au moins de protéger sa santé. Il s'agissait de faire franchir la frontière à travers les lignes ennemies à deux cent seize bouteilles d'eau de Spa. Toutes les précautions avaient été prises ; de crainte que le médecin qui avait fait l'expédition ne fût quelque ennemi du premier ministre, on ne l'avait pas mis dans la confidence, et il les avait adressées à la fille de Fabert pour laquelle il les croyait destinées [2]. Enfin si elles avaient voyagé au moyen de chevaux, elles auraient éveillé l'attention de l'ennemi qui n'aurait pas manqué de s'en saisir ;

---

[1] Voy. l'histoire du maréchal de Turenne, par Ramsay.

[2] Nous devons naturellement faire connaître cette fille de Fabert qui rendit ce service à la santé du cardinal Mazarin sans l'avoir jamais su peut-être : c'est Anne-Dieu-Donnée, mariée à Metz, le 3 octobre 1657, à Louis de Cominges, marquis de Vervins ; et en secondes noces, le 3 mars 1677, à Claude-François de Mérode, marquis de Trélon.

on employa des ânes, et le précieux convoi fut sauvé[1] ; une lettre de Colbert accusant la réception de ces bouteilles d'eau de Spa au palais Mazarin, nous en a acquis la certitude[2].

Le 16 juillet, le roi, accompagné du cardinal Mazarin, se rendit, de Compiègne à l'armée. Son but, ou plutôt celui du cardinal, était de forcer Manicamp[3] à renoncer au gouvernement de La Fère. Le cardinal, à la mort du marquis de Nesle, lui avait fait donner ce gouvernement à la condition qu'il s'en démettrait à la première demande moyennant cinquante mille écus. Manicamp était d'un dévouement qui ne permettait aucun soupçon ; mais le cardinal était peu soucieux de ses promesses et de ménager les gens dont il croyait ne plus avoir besoin ; il voulait pour lui-même le gouvernement de La Fère, et ne voulait pas donner cinquante mille écus. Manicamp, outré de ce manque de parole, était entré en pourparlers avec le prince de Condé, en sorte que pour tirer La Fère de ses mains, le roi était venu en personne. Manicamp ayant tenu bon dans ses prétentions, les cinquante

[1] Voy. à l'*Appendice* le passage d'une lettre inédite de Fabert d'où nous avons tiré le fait relatif à cet envoi d'eau de Spa.

[2] Lettre de Colbert au cardinal Mazarin, datée de Paris, le 19 juillet 1653. *Archives du ministère des Affaires étrangères*, France, vol. CL.

[3] Achille de Longueval, seigneur de Manicamp, dont la fille Gabrielle fut la troisième femme de François-Annibal duc d'Estrées, maréchal de France.

mille écus lui furent comptés, et il remit la place dans laquelle le cardinal institua Siron pour son lieutenant. Le roi passa au camp de Saint-Algis près d'Estrées-au-Pont, la revue des armées des maréchaux de Turenne et de la Ferté ; il alla camper avec elles à Ribemont, et partit, le 29 juillet, pour revenir à Paris.

CHAPITRE LXVI

Résolutions énergiques de la cour. — Ordre royal de détruire les récoltes en Guyenne, en exceptant le pays Entre-Deux-Mers. — Ravages des hommes et des maladies. — Préparatifs du siège de Bourg. — Le duc de Vendôme fait présent de deux chevaux au cardinal Mazarin. — Missive inédite interceptée du prince de Conti, de Lenet et de Marsin au marquis de Sainte-Croix, au baron de Vatteville et à don Diego de Cardenas, du 1er juillet. — Confiscations ; Lenet veut y tailler sa part dans les biens du président de Pontac. — Siège de Bourg ; forces respectives des assiégeans et des assiégés. — Dépêche inédite de Lenet au prince de Condé, du 3 juillet. — Cruelles représailles. — Nouveaux différends dans la maison du duc d'Enghien. — M. de Trancas se rend suspect en Angleterre. — Trois tranchées d'attaque ouvertes devant Bourg par les ducs de Vendôme et de Candale et par le comte d'Estrades. — Détails sur les opérations du siège. — Noms des officiers qui s'y sont distingués. — Capitulation de la place, le 3 juillet. — Don Osorio, gouverneur, évacue la place, le 5 juillet. — Les troupes françaises veulent se précipiter sur la garnison espagnole. — Don Osorio accusé de trahison. — Il est traduit en jugement en Espagne et mis à mort. — Lettre inédite de Langlade au cardinal Mazarin, du 4 juillet. — Deux lettres inédites du duc de Vendôme au cardinal Mazarin, du 4 juillet. — Dépêche inédite de Lenet au prince de Condé, du 10 juillet. — Offre à l'Espagne de Libourne ou de Fronsac pour remplacer Bourg comme place de sûreté. — Le comte de Montesson nommé gouverneur de Bourg ; mécontentement du duc de Saint-Simon. — Bergerac, Sainte-Foix et d'autres localités se soumettent à l'autorité du roi. — Impossibilité reconnue de soumettre la ville de Périgueux sans en faire le siège. — Le marquis de Sauvebeuf remplace le chevalier de Folleville en Périgord. — Le second consul de Périgueux entre en campagne avec deux cents habitants. — Garnison passée au fil de l'épée; paysans pendus. — Tous les châteaux des environs de Périgueux sont emportés. — Blocus de la ville de Périgueux. — Contre-coup produit par la prise de Bourg sur l'état des esprits à Bordeaux.

(1653.)

Après l'insuccès de la dernière conspiration qui avait hermétiquement fermé au duc de Candale les portes de la ville de Bordeaux, la cour, sous l'impulsion des conseils réitérés de l'évêque de Tulle et du comte d'Estrades, avait décidé que le temps des ménagements était passé et qu'il fallait agir désormais à force ouverte. Non seulement elle prescrivit de pousser le siège de la ville de Bourg avec vigueur; mais elle résolut de réduire les populations de la Guyenne par la famine. Dans les premiers jours du mois de juillet, les ducs de Vendôme et de Candale reçurent des lettres du roi, datées du 27 du mois précédent, leur enjoignant de détruire toutes les récoltes sur pied, à l'exception des vignes; mais de ne faire aucun dégât dans le pays Entre-Deux-Mers par la considération que les ressources de cette région deviendraient indispensables à la subsistance des troupes royales dans le cas de l'entrée de la flotte espagnole dans la Gironde.

Du reste le duc de Candale, piqué sans doute de l'accusation d'agir avec trop de douceur ou de mollesse, n'avait pas attendu la réception de l'ordre qui le concernait pour envoyer à Bègle mille fantassins et douze cents chevaux chargés d'empêcher la récolte [1].

La Cour comprenant bien vite qu'elle avait pu dépasser le but par des ordres trop rigoureux, en adressa de nouveaux, deux jours après, aux ducs de Vendôme et de Candale, les autorisant à excepter des dégâts tous les endroits qu'ils jugeraient convenable de traiter avec ménagement [2].

Pendant ces ravages qu'autorisent parfois les nécessités de la guerre, ravages plus déplorables encore dans une guerre civile, le siège de Bourg continuait sous la direction du comte d'Estrades, à la tête d'un corps séparé placé sous ses ordres, dès son arrivée en Guyenne. Le comte de Mérinville [3] y avait conduit également les troupes qu'il

[1] Lettre inédite du duc de Candale au cardinal Mazarin, du 27 juin 1653. *Archives nationales*, registre coté KK, 1220, f° 251.
[2] Voy. à l'*Appendice* ces ordres royaux.
[3] François des Monstiers, comte de Mérinville, fils de Jean des Monstiers, vicomte de Mérinville, et de Françoise de Chasteigner-la-Rocheposay. Il fut nommé, en 1662, chevalier de l'Ordre du Saint-Esprit. Charles, son fils, né de son mariage avec Marguerite de Lomagne et de Firmarcon, fut un des prétendants à la main de mademoiselle de Sévigné; il épousa Marguerite Gravé, fille d'un secrétaire du roi. Nous avons donné dans le deuxième supplément aux *Mémoires* de Daniel de

avait ramenées de Catalogne pour remplacer les régiments de l'armée de Guyenne qui étaient allés rejoindre le maréchal de Turenne. Le duc de Vendôme et le duc de Candale s'étaient rendus à ce siège ; l'un avec la majeure partie des troupes de débarquement de son armée navale; l'autre avec les régiments d'infanterie de Champagne, de Lorraine et de Candale, et le régiment de cavalerie du Grand-Maître [1]. La garnison de Bourg était réduite à huit cents hommes environ, don Joseph Osorio, gouverneur de la place, ayant été obligé de faire sortir la majeure partie des troupes irlandaises dont il redoutait la trahison.

Suspendons un instant le récit du siège de Bourg et plaçons à côté des faits vraiment historiques un détail qu'autorise la forme de ces *Souvenirs*. Nous savons que parfois des nuages avaient assombri la sérénité des rapports entre le cardinal Mazarin et le duc de Vendôme, celui-ci était au fond très mécontent du commandement égal au sien conféré au duc de Candale ; il l'était aussi de l'envoi du comte d'Estrades en Guyenne ; mais il craignait peut-être d'avoir été un peu loin, en le faisant trop sentir, et il

---

Cosnac publié, en 1876, dans le Bulletin de la *Société de l'Histoire de France*, diverses correspondances dans lesquelles il est question de lui.

[1] Lettre inédite du duc de Candale au cardinal Mazarin, du 27 juin 1653. *Archives nationales*, registre coté KK, 1220, f° 251.

ne négligea pas l'occasion de ramener le tout-puissant ministre qu'il n'aurait pas voulu indisposer, en lui faisant un petit présent de chevaux en mauvais état, mais de grande espérance, présent que nous trouvons mentionné dans une lettre de l'abbé de Guron au cardinal :

« L'intention de M. de Vendosme a tousjours esté de faire un présent de deux chevaux à Vostre Eminence ; mais comme ils sont maigres et extrêmement défaits, on ne sauroit juger ni de la bonté des chevaux, ni de la beauté, et d'un mois on n'en sauroit rien connaistre parcequ'ils ont esté trois sepmaines en mer à ne manger que du biscuit[1]. »

L'entreprise du siège de Bourg avait jeté dans Bordeaux une vive inquiétude. Le comte de Marsin et Lenet se concertèrent, en s'adjoignant le prince de Conti qui ne pouvait se dispenser de paraître agir ouvertement avec eux, et ils résolurent par des instances plus pressantes que jamais de provoquer immédiatement le secours des forces navales de l'Espagne. Ils écrivirent en caractères microscopiques pour que les dépêches pussent être plus facilement dissimulées par les porteurs, une missive en trois exemplaires adressés à Saint-Sébastien au marquis de Sainte-Croix, au baron de Vatteville, à don Diego de Cardenas, et ils firent partir les trois

[1] Lettre inédite ; *Archives nationales*, registre coté KK, 1220, f° 270.

exemplaires par trois voies différentes. L'une de ces dépêches fut interceptée ; elle porte la mention qu'elle avait été envoyée en triple exemplaire par trois voies différentes et nous y lisons au-dessus des signatures du prince de Conti, de Lenet et de Marsin, ces mots tracés de la main de Lenet : *Tout se perd, si vous ne venez!* La dépêche porte en substance qu'il faut que la flotte d'Espagne entre immédiatement en rivière, et que la supériorité de ses forces lui assure une victoire certaine sur la flotte royale, car celle-ci redoute l'éventualité d'un combat que les ordres de la Cour lui ont prescrit de livrer. Bourg est à la dernière extrêmité et il est impossible au parti livré à ses seules ressources de lui porter secours. Par suite la perte de Bordeaux et de tout le parti est imminente; l'armée royale brûle tout pour faire révolter les populations; il n'y a plus à Bordeaux que mille Irlandais, trois ou quatre cents soldats français et trois cents chevaux; le surplus des troupes est enfermé dans des places dont les habitants sont tous mal intentionnés [1]...

Cette missive interceptée vint fournir aux généraux de l'armée royale de précieux renseignements et les prévint d'avoir à se tenir sur leurs gardes du côté de la mer, si la flotte d'Espagne accourait à ce pressant appel.

[1] Document inédit du 1er juillet 1653; *Archives nationales*, registre coté KK, 1220, f° 267.

La lettre suivante de Lenet au prince de Condé contient une foule de détails sur les forces numériques des assiégeants et des assiégés, sur les ravages des maladies contagieuses en Guyenne, sur les ravages des hommes, destructions, incendies, représailles, sur les confiscations dans lesquelles Lenet prétendait se tailler sa part dans les biens du premier président de Pontac [1], sur les expulsions de suspects, sur les subsistances, sur l'imminence d'une bataille navale, sur les graves démêlés, pour des causes puériles, qui troublaient les maisons de la princesse de Condé et du jeune prince, son fils, enfin sur M. de Trancas dont la conduite en Angleterre donnait lieu à quelques soupçons.

« A Bordeaux, ce 3ᵉ juillet 1653.

« Depuis ma dernière à Vostre Altesse, les enne-

[1] On ne se contenta pas de confisquer les biens du président de Pontac, l'Ormée rasa la maison qu'il possédait à Bordeaux. Nous en avons trouvé la preuve dans un état pour indemnités dressé en 1654, par Génégand, trésorier de l'Epargne, état conservé aux *Archives du ministère des Affaires étrangères*, France, vol. CLIII, dont nous extrayons l'article qui concerne le président de Pontac :

« Au sieur de Pontac, premier président à la Cour des Aydes de Guyenne, la somme de vingt-cinq mille livres de laquelle Sa Majesté luy a fait don, tant pour les services qu'il luy a rendus en qualité de premier Président et intendant de justice dans l'armée de Guyenne, que pour le desdommager des pertes par luy souffertes en la démolition de sa maison dans la ville de Bordeaux et de la prise de tous ses meubles. »

mis ayant continué de brusler, nous avons commencé de le faire par une assez belle maison qu'avait le président Pichon, en Graves; on continuera demain par celle de La Vie, en Plassac, et, si les ennemis ne se lassent, nous ne nous lasserons pas. M. de Marin est tousjours à Cahuzac avec quatre régiments d'infanterie et sa cavallerye, et en divers quartiers, à deux ou trois lieues d'icy, depuis là jusqu'à leur fort de Parempure. Il s'advisa, il y a deux jours, de faire couper deux oreilles à deux paysans qu'il trouva sciant des bleds. M. de Marchin fit tirer quatre soldats, de quatorze qu'on luy avoit fait prisonniers, leur fit couper pareil nombre d'oreilles, les envoya à ce lieutenant-général avec une lettre en ces termes : « Oreille pour oreille, jeu pour jeu ; faisons je vous prie la guerre en honnestes gens et assurez-vous que nous vous damerons le pion en toutes les violences que vous ferez. »

« La tranchée est ouverte devant Bourg, depuis trois jours. Ils font trois attaques dont MM. de Vendosme, de Candale et d'Estrade ont chascun une. Il y a cinq mil hommes de pied en ce siège et fort peu de cavallerye. Marin a douze cents hommes de pied à Cahuzac et treize cents chevaux. Il y a au fort César sept cents hommes. Le chevalier d'Aubeterre à cinq cents chevaux vers le Mont-de-Marsan; M. de Poyanne a cent cinquante chevaux et trois cents fantassins; M. de Vaillac a près de trois cents chevaux et quatre cents hommes de pied près Villeneufve. Sauvebœuf a en Périgord ce qu'avoit Folleville qui s'est retiré mécontent, c'est-à-dire huit cents hommes de pied et trois cents chevaux, avec quelque employ au marquis de La Douze. Il y a huit cents hommes de pied à Lormont et cinq cents chevaux. Voilà, Monseigneur, en quoy consistent toutes les forces des ennemis dans cette province. Quant à Bourg, je ne croy pas qu'il y ayt plus de six cents Espagnols, don Joseph ayant esté contraint de chasser les Irlandois et d'arrester leur colonel qui avoit promis de livrer la place. Les ennemis font estat d'estre maistres de la place dans six jours. Les Espagnols s'en prendront à eux mesmes, leur ayant depuis trois mois mandé par toutes voyes l'extresmité de cette place, où ils avoient de bons hommes, force artillerye et force munitions. Il est impossible à nous de la secourir; et, si l'armée navalle n'entre en rivière, c'est une place perdue, qui pourtant ruinera fort l'infanterie des ennemis, car ils se deffendront dedans comme de beaux diables et force beau feu.

« Je vous responds en mon particulier que j'ay donné fort bon ordre à toustes vos affaires et particulièrement au pain pour tout juillet. Nous n'avons pourtant receu aucun argent comme bien vous savés.

« Nous avons du bled pour plus de quatre mois chez les marchands, sans celuy qui est chez les particulliers, dans les couvents, et celuy que la récolte qu'on fait nous donnera. Nous veillons et veillerons aux caballes, nostre armée navalle doit estre en mer, suivant que je vous le mandois par ma dernière, n'en ayant eu aucune nouvelle depuis, sinon que celles-là sont confirmées par toutes celles de Bayonne. Le Fay, Baron, ni les pilottes que nous envoyions, n'ont peu passer, et sont dans le chasteau de Certes, attendant Vatteville et Salleneuve. Ceux de La Teste s'estant révoltés, et les paysans, commandés par Ruat et La Brède, ayant assiégé le chasteau. J'ay escrit par cent voyes différentes par terre le destail de ce que S. A. de Conti escrivoit à M. le marquis de Sainte-Croix, baron de Vatteville et comte de Fiesque, et envoyé les ordres pour donner la bataille tout en entrant en rivière. Pierry, de madame de Longueville, Rochemon, de M. le prince de Conti, et votre petit Basque que je gardois tousjours pour cela, sont partis à l'inseu l'un de l'autre pour porter cette despesche, que ceux qui sont à Certes n'ont pu porter par mer, et ils passeront assurément sachant la langue de ce pays.

« Il y a eu quelques désordres à Villeneufve où Duret qui a fait merveille, a esté blessé. M. le marquis d'Aubeterre y est allé. Il verra en passant MM. de Castelnau et de Castelmoron.

« M. de Biron est fort mal satisfait des *mazarins*. M. le comte de Maure est tousjours à Libourne.

« Chanlos fait merveille à Périgueux. Je fais mon possible pour soustenir toutes ces places là. Cette dernière a peu cousté et est admirablement bien fortifiée.

« Nous avons chassé quantité de conseillers qui demeuroient icy dans leur logis et plusieurs familles de suspects.

« Ce que vous me mandés touchant la petite Fronde, MM. Mirat et Théobon, ne sert plus de rien ; car le premier est à Agen de longue main, et le dernier absolument desclaré, comme je vous l'ay mandé. Ainsy il ne nous feront plus de mal ; n'en soyez point en peine, et Votre Altesse avoit fort bien deviné sur leur sujet.

« La peste est furieuse à Agen et dans tout le haut pays. M. le premier président de Pontac va se retirer chez soy à Cessac en Agenois ; le président de Lalane est rendu chez soi à Villandraud [1].

« Je supplie Votre Altesse de m'envoyer un brevet, la date en blanc, de tous les biens et des maisons dudit sieur président de Pontac, ce n'est que

---

[1] Le château de Villandraud a été bâti par Bertrand de Goth, archevêque de Bordeaux en 1300, élu pape en 1305 sous le nom de Clément V, qui a transporté le Saint-Siège à Avignon. Les ruines imposantes de ce château appartiennent aujourd'hui au comte de Sabran, père de la vicomtesse de Cosnac, belle-sœur de l'auteur de ces *Souvenirs*.

pour en bien user pour vostre service, et cela pourra conserver ma famille en Bourgogne. M. le prince de Conti l'a fait, mais comme il avoit donné tout en représailles, et que cela ne servoit qu'à faire des jaloux, je fus le premier à proposer de les révoquer tous, et de faire régir les biens des suspects par commissaires pour appliquer aux affaires publiques ; peut estre en tirera-t-on quelque secours. Ainsy il fault à présent que mon tiltre vienne de Vostre Altesse.

« Je receus hier votre despesche du 21ᵉ du passé ; je n'ay osé la faire voir par ce qu'elle contenoit et parce qu'elle ne me disoit pas un mot de sa marche, ni de ses projets pour la campagne dont on est icy en grande impatience. M. le chevalier de Thodias qui avoit receu un paquet de Vostre Altesse, rendit la lettre qui s'adressoit à M. d'Auteuil ; il en fut fort surpris et l'alla porter où vous sçavez où on luy conseilla de la supprimer, et on se contenta de m'en parler avec prière de n'en parler à âme vivante, ce que je feray, disant que s'il la monstroit, il faudroit qu'il passast pour un coquin ou qu'il se retirast.

« Ce pauvre gentilhomme est malheureux ; il s'est attiré tout l'archevesché [1] et tous les officiers

[1] C'est-à-dire toute la maison de la princesse de Condé installée à l'archevêché.

de M. le duc sur les bras. Il luy arriva encor hier au soir un desmeslé avec le premier contrôleur qui fut tel : M. d'Auteuil lave avec M. le duc, et après il lave encore par civilité avec les pères. Després donne la serviette à Son Altesse et à luy; il veult qu'il la porte encore au second bassin. Hier d'abord que Son Altesse eust lavé, il alla pour luy lever les plats couverts. M. d'Auteuil qui lavoit, l'appela pour luy porter la serviette, il n'y fust pas, et le pressant, celluy-cy luy dit qu'il ne le devoit qu'à Son Altesse; l'autre le menassa. Ils furent à l'heure mesme à l'ordre à Madame; mais, dans la narration, M. d'Auteuil luy dit que s'il avoit bien fait, il luy eust donné de l'espée dans le ventre. Desprès luy dit qu'il en avoit une à son costé pour s'en garantir. Là-dessus l'autre luy répliqua qu'il luy donneroit cent coups de baston. M. de Marchin qui estoit à l'archevesché vint au bruit, l'affaire se termina sans décision, et sur cela et sur une autre prétention qu'a M. d'Auteuil, qui est que quand Son Altesse disne dans son lit et qu'on sert mondit sieur d'Auteuil à la table ordinaire, le contrôleur le doit servir. Tous les contrôleurs frondent en disant que non. Je n'entends rien à tout cela et n'en dis mot. Madame me dit, luy demandant son avis, que le contrôleur avoit tort en quelque chose et M. d'Auteuil en d'autres. Voilà, Monseigneur, tout ce que j'en sçay et sur quoy je ne décide rien. Nous sommes fort bons amis M. de Matha, M. de Marchin et moy. Je croy qu'il sera à propos de luy donner les cavaliers que Vostre Altesse avoit destinés à Bourdeille.

« Je feray et fais avec M. de Balthazar et les autres tout ce que Votre Altesse m'ordonne et sans aucune répugnance.

« Leurs Altesses de Longueville et de Conti me font, Dieu grâce, l'honneur de me croire leur très humble serviteur et connoissent la fausseté des mauvaises impressions qu'on avoit voulu donner à M. le prince de Conti contre M. de Marchin et contre moy. Assurez-vous, Monseigneur, que nous n'oublions rien pour faire tout ce que vous nous commandez sur ce sujet. Certainement vous aviez grande raison, Leurs Altesses vous servant aussy bien qu'elles font.

« On a si bien fait que de toute cette grande conspiration nous n'avons tiré autre avantage que d'avoir fait donner la question à Fillot, de retenir prisonnier M. Dussaut, conseiller, contre lequel il n'y a aucune preuve. Sans la marche que fit M. de Candale, nous n'en aurions aucune lumière, et si la longueur ne nous donne occasion de sauver comme prisonnier de guerre Chastaing qui a tout descouvert, je ne sçay comme nous le pourrons sauver, et tout cela pour n'entendre rien à telles affaires. Dieu conserve Vostre Altesse.

« J'oubliois de vous dire, Monseigneur, que nos desputés d'Angleterre nous font espérer un prompt secours. Ils se plaignent de la manière d'agir de M. de Trancas. Je croy qu'il seroit bon pour sçavoir s'ils ont raison, que Vostre Altesse luy mandast de l'aller trouver pour conférer avec elle. — Ce 3ᵉ juillet, estant fort pressé[1]. »

Lorsque Lenet écrivait sa lettre, il ignorait que la ville de Bourg venait de capituler après huit jours d'un siège dont nous allons faire connaître les détails.

Les communications de Bourg avaient été coupées dans toutes les directions par lesquelles des secours auraient pu lui arriver : du côté de la Gironde, par la présence en rivière de la flotte royale ; du côté de Bordeaux, par l'occupation du château de Lormont confiée au comte de Cominges, lieutenant général, à la tête d'une solide garnison. Les coureurs de ce général qui éclairaient au loin les approches, avaient surpris un messager du comte de Marsin allant à Libourne porter au comte de Maure, gouverneur de cette ville, une dépêche dans laquelle il le pressait d'aller au secours de Bourg ; il lui disait qu'il réunissait lui-même quelque infanterie et toute sa cavalerie pour y faire entrer un convoi de farines.

[1] Minute inédite en entier de la main de Lenet. Papiers de Lenet, Fonds français, 6716, *Bibliothèque nationale*.

Ces précieux renseignements avaient fait redoubler, de la part des généraux de l'armée assiégeante, toutes les précautions nécessaires pour se garder et leur avait fait connaître l'urgence de hâter d'autant plus les opérations du siège. Un corps de troupes qui voulait se jeter dans la place pour en fortifier la garnison, fut repoussé et deux cents Irlandais de ce corps vinrent se rendre au duc de Vendôme qui avait passé la journée entière à cheval à visiter ses quartiers et à s'assurer que tous les passages par lesquels ses lignes auraient pu être forcées, étaient soigneusement gardés.

L'artillerie de siège avait été débarquée au port de Vitescalle; et, sous la conduite du sieur de Richaud, avait été amenée devant la place en employant même les chevaux de carrosse des généraux. Le duc de Candale avait placé son quartier au petit Tayac[1], le duc de Vendôme avait établi le sien à Camillac[2], à la portée du canon de la place qui lança inutilement quelques volées sur la maison qu'il occupait. La tranchée avait été ouverte le 29 juin et trois attaques formées; les deux premières, sous le commandement direct des deux généraux en chef; la troisième, sous celui du comte d'Estrades. Le régiment de Bretagne ouvrit la tranchée d'attaque du duc de Vendôme; le ré-

---

[1] Village à 23 kilomètres de Libourne.
[2] Petit village de la commune de Bourg.

giment de Champagne, celle du duc de Candale, et le régiment écossais de Douglas, celle du comte d'Estrades ; la batterie de chacune des attaques fut armée de trois canons. Pour faciliter le travail des tranchées au moyen d'une diversion, le duc de Vendôme avait ordonné au capitaine de la Roche, du vaisseau *le Berger*, de venir faire par eau une fausse attaque avec nombre de chaloupes et de simuler un débarquement. Pendant cette fausse attaque prolongée fort avant dans la nuit et qui coûta la perte de Blanchet[1], officier de marine distingué et d'une dixaine de soldats, les travaux des attaques véritables furent entrepris sans avoir attiré l'attention de l'ennemi ; la Chaboussière, volontaire, fut seulement blessé d'un coup de feu alors qu'il venait de reconnaître le bastion et la palissade avec le baron de Chambret ; d'Estemar, lieutenant des gardes du duc de Vendôme, se plaça avec soixante hommes en embuscade dans des vignes proches de la porte, pour s'en emparer, si les assiégés eussent tenté une sortie ; mais les assiégés s'étant tenus enfermés dans la place, son stratagème ne put avoir d'effet.

Le 30 juin, le duc de Candale étant de jour, le régiment de Lorraine releva le régiment de Cham-

---

[1] D'une famille qui a fourni un aumônier du roi au quatorzième siècle et plusieurs officiers subalternes de la cour. Voy. l'*Histoire généalogique* du P. Anselme.

pagne, le régiment de Montausier celui de Bretagne, le régiment de Vendôme celui de Douglas, et les travaux furent vivement poussés sous un feu très vif de mousqueterie. Le baron de Montesson, maréchal de camp, qui conduisait le régiment de Vendôme, frappé à la tête, tomba raide mort, laissant des regrets mérités et la réputation d'un grand courage.

Le 1er juillet, le duc de Vendôme étant de jour, le régiment de Candale releva le régiment de Lorraine, et les deux régiments de Montausier et de Vendôme furent relevés dans leurs tranchées d'attaque par les Irlandais du colonel Dillon, qui avait reçu le grade de maréchal de camp. Lui et les siens reconnaissants des bons traitements qu'ils avaient reçus depuis la reddition de Lormont, firent merveille, et avancèrent les tranchées de plus de quatre-vingts pas en faisant des pertes nombreuses, notamment celle de Giraldin, un de leurs capitaines.

Richaud dirigea avec une telle précision le feu de la batterie du duc Vendôme, qu'il démonta les canons ennemis, démolit les parapets et renversa deux tours d'où les ennemis tiraient de haut en bas avec des fauconneaux et de grosses arquebuses à croc. Richaud, dans cette action, fut blessé à la cuisse; La Rivière, officier d'artillerie, y fut tué.

Le 2, le régiment de Champagne releva celui

de Candale, et les Irlandais de Dillon furent relevés dans leurs deux attaques par le régiment de Bretagne et par les Ecossais de Douglas. Pendant toute la nuit, le feu fut le plus vif peut-être qu'eût jamais fourni une place assiégée. Les assiégeants entretinrent le leur avec une égale vigueur et s'avancèrent sur le glacis jusqu'au bord du fossé. Les Ecossais auraient établi la nuit même un logement au pied du bastion, si une pluie de grenades et de balles ne les en eût empêchés.

A l'attaque du duc de Candale, Morant [1] dirigeait le feu de la batterie ; celui de la batterie de l'attaque du comte d'Estrades était nourri avec une pareille vivacité, en sorte que les progrès avaient été assez grands pour atteindre le pied du bastion et y attacher le mineur.

Le comte d'Estrades, par les ordres du duc de Vendôme, adressa au gouverneur une sommation de se rendre, lui faisant savoir qu'il n'avait aucun secours à espérer, ni de l'Espagne, ni de Bordeaux, et que s'il refusait et que la place fût emportée, il ne lui serait fait aucun quartier.

La réponse de Don Osorio fut qu'il n'était pas

---

[1] Charles Roger Morant, dit le chevalier Morant, fils de Thomas Morant, baron du Mesnil-Garnier, trésorier de l'Épargne et grand trésorier des Ordres, et de Françoise de Vieuxpont, fille de Jean, baron de Vieuxpont et de Catherine de Beauffremont. Voy. l'*Histoire généalogique* du P. Anselme.

réduit à une extrémité si grande qu'il ne pût défendre la place plusieurs jours encore, et que le duc de Vendôme était trop au courant des usages de la guerre pour lui refuser le traitement qui s'accorde aux défenseurs de toute bonne place.

Sur cette réponse, l'attaque fut reprise avec un acharnement redoublé; pendant deux heures les trois batteries des attaques et toute l'infanterie entretinrent un feu continu, et le logement hardiment entrepris par M. de Las[1], s'achevait à la base du bastion. Citons encore parmi ceux qui se firent remarquer à ce siège par leur vaillance : le comte de Montesson, qui malgré la douleur de la perte de son frère, jour et nuit ne cessa pas un instant de se montrer, Saint-Romain, Dillon, d'Ambreville[2], le chevalier de Cartray, la Chaboussière, d'Estemar, de la Colombière, de Boisferme, d'Anneval, d'Autray. Le comte d'Estrades se distingua entre tous[3]. Une lettre inédite adressée au cardinal Mazarin contient ce passage : « tout le monde chante icy les louanges de M. d'Estrades qui certainement a fait tout ce qui se peut au monde. C'est luy qui a toujours poussé la tran-

[1] Bertrand de Pardaillan, seigneur de Las, en Armagnac. Voy. l'*Histoire généalogique* du P.-Anselme.

[2] D'une branche de la maison de Mornay. Voy. l'*Histoire généalogique* du P. Anselme.

[3] Tiré d'une lettre sans signature datée de Bordeaux, le 4 juillet 1653. *Archives nationales* ; registre coté KK, 1220, f° 268.

chée le plus advant. Il a fait son logement dans la tranchée malgré les canonnades et les coups de mousquet. Enfin on n'a point veu depuis longtemps d'homme plus chaud dans le service. » Ajoutons à cette correspondance qu'à la fin du siège le comte d'Estrades fut atteint à la fois de deux coups de feu, l'un à la cuisse qui le blessa légèrement, l'autre ne fit que traverser son chapeau[1].

Dans l'extrémité où ils se trouvaient réduits, Don Osorio et ses officiers craignant que la place ne fût emportée de vive force et de ne recevoir aucun quartier, demandèrent à parlementer. La capitulation fut signée, le 3 juillet, aux conditions suivantes :

Le 5 juillet, le gouverneur devait sortir de la place avec deux canons à son choix pourvu qu'ils ne fussent pas aux armes de France, six barils de poudre, et douze boulets du calibre des pièces, emmenant avec lui tous ceux qu'il voudra, excepté les Français qu'il s'engage à ne dissimuler par aucune fraude, ni déguisement. Toute sa garnison, tambour battant, enseignes déployées, balle en bouche, et mèche allumée par les deux bouts, avec tous ses chevaux, équipages et bagages, sortira par la porte du port, où des vaisseaux mis à sa disposition la conduira au Passage ou à Saint-

---

[1] *Gazette*; art. sous la rubrique : Bourg, 8 juillet 1653.

Sébastien, à son choix. Il emmènera en outre cinq brigantins ou pataches appartenant au roi d'Espagne, stationnés dans le port. Dans le cas où une armée de secours surviendrait dans l'intervalle entre la capitulation et la remise de la place, le gouverneur s'engageait à ne pas recevoir ce secours. Trois capitaines furent livrés comme otages, de part et d'autre, en garantie de l'exécution des conventions arrêtées.

Le 5 juillet, suivant les termes de la capitulation, Don Osorio sortit de Bourg avec sa garnison de huit cents hommes qu'il mit en bataille et fit ensuite défiler. Peu s'en fallut que les scènes déplorables qui suivirent la capitulation de Saintes [1] ne se renouvelassent cette fois encore ; les troupes françaises voulaient se jeter sur les Espagnols et piller leurs équipages. Ce ne fut qu'à grand'peine que le marquis de Canillac, le comte de Montesson, d'Apchon et Saint-Romain parvinrent à les en empêcher. L'embarquement eut lieu par les soins de la Colombière sur cinq brûlots dont on avait enlevé les artifices. Deux cent soixante Irlandais de la garnison espagnole restèrent à terre et s'enrôlèrent dans les troupes de leur nation qui étaient au service du roi.

Aussitôt après la sortie des Espagnols, divers dé-

---

[1] Voy. tom Ier, chap. ix.

tachements des troupes royales pénétrèrent dans Bourg, et du Fresnoy [1], capitaine au régiment de Vendôme, alla occuper la citadelle. Le 6 juillet, le duc de Vendôme fit lui-même son entrée solennelle aux cris de : Vive le roi ! Toutes les rues étaient tendues sur son passage ; il se rendit à la principale église où fut chanté un *Te Deum* et fut dite une grand'messe en actions de grâces [2].

Don Osorio fut l'objet, pour sa capitulation, aux imputations les plus graves ; on l'accusa d'avoir vendu la place ; ces accusations quelque peu fondées qu'elles paraissent le firent mettre en jugement et lui coûtèrent la tête. Il s'était pourtant bravement défendu, mais on ne voulut pas lui pardonner de n'avoir pas réussi à conserver à l'Espagne le poste important qui lui servait de gage et lui donnait pied sur le sol de la France.

Plus la perte de l'Espagne était grande, plus le succès des armes royales était considérable ; il devait amener des résultats décisifs.

Les messagers et les correspondances ne manquèrent pas pour porter à la Cour la nouvelle de la prise de Bourg ; le duc de Vendôme y envoya son capitaine des gardes, et Langlade, écrivit au cardinal Mazarin :

[1] D'une branche cadette de la maison de Choiseuil. Voy. l'*Histoire généalogique* du P. Anselme.

[2] Voy. sur le siège de Bourg la *Gazette* et les *Mémoires* de Montglat.

« Monseigneur,

« M. de Vandosme dépeschant son capitaine des gardes à Vostre Eminence pour luy porter la nouvelle de la prise de Bourg, je me remettray à luy des choses qui se sont passées à ce siège et me contenteray de dire à V. E. que je me donneray l'honneur de lui escrire plus au long par M. de Las qui partira demain en poste et qui sans doubte arrivera à Paris devant que V. E. aît eu le temps de résoudre aucune chose pour ce pays icy. Il y a tout lieu d'espérer que le Roy y sera bien servy et que les affaires y auront asseurément un succès plus prompt qu'on n'avoit pas attandu. Toutes choses veulent que l'on en juge de la sorte ; mais un des plus grands fondements que j'y voye, c'est la façon dont M. d'Estrades s'y prend et la déférence que nos généraux continuent d'avoir pour tout ce qu'il trouve à propos. Je doibs encore ce tesmoignage à la vérité, Monseigneur, que M. de Las a faict en cette dernière occasion une action extraordinaire, ayant esté tout à descouvert faire un logement tout près d'un bastion, ce qui a obligé les ennemis à se rendre quatre jours plus tost qu'ils n'eussent faict.

« Je suis avec le respect et la fidélité que je doibs.

Monseigneur, de V. E. le très-humble, très-obéissant et très-fidelle serviteur

« LANGLADE.

« Ce 4 juillet 1653 [1]. »

Le duc de Vendôme écrivait dans les lettres au cardinal datées du 4 juillet, qu'il avait envoyées par son capitaine des gardes :

« Monsieur,

« Enfin Bourg est pris et désormais j'ay peyne à croire que les Espagnols se hasardent d'entrer en rivière, ny que Bourdeaux se puisse empescher de succomber.... [2]. »

Dans une seconde lettre datée du même jour :

« Monsieur,

« Une fluxion qui m'est tombé sur les yeux depuis le partement de MM. de Drouilly [3] et de Las me force d'escrire à V. E. de la main d'un secrétaire...... Le premier article qui regarde le secours d'Angleterre ne peut estre considérable qu'en deux points : en la qualité et en la quantité. C'est-

---

[1] Lettre inédite. *Archives nationales*, registre coté KK, 1220, f° 263.

[2] Lettre inédite. *Archives nationales*, KK, 1220, f° 272.

[3] Le Gorlier, seigneur de Drouilly, d'une famille alliée aux Molé. Voy. l'*Histoire généalogique* du P. Anselme.

à-dire que si les Anglois unissent leurs forces avec celles d'Espagne, il sera impossible de leur résister dans cette rivière ; mais si les uns ou les autres y viennent seuls, je ne voy pas qu'il faille rien changer aux mesures ny aux précautions qu'on a prises jusqu'à présent pour la seureté de l'armée navale du Roy et la mettre en bon estat de combattre. Je tiens les avis de Mazerolles plus certains que ce qui vient de la part de Lenet dont toute la procédure me paroît pleine de mensonges....[1]. »

Le duc de Vendôme continue sa lettre en manifestant la confiance que la prise de Bourg empêcheroit la flotte espagnole de tenter une attaque en rivière ; et comme il craint que la Cour ne s'attende à ce qu'il attaque Bordeaux avec ses forces navales, il l'avertit qu'il ne pourrait le faire avec de petits bâtiments que si ceux-ci étaient soutenus par des batteries de terre ; et que, quant à agir avec ses gros vaisseaux, les bancs de sable les empêcheraient d'approcher. Il ne quittera Bourg qu'après avoir fait arrêter le maire qui tient des discours insolents et qui est plus Espagnol que les Espagnols eux-mêmes, et après avoir chassé de leur couvent les Recolets qu'il veut remplacer par des religieux mieux intentionnés.

Lenet instruisit le prince de Condé de la perte

---

[1] Lettre inédite. *Archives nationales,* KK, 1220, f° 294.

de Bourg par une dépêche du 10 juillet, dans laquelle il charge Don Osorio avec animosité ; et il n'est guère douteux que la dénonciation qu'il envoya contre ce gouverneur n'ait été la cause de sa condamnation à mort.

« J'avois bien raison de vous mander par le dernier ordinaire que nous ne tarderions guère à perdre Bourg. Ce misérable cancre de don Joseph a vendu ceste place après quatre jours de tranchées ouvertes qui estoient à deux toises de la contre-escarpe. Nous lui avions fait savoir toutes les nouvelles que Vostre Altesse a veues dans les précédentes lettres, et de l'armée navale, et du prochain secours. Il avoit quelque argent, des vivres qu'il avoit pris et vendu trois ou quatre fois aux habitants. Il a voulu se mettre à couvert. On dit même, mais je ne le crois pas, que l'on lui en avoit promis d'autre (argent), avant que d'ouvrir la tranchée. Tant il y a qu'il avoit encore des vivres pour six semaines ; qu'il à promis en capitulant de ne recevoir aucun secours par mer, ny par terre, et que sans nous bailler advis en rien il s'est embarqué avec cinq ou six cents hommes qui lui restoient pour Saint-Sébastien, sans mesme avoir fait aucune capitulation pour les habitants dudit Bourg dont le maire est prisonnier.

« J'ay fait scavoir tous ces infâmes procédés en Espagne par toutes voyes, et j'envoye des ordres de Son Altesse de Conty pour qu'on arreste ce don Joseph. J'envoye d'icy les soldats, et je vous advoue qu'il me reste une crainte, connoissant comme je sais les Espagnols, que tout au moins apprenant ceste nouvelle par luy, ils ne renvoyent un courrier à Madrid pour prendre nouveaux ordres, sur ce que nous n'avons plus ny port, ny place. Nous leur pourrions au pis aller donner Libourne ; s'ils ne le veulent accepter, Fronsac, que j'aurois bien envie qu'ils fortifiassent. Enfin Son Altesse de Conty et M. de Marchin sont aussy bien que moy d'advis qu'on leur donne tout ce qu'ils voudront plustot que de différer d'un quart d'heure leur arrivée dans l'estat auquel Vostre Altesse va voir que nous sommes [1]. »

Cette dépêche de Lenet met à découvert le désarroi dans lequel la prise de Bourg a jeté son parti. L'Espagne n'ayant plus de place de sûreté, ni de port de débarquement, ne craindra-t-elle pas maintenant de hasarder sa flotte dans la Gironde et ne révoquera-t-elle pas les ordres donnés à ses amiraux? Nous avons vu que le duc de Vendôme ne mettait pas en doute ce résultat, à moins d'un effort combiné et peu probable des marines d'Espagne et d'Angleterre. Cependant la nécessité du

---

[1] Minute inédite datée de Bordeaux, le 10 juillet 1653. Papiers de Lenet, Fonds français, 6716, *Bibliothèque nationale.* Nous donnerons la suite de cette dépêche au chapitre suivant.

secours est si pressante que plutôt que de risquer un retard, fût-il d'un quart d'heure seulement, Lenet est d'avis de ne rien refuser aux demandes, aux exigences même de l'Espagne. Il faut convenir qu'il est dans un étrange embarras pour découvrir ce qu'il peut offrir à cette puissance en compensation de Bourg, puisqu'il ne voit que Libourne ou Fronsac, or Fronsac n'est même pas fortifié. D'ailleurs la situation de l'un ou l'autre de ces points ne saurait évidemment convenir au but proposé, bien que situés sur le cours de la Dordogne à une hauteur où le flux de la marée se fait encore sentir, ils étaient trop avant dans les terres pour offrir à une flotte un point d'appui sérieux. Pour mettre en avant de pareils projets, il fallait que la gravité des circonstances eût apporté un trouble très réel dans les idées de Lenet.

Le gouvernement de la ville de Bourg fut donné au comte de Montesson, récompense méritée pour le courage dont il avait fait preuve à ce siège, et pour la perte d'un frère. Le duc de Saint-Simon, gouverneur de Blaye, ambitionnait ce gouvernement, et il écrivit au cardinal Mazarin pour se plaindre de l'injustice qu'il croyait lui avoir été faite [1].

Un succès en entraîne d'autres, Bergerac, Sainte-

[1] Lettre inédite, datée de Blaye, le 27 juillet 1653. *Archives nationales*, registre coté KK, 1220, f° 373.

Foix et diverses autres localités s'empressèrent de reconnaître l'autorité royale. En dehors de Bordeaux, la Fronde de Guyenne ne possédait plus que deux places importantes Libourne et Périgueux. Le siège de la première fut résolu immédiatement après la prise de Bourg. Le comte d'Estrades y conduisit un corps de cavalerie, pendant que le comte de Cominges y amenait de Lormont un autre corps composé d'infanterie et de cavalerie [1]. Depuis quelque temps le marquis de Sauvebœuf, lieutenant général, successeur en Périgord du chevalier de Folleville qui s'était retiré mécontent de la Cour, avisait au moyen de rétablir l'autorité royale dans Périgueux sans en faire le siège; car pour une telle entreprise il était loin de disposer des forces nécessaires. Il avait fait prier les consuls de la ville, dont les bonnes dispositions lui étaient connues, de redoubler de zèle; mais ceux-ci avaient affaire à un gouverneur, Chanlot, qui n'était pas homme à se laisser facilement surprendre, car il avait déjoué déjà plusieurs conspirations, et le sort de Chavagnac, à Sarlat, était bien fait pour le tenir en éveil. Les consuls pensèrent donc que tous leurs efforts, pour le moment, devaient se borner à aider le marquis de Sauvebœuf,

---

[1] Lettre inédite du duc de Vendôme au cardinal Mazarin, du 4 juillet 1653. *Archives nationales*, registre coté KK, 1220, f° 274.

dans l'entreprise de soumettre les diverses petites localités du Périgord qui résistaient encore. Par suite de cette résolution, deux cents habitants armés de fusils et cinquante chevaux sortirent de Périgueux, le 24 juin, sous la conduite du second consul, et allèrent rejoindre un petit corps que commandait le marquis de Sauvebeuf avec un de ses lieutenants le marquis de la Douze. Leur première expédition fut d'attaquer et de forcer le bourg de Vassillac. Le 26, il attaquèrent le bourg de Saint-Sabineau, à un quart de lieue de Périgueux, avec tant d'impétuosité que bien qu'il fût couvert par des retranchements, ils l'emportèrent dès le premier élan et forcèrent ses défenseurs à se réfugier dans l'église qui était puissamment fortifiée. Les habitants du bourg se joignirent aux assaillants pour miner par la sape les murailles de l'église ; de Rupé, frère du second consul de Périgueux, y fut blessé d'un coup de feu dont il mourut deux heures après. L'ardeur des assaillants fut accrue par le désir de la vengeance, l'église fut emportée et ses défenseurs, soixante fusiliers du régiment de Condé et quelques paysans furent passés au fil de l'épée. Six de ces derniers furent exceptés par les ordres du marquis de Sauvebeuf ; mais il en fit ensuite pendre deux pour effrayer les populations. Les quatre paysans qui croyaient avoir la vie sauve n'eurent cependant pas meilleur sort ;

comme les bourgeois de Périgueux ramenaient à leur camp de Frélissac, pour lui rendre dans le cimetière de ce lieu les derniers honneurs, le corps de leur commandant, ils furent pris de rage contre les quatre malheureux qu'ils tuèrent à coups de fusil. Le 28, un détachement du régiment de Condé s'abritant derrière les maisons, en face du cimetière, vint inquiéter le camp par des décharges réitérées; mais il fut délogé par cinquante fantassins du régiment de Foix et cinquante fantassins d'un autre régiment envoyés par le marquis de Sauvebeuf. Le détachement de Condé se retira dans Périgueux. Tous les châteaux autour de cette ville furent successivement emportés, en sorte qu'elle se trouva bientôt étroitement bloquée [1].

Si la prise de Bourg avait produit au dehors de tels résultats, son contre-coup dans l'intérieur de la ville de Bordeaux n'avait pas été moins retentissant. Il y répandit la surprise et le découragement, et vint grossir le nombre des partisans de la paix.

[1] Voy. la *Gazette*; art. sous la rubrique : Sarlat, 6 juillet 1653.

CHAPITRE LXVII

La question de la paix ou de la guerre concentrée dans la personne du prince de Conti. — Un parti n'eût pu se soutenir à cette époque sans un prince à sa tête. — Nouveaux éléments de résistance pour la ville de Bordeaux. — Situation éventuellement critique de la flotte royale en rivière de Bordeaux. — Le prince de Conti ébranlé en faveur de l'alliance anglaise. — M. de Trancas annonce le secours de l'Angleterre. — Cromwell convoite la cession de la ville de Bordeaux comme place de sûreté. — Cromwell disposé à faire à son profit des revendications monarchiques. — Son arrière-pensée à l'égard du parti des princes. — L'intérêt commercial étouffe le patriotisme à Bordeaux comme à Dunkerque. — Suite des négociations du ministre de France à Londres. — La carte du cours de la Gironde placée sur la table de Cromwell. — Le secours de la Guyenne est décidé au moyen d'une intervention indirecte. — Le ministre de France continue à pousser sa cour aux concessions. — Important Mémoire diplomatique envoyé par la cour de France. — La vraie science de la diplomatie réside dans la connaissance et dans le respect des traditions. — Moyens employés pour persuader Cromwell que son intérêt est de conclure une alliance avec la France. — Élasticité des principes du Mémoire sur le fait de la reconnaissance des usurpations. — Inconséquence des conclusions du Mémoire avec leurs prémisses. — Cromwell reste sourd à tous les raisonnements. — Cromwell était alors à l'état de chrysalide. — Il se fait proclamer Lord Président. — Mécomptes du ministre de France. — Il recherche et fait valoir quelques minces compensations. — Embarquement pour le secours de la Guyenne de matelots hollandais sur les vaisseaux anglais. — M. de Bordeaux expose ses griefs aux commissaires du Conseil d'État. — Il reçoit une réponse dilatoire. — Le nœud de la situation dépend de la résistance plus ou moins prolongée de la ville de Bordeaux. — Étendue du service rendu par Daniel de Cosnac dans ces graves circonstances.

(1653.)

La question de la paix ou de la continuation de la guerre dans la Guyenne se concentrait désormais autour de la personne du prince de Conti ; la correspondance de Lenet nous a révélé et nous révèlera encore cette situation étrange d'un prince qui n'était rien qu'un prête-nom, tant qu'il avait gravité dans l'orbite de son illustre et coupable frère, et qui devenait l'arbitre des destinées du parti, dès le moment qu'il s'en détachait. Il suffit de connaître l'esprit de cette époque pour savoir qu'en France un parti, pas même celui de la république, sans un prince à sa tête, n'aurait pu avoir de chance de réussite ; la continuation de la Fronde sans le prince de Conti n'était pas possible. La Fronde des Parlements abattue à Paris presque à son origine, tant au fond elle avait peu de vitalité, n'avait jamais sérieusement existé à Bordeaux, et y était moins possible encore depuis que le Parlement de cette ville était transféré à Agen ; la Fronde de la noblesse, qui s'était signalée par la tentative légale de la convocation des États généraux, avait tacitement renoncé à sa demande pour ne pas se mettre en hostilité ouverte avec la royauté ; la Fronde républicaine enfin, malgré les affinités de la faction de l'Ormée avec la révolution d'Angleterre et ses efforts très accentués à Bordeaux et dans la Guyenne, livrée à ses seules forces, se fût abîmée dans son impuissance ; mais la prolongation de la Fronde des princes était encore possible. Cette Fronde eût continué à rallier autour d'elle les éléments mécontents du parlement, de la noblesse, du clergé, de la bourgeoisie, de la démocratie qui se plaît dans les troubles civils; non par un esprit politique quelconque en dehors de sa portée intellectuelle, mais par amour du changement, du désordre, et surtout en haine du travail honnête. A tous ces éléments venaient se joindre l'appui sinon avoué au moins occulte de l'Angleterre, et le concours ouvertement donné par l'Espagne. La ville de Bordeaux ne pouvait de longtemps succomber par la famine ; elle avait des vivres pour plus d'une année [1], et il suffisait que la résistance se prolongeât assez pour donner le temps d'arriver à la flotte d'Espagne ; car celle-ci avait enfin pris la mer et se dirigeait à toutes voiles vers l'embouchure de la Gironde. Le stationnement en rivière de la flotte royale de France pour la réduction de Bordeaux était une

---

[1] Voy. les *Mémoires* de Cosnac.

opération maritime d'un mérite au moins douteux. Les sables ne pouvaient lui permettre d'y manœuvrer, à peine de s'y mouvoir, et si elle venait à être attaquée simultanément en aval par la flotte espagnole, en amont par la flottille bordelaise, sa situation devenait critique ; un immense désastre pouvait s'en suivre. Bien plus, qu'arriverait-il si les forces navales de l'Angleterre venaient à entrer en ligne ! La ville de Bordeaux, reprenant ses communications avec la mer, n'aurait désormais rien à craindre d'une armée de terre insuffisante et démoralisée par la défaite de la flotte royale ; cette armée n'aurait qu'à se retirer, et la grande cité que nous avons déjà nommée la seconde capitale de la Fronde étant délivrée de son étreinte, le parti des princes aurait repris dans la France entière une vigueur nouvelle ; et qui sait si le prince de Condé ne serait pas parvenu à placer une main victorieuse sur le pouvoir convoité et sur le sceptre même !

Cet édifice de la Fronde des princes, qui s'était élevé sur les ruines de toutes les autres Frondes, ne pouvait donc avoir de cohésion et se soutenir à Bordeaux et dans la Guyenne sans un prince placé à son sommet. C'est pourquoi, dans le but de faire crouler l'édifice, Daniel de Cosnac avait travaillé à séparer le prince de Conti de la cause du prince de Condé ; mais il ne faut pas oublier qu'il avait affaire à un prince d'un caractère léger et irrésolu.

Le premier succès qu'il avait obtenu sur l'esprit du prince de Conti, le traité préliminaire même qu'il avait réussi à faire échanger entre lui et le duc de Candale, n'eussent pas suffi sans l'active persévérance qu'il sut apporter à la continuation de son œuvre. A un certain moment le prince de Conti faillit lui échapper. M. de Trancas avait écrit d'Angleterre que ses négociations avec Cromwell étaient en si bonne voie que le dictateur avait promis un secours considérable en hommes et en argent, pourvu que la ville de Bordeaux lui fût livrée comme place de sûreté. Cette condition révoltante avait été accueillie dans Bordeaux avec un empressement désespérant. Lenet s'évertuait à en faire ressortir les avantages publics et particuliers : non seulement le parti serait relevé ; mais il serait même en état de dicter la loi à ses ennemis. Lenet distribuait déjà en espérance des récompenses à chacun et faisait entrevoir à tous une fortune considérable. Le prince de Conti, malgré ses récents engagements, était ébloui et ébranlé.

Cette assurance donnée par M. de Trancas, chef de l'ambassade bordelaise, démontre qu'il ne songeait plus à écouter les avances que l'ambassadeur de France à Londres lui avait fait faire, ainsi qu'à ses deux collègues, par une voie détournée, avances dont quelque chose évidemment avait transpiré, puisqu'il était à un certain moment devenu suspect à son parti. Les documents que nous avons successivement reproduits nous ont appris que les secours fournis jusque là consistaient en dix vaisseaux qui devaient rallier la flotte espagnole, et en huit frégates que le prince de Condé avait reçu l'autorisation d'équiper moyennant la livraison des pierreries des princesses que Mazerolles était chargé d'effectuer. Trancas avait donc réussi à obtenir de Cromwell des secours plus gratuits et plus importants.

Jusqu'à ce que Cromwell eût la certitude, par un traité en forme, de la cession entre ses mains de la ville de Bordeaux comme place de sûreté, son intention était de n'y envoyer d'abord qu'un secours suffisant pour retarder sa chute, afin que les habitants fussent amenés forcément, par l'appréhension de succomber, à lui accorder toutes les garanties qu'il demandait. Alors, levant le masque avec le gouvernement royal de France, il eût dénoncé une rupture ouverte, et envoyé, sous pavillon anglais, toute une armée de débarquement avec l'arrière-pensée de reconquérir les provinces de l'ancien domaine d'Éléonore d'Aquitaine.

La république d'Angleterre n'eût pas dédaigné une revendication monarchique si glorieusement périmée pourtant depuis Jeanne d'Arc et le règne de Charles VII. Cette revendication néanmoins se fût faite au nom des théories républicaines; aussi l'intervention du parti des princes qui, de concert avec les députés de Bordeaux, sollicitait le secours de Cromwell se trouvait-elle apporter quelque refroidissement aux sympathies de la révolution d'Angleterre [1]. Il était évident que si ce parti devenait prépondérant au moyen du secours donné, son influence, en raison de ses attaches monarchiques, ne pouvait être favorable à l'intronisation de la république sur le sol de la France. Le secours ne pouvait donc être accordé qu'avec la secrète visée de renverser le parti des princes après s'en être servi. Plus d'une amorce attirait les républicains de la Guyenne; outre la communauté de certains principes politiques, ils étaient séduits par le puissant attrait des bénéfices du commerce libre entre la France et l'Angleterre. Un large débouché offert à l'exportation des vins était leur objectif le plus cher. Ils savaient que l'esprit mercantile des Anglais était habile à développer, partout où il avait accès, l'activité industrielle et commerciale : Dunkerque, à ce moment même, en offrait un exemple frappant. A peine cette ville venait-elle d'être perdue pour passer sous la domination de l'Angleterre, que le développement de la prospérité commerciale y faisait oublier à des cœurs trop intéressés une patrie à

[1] Voy. à ce sujet une lettre de M. de Gentillot à M. de Brienne insérée à l'*Appendice*.

laquelle ils appartenaient depuis longtemps; le sexe aimable seul y regrettait les divertissements disparus avec la jeune et brillante noblesse de France [1].

Le ministre de France à Londres, dont le crédit n'allait même pas jusqu'à pouvoir obtenir une audience de Cromwell, avait la mortification d'être obligé d'informer sa cour que les portes n'étaient pas aussi hermétiquement fermées au résident du prince de Condé et aux envoyés de la ville de Bordeaux. Il apprenait au comte de Brienne qu'un secours de cinq vaisseaux leur était accordé en attendant mieux, et qu'il ne pouvait prévoir jusqu'où pourrait aller l'importance du secours ni même espérer d'en être informé; car l'absolu Cromwell, qui s'est débarrassé du Parlement et n'a pas encore réuni la nouvelle assemblée qu'il a nommée lui-même pour remplacer l'assemblée dissoute, ne met en délibération aucun de ses projets; il les traite seul, et un mot de sa main suffit pour détacher de la flotte d'Angleterre tel nombre de vaisseaux qu'il lui plaît pour n'importe quelle entreprise à sa convenance [2].

[1] Nous avons puisé ce fait et ceux qui précèdent dans une lettre inédite adressée par M. de Gentillot à M. de Brienne, Calais, 8 juillet 1653. *Archives du ministère des Affaires étrangères*, vol. 61. Voy. cette lettre à l'*Appendice*.

[2] Lettre inédite de M. de Bordeaux, Londres, 7 juillet 1653. *Archives du ministère des Affaires étrangères*, vol. 62.

Dans une des entrevues de Cromvell avec le résident du prince de Condé, les projets de secours et de descente sur les côtes de France furent étudiés sur une carte du cours de la Gironde placée sur la table du général; enfin le secours lui-même fut secrètement décidé. Le ministre de France parvint bien à être informé de cette entrevue et de cette importante particularité de la carte étudiée; mais il ne put pénétrer les résolutions prises. Le président du Conseil des ministres, auquel il s'adressa, lui répondit qu'il n'avait aucune connaissance de cette conférence. M. de Bordeaux en est réduit à espérer que le hasard ou la chance des événements feront naître à l'accomplissement de ces projets des obstacles qu'il est impuissant à susciter lui-même. Il espère par exemple que les engagements des envoyés de la ville de Bordeaux ne seront pas considérés comme une garantie suffisante pour couvrir la perte éventuelle des vaisseaux anglais. Pour détourner le coup qui se prépare, M. de Bordeaux conseille à son gouvernement tous les procédés qui seront de nature à désarmer l'Angleterre, particulièrement la restitution de toutes les marchandises saisies sur des commerçants auxquels Cromwell avait donné des lettres pour le cardinal Mazarin. Il prévient qu'il a eu soin de faire savoir à Cromwell le bon effet que ses lettres ont produit sur le cardinal et qu'on lui avait rapporté que le dictateur avait reçu ce compliment avec un sourire; mais, quelles que fussent ses dispositions à tout interpréter au gré de ses désirs, M. de Bordeaux écrivait à M. de Brienne : « ces agréments ne signifient rien. » Le ministre de France avait donc peu de confiance dans la réussite de ses démarches auxquelles il tentait cependant d'associer les négociants anglais, en leur démontrant que pour obtenir la restitution de leurs marchandises, ils avaient tout intérêt à empêcher le secours de Bordeaux, ou tout au moins à en provoquer l'ajournement. Enfin, faute d'argent, le ministre de France se voyait enlever les recrues de soldats irlandais dont il avait ménagé le départ, mais qu'il ne pouvait amuser plus longtemps par de vaines promesses; avec quarante mille patagons l'Espagne venait de les enrôler pour les envoyer au secours de la Guyenne [1].

Pendant que M. de Bordeaux exposait dans ses dépêches les faibles moyens que lui inspirait son zèle pour paralyser ou changer même en des dispositions contraires le mauvais vouloir de l'Angleterre, la cour de France lui envoyait un Mémoire [2] dont la rédaction était basée sur ce prin-

---

[1] Faits tirés d'une lettre inédite de M. de Bordeaux, à M. de Brienne ; Londres, 10 juillet 1653. *Archives du ministère des Affaires étrangères,* Angleterre, vol. 62.

[2] Voy. ce Mémoire à l'*Appendice.*

cipe fondamental que la science de la diplomatie réside dans la connaissance et dans le respect des traditions. Les instructions qu'il renfermait ouvraient une nouvelle carrière aux démarches de M. de Bordeaux : elles lui suggéraient qu'il fallait tirer habilement parti des ouvertures que faisait alors à Paris l'ambassadeur des Provinces-Unies pour renouveler les anciennes alliances de ces provinces avec la France. Il importait d'informer le gouvernement d'Angleterre de ces ouvertures, non directement, mais par des voies détournées; on lui ferait connaître que la France n'avait pas le projet de tirer parti de ces avances pour conclure un traité préjudiciable à l'Angleterre, que tout au contraire son intention était de ménager la conclusion de la paix entre l'Angleterre et les Provinces-Unies, et que même le roi offrirait sa médiation si la bienséance le lui pouvait permettre, mais que sa situation étant mal déterminée vis-à-vis des deux États, n'ayant d'alliance ni avec l'un, ni avec l'autre, il semblait qu'il ne le pût faire. Les instructions royales envoyées au ministre de France rappelaient les traditions qui, comme les proverbes, sont la sagesse des nations. (La France moderne sait ce qu'il lui en coûte pour être tombée entre les mains d'hommes politiques ignorants ou incapables qui ont dédaigneusement et sottement rejeté les enseignements du passé.) Le ministre de France avait mission de rappeler à l'Angleterre les vieilles traditions qu'elle aurait tort de rejeter, parce que si cet État venait d'accomplir une révolution que les monarchies auraient voulu vainement empêcher, celles-ci étaient en définitive obligées d'accepter cette révolution comme un des effets de la volonté de celui qui dispose des souverainetés du monde comme bon lui semble, et que par conséquent le gouvernement d'Angleterre, n'ayant pas à craindre de contestation sur son origine, devait rentrer dans la voie des traditions diplomatiques; que ces traditions avaient établi pour principe l'abaissement de la maison d'Autriche; or que l'empereur [1] poursuivait son retour à son ancienne puissance par l'élection de son fils [2] comme roi des Romains et par le mariage de ce prince arrêté avec l'infante d'Espagne, visant ainsi à rétablir l'empire de Charles-Quint. « Lorsqu'un même souverain, est-il dit dans ce Mémoire, se trouvera maître de l'Allemagne, de l'Italie et de l'Espagne, il lui sera facile, avec l'or des Indes et les soldats que l'Allemagne fournit abondamment, de tout entreprendre. » Il faut donc convaincre l'An-

---

[1] Ferdinand III, empereur d'Allemagne.
[2] Léopold Ier, qui parvint à l'empire d'Allemagne en 1657. Voy. l'importance attachée à l'élection du roi des Romains, t. V, chap. XLIV.

gleterre que toutes les divisions doivent cesser, que des traités d'alliance doivent être conclus par elle avec la France, les Provinces-Unies et le Portugal pour s'entendre contre les prétentions de l'ennemi commun.

Ce Mémoire contenait sans doute des appréciations et des vues d'une haute portée qui eussent été de nature à faire une vive impression sur Cromwell, si, placé à un autre point de vue, il n'eût espéré parvenir au même but par des voies différentes. Chef d'État par une révolution, la propagande révolutionnaire lui paraissait encore, car il modifia sa politique lorsqu'il fut proclamé Protecteur, le plus sûr moyen de se maintenir en se procurant des alliés similaires. Il espérait sérieusement pouvoir fomenter en France une révolution républicaine et se faire du dictateur que, suivant l'usage révolutionnaire, elle eût placé certainement à sa tête, un allié plus sûr que ne lui paraissait un roi légitime. Retournant l'argument que lui fournissait le gouvernement de Louis XIV en faveur de la reconnaissance de toutes les usurpations, il n'eût pas manqué plus volontiers encore de reconnaître cet usurpateur parvenu, suivant les termes de ce Mémoire, *par la volonté de celui qui dispose des souverainetés du monde comme bon lui semble.*

La facilité avec laquelle les conclusions du Mémoire pouvaient être retournées contre le gouvernement monarchique de France prouve que si les prémisses en étaient vraies, en basant la diplomatie sur le respect des traditions, les conséquences en étaient fausses. En admettant, pour déroger aux principes, des cas de force majeure insuffisamment établis, ce Mémoire constate une fois de plus dans quelle voie fausse le cardinal Mazarin avait engagé la politique de la France en face de Cromwell, qu'il eût été plus digne et plus facile de renverser que de courtiser, ainsi que nous l'avons établi déjà sur des preuves irrécusables, d'après l'état des esprits en Angleterre constaté par les dépêches mêmes de M. de Bordeaux[1].

Cromwell demeura aussi sourd aux arguments conformes au Mémoire qui lui furent présentés, qu'il l'avait été à tous les discours qui avaient précédé; et tandis qu'il tenait le traité avec la France dans une suspension indéfinie, il poursuivait activement ses négociations pour la paix avec la Hollande et avec le Portugal. M. de Bordeaux n'avait pas de peine à entrevoir clairement que le dictateur voulait d'abord conclure ces deux traités avant d'en conclure aucun avec lui, afin que, dégagé de tous embarras, il lui fût loisible d'accentuer davantage encore ses exigences vis-à-vis du

---

[1] Voy. chap. LX.

gouvernement monarchique, si dans l'intervalle il n'avait pu atteindre son but de révolutionner la France.

Cromwell était à ce moment à l'état de chrysalide; de chenille il voulait passer papillon. Entre l'expulsion du long Parlement et la réunion du petit Parlement qu'il avait composé lui-même, il vivait retiré dans son intérieur, se disant dégoûté d'un pouvoir auquel il voulait désormais rester étranger. Il comptait assez sur l'incapacité de ceux qu'il avait appelés aux affaires, pour être certain que plus que jamais il serait l'homme nécessaire de la révolution. Les nouveaux députés étaient des religionnaires fanatiques, des prédicateurs en plein vent complètement étrangers à la pratique des affaires; naturellement ils vinrent rapporter à Cromwell le pouvoir qu'il attendait, et ils le proclamèrent Lord Président; c'était un titre donné pour la première fois à celui qui jusqu'alors avait gouverné sans titre. Bientôt Cromwell devait prendre le titre de Lord Protecteur à défaut de celui de roi.

Plus que jamais M. de Bordeaux eut à enregistrer dans sa correspondance les mécomptes que rencontrait sa mission. Il écrivit au cardinal Mazarin qu'il voulait au moins suppléer par son zèle à son manque d'adresse [1]. Le même jour il

---

[1] Lettre inédite, Londres, 17 juillet 1653. *Archives du ministère des Affaires étrangères*, vol. LXI.

écrivait à M. de Brienne qu'il lui était impossible de tirer parti, relativement aux négociations entre les Provinces-Unies et l'Angleterre, des instructions contenues dans le Mémoire du 10 juillet, parce que les ambassadeurs des Provinces-Unies, à Londres ne correspondaient en aucune façon aux ouvertures faites par leur ambassadeur à Paris. Les premiers en effet s'étaient aperçu, d'après les dispositions de Cromwell, qu'ils compromettraient le succès de leur traité, s'ils combinaient une entente avec la France; aussi ils gardaient à l'égard de M. de Bordeaux qui les recherchait, afin de se conformer aux instructions qu'il avait reçues, le silence le plus absolu sur la marche de leur négociation; ils évitaient même de le rencontrer. M. de Bordeaux, pour se consoler un peu, tâchait de se bercer de quelques espérances qu'il s'efforçait de faire partager à sa cour : le nouveau Parlement ne pourrait-il pas avoir des dispositions favorables pour la France? Alors il ne manquerait pas de s'en prévaloir; les vaisseaux dont l'envoi au secours de la Guyenne a été décidé, pourraient n'arriver qu'après la prise de Bourg? alors l'effet principal de cette intervention serait manqué. D'ailleurs le départ de ces vaisseaux destinés au transport des soldats est retardé faute de matelots pour les conduire! Les envoyés bordelais sont fort désolés, dit-il. Enfin il traverse une négociation du prince de Condé pour l'enrôlement de trois mille Irlandais ; on lui a remis entre les mains l'original du traité et il s'est assuré qu'ils passeraient volontiers au service de France aux mêmes conditions : dix-huit patagons par soldat payables moitié dans deux mois, et l'autre moitié, quatre mois après leur débarquement. Ces petites consolations rassurent du reste fort peu de M. de Bordeaux lui-même qui prend ses précautions vis-à-vis de sa cour en déclarant qu'il n'entend pas être responsable de l'insuccès de ses négociations, puisque d'autres fois, en pleine paix, l'Angleterre n'a pas hésité de prendre en main la protection des rebelles de France [1].

La situation en effet empirait chaque jour; à défaut de matelots anglais, on embarquait, pour former les équipages des vaisseaux destinés au secours de la Guyenne, des matelots hollandais prisonniers. M. de Bordeaux s'était adressé aux ambassadeurs des Provinces-Unies pour qu'ils protestassent contre cet emploi fait de leurs nationaux ; ceux-ci y avaient consenti, mais leur protestation n'avait abouti qu'à faire suspendre un instant une mesure qui recevait alors son exécution [2].

---

[1] Dépêche inédite de M. de Bordeaux à M. de Brienne, Londres, 17 juillet 1653. *Archives du ministère des Affaires étrangères*, Angleterre, vol. LXI.

[2] Dépêche inédite de M. de Bordeaux à M. de Brienne, Lon-

M. de Bordeaux dans l'impossibilité d'obtenir une audience de Cromwell, dut se contenter d'une audience accordée par quelques commissaires du conseil d'État ; il leur articula tous ses griefs, faisant ressortir le contraste des procédés de l'Angleterre avec ceux du roi de France qui n'avait voulu prendre d'autre parti dans leur guerre contre les Hollandais que celui d'ami et de médiateur. Il concluait à ce que le traité d'alliance, objet de sa mission, fût signé sans de plus longs ajournements. La seule réponse que M. de Bordeaux pût tirer des commissaires fut qu'ils conféreraient avec leurs collègues du conseil d'État dont ils lui feraient promptement connaître les résolutions. Comme il fallait s'y attendre, cette réponse n'était qu'un nouveau moyen dilatoire.

Depuis la résolution prise par Cromwell de secourir la Guyenne par des voies détournées ; il n'y avait plus lieu de sa part à vouloir conclure un traité avec le roi de France ; mais comme la situation de la ville de Bordeaux obligeait à prévoir l'éventualité où le secours n'arriverait pas à temps, Cromwell, en évitant une rupture ouverte, voulait se ménager par des ajournements la possibilité de reprendre ses négociations avec la France.

Le nœud de la situation se trouvait donc dans

dres, 24 juillet 1653. *Archives du ministère des Affaires étrangères*, Angleterre, vol. LXII.

la résistance plus ou moins prolongée de la ville de Bordeaux; si cette ville ouvrait, sans plus attendre, ses portes aux armées du roi, la guerre civile était terminée, la Fronde n'appartenait plus qu'à l'histoire du passé et tous les plans de Cromwell étaient renversés; si cette ville, au contraire, persévérait dans la lutte, les flottes combinées de l'Angleterre et de l'Espagne anéantissaient la flotte royale, des troupes de débarquement anglaises mettaient le pied sur le sol de la Guyenne, Bordeaux leur était livré; et qui pourrait imaginer quelle ère nouvelle de malheurs et de désastres s'ouvrait alors pour la France!

Le tableau dont nous venons de retracer les grandes lignes d'après une série de documents diplomatiques inédits [1], démontre plus vivement encore que ne l'a fait Daniel de Cosnac dans ses *Mémoires*, et au delà certainement de ce qu'il croyait lui-même, toute l'étendue du service qu'il rendit en représentant avec énergie au prince de Conti la honte qui le couvrirait s'il manquait à la foi promise; si, lui Français livrait la France à l'étranger; si, lui catholique introduisait un schismatique; si, lui prince du sang, qui pouvait même un jour devenir roi légitime, consentait à s'allier avec un usurpateur qui avait fait périr son roi [2]!

---

[1] Voy. ces documents à l'*Appendice*.
[2] Voy. les *Mémoires* de Daniel de Cosnac.

CHAPITRE LXVIII

Daniel de Cosnac provoque de la part des notables habitants de Bordeaux des manifestations en faveur de la paix. — Il emploie Barberin, maître d'un jeu de paume. — MM. de Virelade et de Bacalan agissent de concert. — Ils ont en outre quelques motifs domestiques. — Résolution d'une assemblée à la Bourse et d'une députation au prince de Conti. — Une démonstration de quelques compagnies bourgeoises provoque une émotion générale. — Irritation contre Dureteste et Vilars. — Le chevalier de Thodias, premier jurat, calme momentanément les esprits. — Députation au prince de Conti. — Ce prince parcourt à cheval à la tête des troupes les quartiers tumultueux. — Nouveaux exilés. — Opposition à la sortie de Bordeaux du président de la Tresne. — MM. de Virelade et de Bacalan exceptés des ordres de bannissement. — La jouissance des biens et des meubles des exilés retirée aux Ormistes. — Vente des meubles ordonnée. — Lenet veut convaincre le prince de Conti de la nécessité de soutenir plus que jamais les factions révolutionnaires, même la faction républicaine. — Ses appréhensions au sujet des périls courus par l'Ormée. — Sentiment de madame de la Guette à ce sujet. — Tentative de madame de la Guette pour ramener le comte de Marsin dans le parti du roi. — Mission inutile de M. de la Guette pour porter à la paix le prince de Condé. — M. de la Guette apprécié par sa femme et par Lenet. — Billets inédits du prince de Conti au comte de Fiesque et au marquis de Sainte-Croix, du 12 juillet, pour presser la flotte espagnole à livrer la bataille — Renseignements donnés par le comte de Fiesque à l'Hôtel-de-Ville sur le secours d'Espagne. — Les esprits se prononcent pour la paix avec une ardeur croissante. — Conseil de tous les ordres de la ville tenu chez le prince de Conti. — Fragment d'une lettre inédite de Lenet au prince de Condé, du 14 juillet. — La présence des princesses et la gentillesse du petit duc d'Enghien mis en œuvre dans une assemblée tenue à l'archevêché. — Démarche auprès de Lenet d'une députation de la haute bourgeoisie. — La haute bourgeoisie veut faire elle-même son service dans la garde bourgeoise. — Précautions prises contre cette bourgeoisie. — Mise en gage de l'argenterie de la princesse de Condé ; inventaire de cette argenterie. — Dissolution de la compagnie des cent-gardes de l'avocat Vilars. — Formation de nouvelles compagnies de gardes à pied des princes et des princesses. — Nomination d'officiers de terre et de mer. — Lenet affirme au prince de Condé sa parfaite intelligence avec le colonel Balthazar.

(1653.)

Il n'aurait pas suffi à Daniel de Cosnac d'arracher le prince de Conti à l'attraction qu'avait exercée un moment sur lui la perspective de l'alliance de l'Angleterre, il fallait encore, pour parvenir à la conclusion de la paix, exercer une action puissante et décisive sur l'esprit des habitants de Bordeaux. Il se voua dès lors à cette œuvre complémentaire indispensable et avisa aux moyens d'imprimer au désir bien connu des bons habitants pour la paix une unité convergente vers le but à atteindre telle qu'elle pût devenir irrésistible, sans recourir désormais à la voie malencontreuse des conspirations qui avait été constamment aussi dangereuse qu'inefficace. Il se trouvait avoir eu l'occasion de rendre service à un bourgeois de la ville nommé Barberin, possesseur d'un jeu de paume qui portait son nom ; les relations que lui créait son industrie mettaient cet homme en situation d'être bien renseigné sur le courant de l'opinion ; Daniel de Cosnac le sonda pour la connaître. Comme Barberin, par gratitude, lui avait donné toute sa confiance, il s'ouvrit librement sur son propre désir et sur celui de la majorité des habitants de sortir d'une situation dont il lui fit le triste tableau : le commerce anéanti, les biens sans culture, les maisons de campagne livrées au pillage. La misère inévitable et prochaine poussait le petit peuple lui-même à murmurer, à l'exception de la faction des Ormistes, gens tarés et sans aveu, attachés à un état de choses qui leur assurait à la fois la liberté de piller et l'autorité nécessaire pour exercer impunément toutes leurs violences.

Pour le pousser encore davantage, au lieu de paraître entrer dans les sentiments de Barberin, Daniel de Cosnac fit des objections : la situation n'est réellement pas aussi critique ; à peine s'aperçoit-on que l'ennemi soit aux portes de la ville et celui-ci, bien loin d'être en état d'entreprendre une attaque de vive force, ne peut même pas intercepter les secours qui arrivent à chaque instant. Le parti dispose de troupes nombreuses auxquelles il faut joindre douze mille Ormistes qui ne céderont jamais ; quant aux vivres, les approvisionnements suffisent pour deux années et les inquiétudes répandues à leur sujet sont l'œuvre de quelques gueux soudoyés qui ont été découverts. Barberin persistant dans son premier dire, Daniel de Cosnac lui déclara qu'il se sentait ébranlé par ses raisons, et qu'il reconnaissait qu'une journée sans pain pouvait apporter à la face des choses bien des changements.

Barberin étant revenu quelques jours après cet entretien, Daniel de Cosnac lui dit que plus il avait réfléchi à leur dernière conversation, plus il avait été saisi de vives appréhensions pour la personne du prince de Conti, et qu'il serait vraiment heureux qu'il fût contraint à faire la paix, pourvu qu'il le fût sans violence et sans trahison ; que pour parvenir à cette fin, il serait bon d'établir une entente entre les bons habitants. Barberin se retira en promettant de travailler à cette œuvre. La semence jetée fructifia sur un terrain que la lassitude des troubles et de la guerre avait si bien préparé à la recevoir, et peu de jours après, Barberin vint annoncer qu'il était entré en conférences avec un grand nombre de bons habitants; que ceux-ci, sans exception, avaient tous parfaitement accueilli ses ouvertures. Il nomma parmi les plus empressés : MM. de Virelade[1] et de Baca-

[1] Salomon de Virelade. On trouve cité dans l'*Histoire généa-*

lan[1]. Suivant une remarque des *Mémoires* de Daniel de Cosnac que nous reproduisons sans commentaire : « Chacun d'eux avait un intérêt domestique, c'est-à-dire une femme, qui leur devait faire souhaiter la paix et notre sortie de Bordeaux. »

Les effets ne se firent pas attendre. La haute bourgeoisie sortant de son prudent silence commença à parler hautement ; elle résolut de faire une assemblée à la Bourse, lieu naturellement désigné dans une ville de commerce pour s'entendre entre ceux qui ont quelque chose à perdre, sur les moyens de sauvegarder leurs intérêts ; bien plus on mit en avant un projet de députation au prince de Conti.

Lenet et le comte de Marsin alarmés du mouvement d'opinion qui se produisait, voulurent en paralyser les effets. Réunis à l'archevêché avec les principaux chefs de l'Ormée et avec le prince de Conti lui-même que, bon gré mal gré, ils associaient à toutes leurs mesures, sans qu'il osât s'en défendre, ils décidèrent l'envoi de quelques compagnies bourgeoises pour occuper les quartiers favorables à la paix, particulièrement la place du

logique du P. Anselme N. Salomon, fille de Germain Salomon d'une famille sicilienne habitant Marseille mariée au dix-septième siècle avec Charles de Forbin.

[1] Sa famille a donné son nom à un quartier de Bordeaux.

Palais. Ce déploiement de forces provoqua de l'irritation ; on se déchaîna contre Dureteste et contre Vilars ; on répandit, en le commentant, un propos tenu par ce dernier, qu'il fallait jeter sur le carreau tous les partisans de la paix ; on réveilla le grief des satellites dont il s'entourait, du corps de garde qu'il avait établi dans sa maison. Des commentaires passant aux actes, la multitude assaillit les compagnies bourgeoises qui furent refoulées. Quand cette nouvelle parvint à l'archevêché où stationnaient sous les armes des détachements des régiments d'Enghien et de Conti, Vilars, Guitaut et le major de la ville ouvrirent l'avis que le prince de Conti devait marcher à la tête de ces troupes pour aller forcer avec des canons les quartiers du Pont-Saint-Jean et de la Roussille. Alors, pour prévenir les grands malheurs qui n'eussent pas manqué d'arriver, le chevalier de Thodias, premier Jurat, accourut à la Bourse, où par ses paroles il sut habilement faire revenir quelque calme dans les esprits. De la Bourse, il se rendit à l'Hôtel-de-Ville pour continuer son œuvre d'apaisement. Il persuada la foule, qui se range volontiers à l'avis de quiconque parle facilement, que le prince de Condé désirait la paix tout autant qu'elle la désirait elle-même, et que par conséquent il fallait se garder, par des mouvements intempestifs, de porter obstacle aux mesures que ce prince se proposait de prendre, et à s'exposer à ce que l'armée royale, qui était aux portes de Bordeaux, profitât du tumulte pour entrer de vive force dans la ville. Sur la proposition du premier Jurat on forma une députation d'une vingtaine de bourgeois chargée d'aller trouver le prince de Conti. Cette députation porta au prince des paroles de respect et de soumission, il est vrai, mais pourtant bien différentes de celles que lui eût apporté la députation projetée quelques heures auparavant.

Après l'audience donnée à cette députation, le prince monta à cheval; afin d'assurer le calme par une démonstration, il parcourut à la tête des troupes les quartiers tumultueux. La répression se borna à chasser de Bordeaux quelques-uns de ceux qui s'étaient le plus signalés dans le mouvement de la matinée, entre autres un nommé La Crompe accusé d'avoir tiré un coup de pistolet sur quelques Ormistes; néanmoins le prince de Conti l'avait fait relâcher aussitôt après son arrestation. Le président de La Tresne reçut aussi des passe-ports pour sortir de Bordeaux; mais les bons habitants le contraignirent à rester, espérant trouver en lui un utile négociateur pour la paix. MM. de Virelade et de Bacalan ne furent point du nombre des nouveaux proscrits, ils s'étaient abstenus de paraître, et « leurs femmes, dit Daniel de Cosnac dans ses *Mémoires*, avaient d'assez bons amis dans notre cour pour sauver leurs maris d'un bannissement, parce qu'elles eussent été obligées de les suivre, et que l'absence de ces dames ne convenait pas à nos courtisans. » Quelques femmes de conseillers au Parlement, celles dont les maris s'étaient rendus à Agen, considérées sans doute comme moins agréables à garder, reçurent l'ordre de sortir dans les vingt-quatre heures [1].

Les projets conçus pour parvenir à la paix ne furent donc point rompus ; la perspective d'un bannissement n'était plus de nature à effrayer personne ; même, aux yeux d'un grand nombre, le bannissement était une sauvegarde qui pouvait mettre à couvert de bien des éventualités.

Les émotions de la rue reprirent leur cours et continuèrent chaque jour ; la jeunesse qui se prononçait pour le parti du roi, battait les Ormistes et chassait les garnisaires qu'ils avaient placés dans les maisons des suspects et des exilés, elle n'épargnait même pas les soldats de l'armée des princes. Les plus ardents à ces expéditions étaient Rodorel, Grenier, Roberel et Rolland [2].

En raison des nécessités d'argent, car la mesure prise prouva que ce n'était pas l'esprit de justice qui guidait les chefs du parti des princes, ceux-ci

---

[1] *Gazette*, art. sous la rubrique : Bordeaux, 3 juillet 1653.
[2] Voy. les *Mémoires* du P. Berthod.

jugèrent à propos de mettre fin au scandale de la jouissance des biens des absents dévolue aux Ormistes les plus exaltés, et de se créer du même coup une ressource financière. Une ordonnance rendue au nom du prince de Conti fit savoir que tous dons faits à des particuliers pour jouir par représailles des biens des absents, étaient révoqués; que tous ceux qui avaient pris possession de leurs meubles en feraient la déclaration dans les vingt-quatre heures, que ces meubles seraient vendus et l'argent en provenant employé aux frais de la guerre. L'iniquité des spoliations n'en fut pas moins consacrée, seulement au lieu d'exister au profit de quelques individus, elle fut transférée au profit du parti [1].

Lenet protesta auprès du prince de Conti que loin de se laisser intimider, il ne fallait abandonner aucun de leurs amis, et particulièrement soutenir avec plus de chaleur que jamais Dureteste et Vilars, ranimer même les factions révolutionnaires au lieu de les abattre, sans en excepter la plus dangereuse, celle qui allait droit à la république [2]. Il s'était rendu à l'Hôtel-de-Ville le lendemain même du grand mouvement en faveur de la paix et il y

---

[1] *Gazette*, art. sous la rubrique: Bordeaux, 3 juillet 1653.

[2] Lettre inédite de Lenet au prince de Condé, datée de Bordeaux, le 10 juillet 1653. Papiers de Lenet, Fonds français 6716, f° 23, *Bibliothèque nationale*.

avait discouru sur la nécessité de savoir attendre avec calme les secours de l'Espagne et de l'Angleterre ; il s'était retiré persuadé que son éloquence avait convaincu son auditoire. Cependant il ne put s'empêcher d'écrire : « L'Ormée est en mille périls, un coup de vent la jettera dans la rivière. »

Bien peu de temps auparavant madame de la Guette qui était venue à Bordeaux avec une mission de la reine pour une négociation pacifique, se disait à elle-même : « Pauvres messieurs de l'Ormée, vous donnerez bientôt du nez en terre [1]. » La liaison qui existait entre madame de la Guette et la comtesse de Marsin avait fait espérer qu'elle pourrait exercer une influence utile sur le comte auquel la cour eût pardonné l'abandon de la Catalogne en considération de l'importance de la soumission de Bordeaux. Madame de la Guette n'essaya point de gagner le comte de Marsin, comme l'avait fait l'évêque de Saintes, par des avantages personnels offerts par la cour dont la condition eût été l'abandon du prince de Condé, mais au contraire en comprenant les intérêts du prince de Condé lui-même dans ces arrangements. Les ouvertures faites sur ce terrain ne trouvèrent point le comte de Marsin indifférent, et pour entraîner avec

---

[1] Voy. les *Mémoires* de madame de la Guette.

lui le prince de Condé, pour lequel son dévoûment était à toute épreuve, il employa l'intermédiaire du mari de madame de la Guette, afin de porter le prince de Condé à des idées de paix. La Guette partit de Bordeaux pour Paris avec sa femme; il eut en passant une audience du cardinal Mazarin, puis il se rendit en Flandre. Il y trouva le prince de Condé dans les dispositions les moins favorables; il ne put vaincre ses résistances à tout accommodement dont le principe eût été la reconnaissance de l'autorité du cardinal Mazarin.

Ce prince n'eût été porté à la paix que si la cour lui eût concédé le pouvoir; or la cour y était moins disposée que jamais. La Guette revint donc à Bordeaux après un voyage inutile. La Guette dont la femme a décrit ainsi le caractère : « Mon mari était d'une humeur extrêmement railleuse et facétieuse » n'avait point précisément, d'après l'opinion de Lenet qui reconnaît sa jovialité, les qualités voulues pour un négociateur; sa mission fut désavouée dans ce qu'elle avait de plus important. Lenet s'exprime en ces termes :

« La Guette qui estoit de retour à Libourne depuis un mois est arrivé ici; il m'a conté mille manières du cardinal fort plaisantes. Il est bon homme et puis c'est tout. Aussi M. de Marchin ne l'avait-il pas choisi pour négotier; mais pour passer vers Vostre Altesse et luy dire qu'on luy voulût donner vos passeports [1]. »

Les circonstances rendant plus impérieuse que jamais la nécessité d'une prompte action de l'Espagne, le prince de Conti et le comte de Fiesque, qui était venu pour jouer en Guyenne un premier rôle dans lequel la rapidité des événements lui permit à peine un début, adressèrent au marquis de Sainte-Croix les deux billets suivants, afin de presser la flotte espagnole d'engager le combat contre la flotte de France :

« Il est de toute nécessité pour le salut de Bourdeaux de combattre à la première occasion, mercredy passé[2], et de là dépend la perte ou la conservation de cette ville.

« Ce 12 de juillet.

A. DE BOURBON.

« *P. S.* Les ennemis sont dans la dernière apréhension et nostre armement naval est prest. Toute

---

[1] Passage de la même lettre inédite de Lenet au prince de Condé que nous avons citée plus haut. Cette lettre offre en outre cet intérêt considérable de venir à l'appui de l'authenticité des *Mémoires* de madame de la Guette.

Si M. Moreau, le savant éditeur des *Mémoires* de madame de la Guette, avait eu connaissance de ce document, il y aurait trouvé pour sa préface de précieux renseignements.

[2] L'auteur de la lettre a voulu dire : après mercredi prochain.

l'espérance des ennemis n'est que sur ce que l'on les assure que nostre intention n'est pas de combattre [1]. »

« Je n'ai rien à ajouster à ce que j'ai escrit à Vostre Excellence par messieurs du Fay et don Bartoloméo, si ce n'est qu'il n'y a point de tems à perdre et que les choses sont réduites à tel point qu'il faut, mercredi passé, combattre au premier bon vent et cela sans remise, autrement que Bordeaux est perdu.

« Fait à Bordeaux, le 12 juillet 1653.

FIESQUE [2]. »

Au retour d'Espagne du comte de Fiesque, le mandat qui lui avait été confié par le prince de Condé pour exercer à Bordeaux une sorte de délégation suprême, fut inauguré avec solennité, et le prince de Conti s'y prêta avec sa complaisance ordinaire. Ce prince conduisit lui-même le comte de Fiesque à l'Hôtel-de-Ville avec un nombreux cortège dans lequel figuraient le comte de Marsin, Lenet et tous les principaux chefs. Le comte pré-

---

[1] Document inédit, papiers de Lenet, 6716, f° 27, *Bibliothèque nationale*.
[2] Document inédit ; papiers de Lenet, 6716, f° 29, *Bibliothèque nationale*.

senta à l'assemblée les lettres de créance qu'il avait reçues du prince de Condé, puis il prononça un discours pour faire connaître les résultats avantageux qu'il rapportait de son voyage en Espagne ; il énuméra ainsi l'importance du secours envoyé par cette puissance : dix-huit grands vaisseaux, douze frégates, vingt-quatre barques longues, vingt-huit pinasses et quatorze brulôts. En outre, il assura que quatre vaisseaux venant de Cadix, quatre vaisseaux anglais frétés par le roi d'Espagne, et trois cents officiers réformés devaient rejoindre à Royan la flotte qui avait appareillé du port du Passage, en même temps qu'il en était parti lui-même, flotte qui ne pouvait manquer d'entrer en rivière au premier moment et d'engager un terrible combat contre l'armée navale du roi de France. Suivant le parti auquel appartenaient les auditeurs, ces communications produisirent sur chacun des impressions bien opposées.

Au sortir de l'Hôtel-de-Ville, le prince de Conti et les principaux chefs allèrent dîner chez la duchesse de Longueville. On y dressa la liste d'un Conseil que l'on voulait convoquer le lendemain ; ensuite on alla visiter sur le port la flottille équipée par les soins de Lenet. M. de Salneuve, chef de cette petite escadre, déclarait avec assurance que si la flotte espagnole attaquait la flotte royale, celle-ci se trouvant placée entre deux feux par l'attaque simultanée de sa flottille, serait infailliblement anéantie[1].

Cette éventualité possible eût été précédemment plus que suffisante pour que le parti de la guerre eût repris son arrogance et pour que le parti de la paix se fût dérobé prudemment; mais les temps étaient changés et c'étaient maintenant les partisans de la paix qui parlaient haut et qui au besoin provoquaient le tumulte. L'apaisement obtenu par le chevalier de Thodias n'était qu'à la surface. La crainte de voir la guerre et les violences de l'Ormée reprendre pour longtemps leur cours, donna du courage aux plus timides; le réveil d'une indicible émotion gagna les esprits; plus qu'auparavant les exigences pour obtenir la paix s'affirmèrent avec hauteur; des menaces même étaient proférées. Le comte de Fiesque et Lenet étaient altérés de voir toutes leurs mesures inutiles, et, pour modérer le mouvement, ils avaient recours à l'éloquence du prince de Conti qui se prêtait à les seconder avec une singulière adresse ou une singulière faiblesse.

Le Conseil dont la composition avait été arrêtée à l'avance, formé de personnes choisies dans tous les ordres de la ville, s'assembla chez le prince

[1] Dépêche inédite de Lenet au prince de Condé, Bordeaux, 14 juillet 1653; papiers de Lenet, 6716, f° 37, *Bibliothèque nationale*.

de Conti. Ce prince essaya d'effrayer les bourgeois sur les conséquences de la paix en leur représentant qu'ils étaient trop compromis avec la cour pour espérer de favorables conditions, s'ils commettaient l'imprudence de vouloir traiter isolément, en séparant leur cause de celle du prince de Condé. Ensuite il leur fit envisager les avantages de la continuation de la guerre en présence d'un triomphe assuré par l'appui combiné de l'Espagne et de l'Angleterre. Tous ces raisonnements laissèrent l'assemblée incrédule et l'immense majorité se prononça pour la paix sans que rien ne pût ébranler cette résolution, avec ce seul tempérament, dont il devait être tenu peu de compte, que l'on ne négocierait point en dehors du concours du prince de Condé.

Lenet commençait ainsi la dépêche dans laquelle il rendit compte de ces faits et de plusieurs autres au prince de Condé :

« A Bordeaux, ce 14 juillet 1653.

« Je me rendis au Conseil composé de tous les ordres de cette ville que M. le prince de Conty avoit assemblé chez luy. Il y parla fort bien à son ordinaire et chacun y fut d'advis de songer à la paix, mais par Vostre Altesse [1]. On fit tout ce que l'on

[1] C'est-à-dire par la seule entremise de Votre Altesse.

put pour faire entendre à tous ces gros bourgeois qui y estoient présens, les inconvéniens dont ils estoient menassés par leurs infidélités à la cour, s'ils se séparoient de vos interests et de ceux de vostre maison qui estoient le seul garand que Bordeaux pût avoir de quelque paix qui se puisse faire.

« Le lendemain tous les mal intentionnez recommencèrent et dirent qu'asseurément on se mocquait d'eux, que toutes les lettres qu'on recevoit par tous les courriers qui venoient, n'estoient que pour les abuser; qu'il ne venoit point de secours. M. de Marchin et moy nous nous trouvâmes à l'assemblée de la Bourse où nous essayâmes de les désabuser le mieux qu'il nous fût possible. Il est vray qu'en tous leurs discours ils font tous cognoistre une grande passion pour vos interests et une amitié très forte pour vostre personne; mais ils ont une pente si grande à la paix que la plupart la veulent quoy qu'il en puisse couster. Les bien sensés voyent bien les inconvéniens d'une paix précipitée et tous ensemble sont dans un emportement si estrange contre Vilars et contre Dureteste que quoy qu'on y face, ils ne peuvent en revenir. Je scay bien que ce n'est qu'un prétexte à ceux qui sont mal intentionnez; mais toute la ville ne peut souffrir que le premier aye une compagnie de cent gardes dont huit ou dix le suivent publiquement et jusques dans les salles de Leurs Altesses (et que de vérité on se seroit bien passé de mettre sur pied et qu'asseurément on ne devoit pas luy permettre de louer). L'autre s'est acquis une adversion publique par les injures qu'il dit et fait à tout le monde. Il faut pourtant les soustenir, car ils font de ces choses que d'autres ne feroient pas; mais il faut qu'ils soient plus sages et retenus à l'advenir, car s'ils continuent, il sera bien mal aisé qu'ils se garantissent d'une fureur populaire[1]. »

Dans un autre Conseil tenu à l'archevêché chez la princesse de Condé, l'attitude des assistants fut moins hostile ; mais il faut remarquer qu'ils avaient été choisis au repas donné en l'honneur du comte de Fiesque chez la duchesse de Longueville. Lenet dit que ce Conseil était composé de gens plus qualifiés ; pourtant il assure qu'il s'y trouvait des plus factieux parmi les gros bourgeois. On eut recours pour influencer l'assemblée à quelque artifice : les princesses étaient présentes et l'on fit prendre la parole au petit duc d'Enghien qui s'en acquitta avec cette gentillesse et cette grâce enfantine avec lesquelles il avait enlevé en 1649[2], l'adhésion du Parlement de Bordeaux. Aussi n'y eut-il qu'une faible minorité composée de trois ou quatre avocats et de Duduc, conseiller au

[1] Dépêche inédite. Papiers de Lenet, 6716, f° 37, *Bibliothèque nationale*.
[2] Voy. t. I, p. 231.

Parlement, qui fut d'avis de pourvoir aux moyens d'obtenir la paix sans attendre une bataille navale dont ils considéraient l'issue comme fort douteuse[1].

Plusieurs gros bourgeois se rendirent chez Lenet, le 14 juillet, avec le chevalier de Thodias, dans lequel ils avaient pris confiance. Ils lui proposèrent l'anéantissement de l'Ormée comme le seul moyen de rallier les honnêtes gens à l'œuvre de la résistance, déclarant qu'ils voulaient eux-mêmes monter la garde et ne voulaient plus de *soldats* (sic), c'est-à-dire de gens soudoyés dans les compagnies bourgeoises. Avec l'apparence d'entrer en partie dans leurs sentiments, surtout en ce qui concernait la longueur de la guerre, Lenet leur fit comprendre que leur démarche lui paraissait quelque peu suspecte, puisque, après s'être retirés des affaires depuis plus d'une année, ils prétendaient y rentrer tout à coup dans de si fâcheuses conjonctures et abattre ceux-mêmes qui avaient constamment donné des preuves de dévouement; qu'en particulier, pour Vilars et Dureteste, il ne serait jamais d'avis de les abandonner, tant il les considérait comme utiles; que le plus qu'il lui serait possible de concéder, serait de les rendre moins nécessaires à l'avenir; mais ce résultat dépendait d'eux, qu'ils n'avaient qu'à témoigner en toute occurrence de leur fidé-

---

[1] Détails tirés de la même dépêche inédite citée plus haut.

lité et de leur zèle; que, dès à présent, il voulait bien permettre que deux d'entre eux prissent séance au Conseil. Lenet les engagea ensuite à rendre régulièrement leurs devoirs au prince de Conti en allant chaque matin à son lever; il les assura que ce prince en serait ravi, et que la princesse de Condé était leur protectrice [1]. Ces naïfs bourgeois qui n'avaient en définitive à peu près rien obtenu, ne s'en allèrent pas moins très satisfaits.

Comme à partir de ce jour les notables bourgeois firent leur service dans la garde bourgeoise, leur présence y créa des appréhensions. On les soupçonnait, soit de vouloir s'emparer de l'Hôtel-de-Ville, soit même de vouloir livrer à l'armée royale une des portes de Bordeaux. De plus on les trouvait importuns. Comme ils se sentaient forts par leur nombre, ils ne se gênaient pas pour quereller les capitaines des compagnies, tous Ormistes de choix. Il fallut donc se garder contre la garde bourgeoise. Pour empêcher qu'une porte ne fût livrée, les troupes des princes firent un service extérieur, en établissant des barrières au dehors; et, pour parer à l'éventualité de la prise de possession de l'Hôtel-de-Ville, l'Ormée proposa, au lieu d'en confier la garde à chaque compagnie à son tour, d'y placer un poste composé de cent huit hommes

[1] Faits tirés de la même dépêche inédite de Lenet.

tirés des trente-six compagnies, au nombre de trois par compagnie. Comme cette proposition suscita une querelle violente dans l'Hôtel-de-Ville même entre les Ormistes et les gros bourgeois, son adoption fut renvoyée à l'examen du Conseil ; mais en attendant, il fut décidé que le prince de Conti coucherait à l'Hôtel-de-Ville la nuit même et y ferait son séjour à peu près continuel jusqu'à l'issue du combat naval.

Les ressources financières étaient venues à manquer à un tel point que, pour obtenir la continuation de la fourniture du pain de munition, il fallut mettre en gages l'argenterie de la maison de la princesse de Condé, dont la vente antérieurement décidée avait été toujours différée. L'inventaire en fut dressé le 15 juillet et l'argenterie livrée au fournisseur Durand avec faculté de vendre cette argenterie au bout de trois mois, s'il ne lui était remis, avant l'expiration de ce délai, la somme de dix-huit mille livres montant de l'estimation [1].

Malgré la ténacité de Lenet, un irrésistible élan de l'opinion lui imposait les concessions, et il devint impossible d'ajourner davantage la dissolution de la compagnie impopulaire des cent gardes de l'avocat Vilars ; il lui fallut pourvoir à son remplacement par la création d'une garde sûre placée

[1] Voy. cet état estimatif à l'*Appendice* ; il fournit d'intéressants détails sur la composition des pièces de cette argenterie.

en d'autres mains. On s'arrêta à la formation pour chacun des princes et chacune des princesses d'une compagnie de gardes à pied dont l'effectif serait augmenté suivant les besoins. Ces nouvelles compagnies furent recrutées dans les régiments mêmes qui portaient les noms des princes et des princesses. Pour le début, chaque compagnie fut limitée à cinquante hommes, et il fut pourvu immédiatement à la nomination des capitaines qui furent choisis sur la proposition de Lenet. M. de Baas fut nommé capitaine de la compagnie de la princesse de Condé; M. de Saint-Martin [1], capitaine de la compagnie du duc d'Enghien ; M. de Bourgogne, capitaine de la compagnie du prince de Conti, et M. de Galapian [2], capitaine de celle de la duchesse de Longueville. Ce dernier n'accepta qu'avec quelques difficultés, en cédant aux instances de ses amis, et sur l'assurance qu'en acceptant il ferait une chose agréable au prince de Condé. En même temps, M. de Salneuve fut promu lieutenant-général sur mer. Enfin, comme il était nécessaire de concentrer dans Bordeaux les moyens suprêmes de résistance, le colonel Balthazar y fut appelé avec soixante maîtres. Pour ôter au prince de Condé ses appréhensions au sujet des mésintelligences qui lui avaient fait craindre que

[1] De la maison de Grossoles-Flamarens.
[2] Frère du marquis de Lusignan.

Balthazar n'abandonnât son parti, Lenet, en parlant du redouté et précieux colonel, eut soin d'écrire au prince : « Nous sommes les meilleurs amis du monde[1] ! »

[1] Même dépêche inédite à laquelle nous avons continué d'emprunter les faits que nous venons de rapporter.

APPENDICE

NOTE PREMIÈRE

Pour le IIe et le IIIe vol.

Nous devons à M. le comte A. de Bremond d'Ars les renseignements rectificatifs et complémentaires suivants tirés de deux publications faites par ses soins et annotées par lui : 1° une Notice sur la maison de Meaux tirée à vingt-cinq exemplaires; 2° une réédidion à cent exemplaires de l'*Alphabet de l'art militaire* par Jean de Montgeon, sieur du Haut-Puy de Fleac.

Nous avons dit, t. II, p. 238, que Le Fouilloux qui périt de la main du prince de Condé, au combat du faubourg Saint-Antoine, descendait de Jacques du Fouilloux, auteur du *Traité de la Vénerie*. MM. de Montmerqué et Paulin Paris l'avaient dit comme nous dans une note de leur édition des *Historiettes* de Tallemant des Réaux. La vérité est que Le Fouilloux ne descendait pas de l'auteur du *Traité de la Vénerie*; il appartenait à l'illustre maison de Meaux dont une branche fixée en Saintonge s'est éteinte dans la maison de Brémond d'Ars. Son nom était Charles de Meaux, seigneur du Fouilloux. Après la mort de Charles de Meaux, la reine Anne d'Autriche plaça sa sœur Benigne de Meaux au nombre de ses filles d'honneur. Voy. la *Gazette de Loret* et les *Œuvres de Benserade*.

Nous avons, t. III, p. 290, en citant le marquis d'Ars au nombre des morts au combat de Montençais, omis de donner son nom patronimique : Josias de Bremond, marquis d'Ars, ainsi que le constatent la correspondance inédite de Samuel Robert et un compte de tutelle rendu par sa mère Marie de Verdelin, marquise douairière d'Ars. C'est donc par erreur que la *Gazette* et M. Moreau, dans une *Note* de son édition des *Mémoires* du colonel Balthazar, ont dit que le marquis d'Ars était fils du marquis d'Hervault, de la maison Ysoré de Pleumartin.

NOTE DEUXIÈME

Pour le VIe vol. ch. L et ch. suivants.

MÉMOIRE.

Un officier de l'armée de Monsieur le prince que je connois, il y a vingt ans, ennuyé d'estre dans le mauvais party et picqué par le refus d'une lieutenance qui luy avoit été promise, m'est venu trouver et proposer les choses comprises en ce Mémoire dont j'ay creu devoir envoyer une copie au Zélateur [1], afin qu'il en tire le profit qu'il jugera à propos.

La condition médiocre, le courage hardy et à tout entreprendre et les divers voyages, partis et intrigues dans lesquels cet homme paroist avoir esté employé, luy ont donné accès facile partout, mesme auprès de M. le prince, et grande connoissance de beaucoup de choses, comme il paroistra évidemment par trois articles que j'ay recueillis de son entretien, dont voicy le sommaire :

1° Les desseins de M. le prince, entendus souvent de sa propre bouche, sont de se rendre maistre de la frontière pour dans la mi-caresme, ayant une puis-

---

[1] Mot de convention qui désigne évidemment le cardinal Mazarin.

sante armée, attaquer Paris, adjoustant qu'il feroit dire un jour : voilà où Paris a esté !

Dans cette résolution il met tout au pis, ne craint aucune extrêmité et donne toute liberté; ceux qui l'animent le plus, ou qui font plus de mal, estant les mieux venus, de quelque condition qu'ils soient.

Il parle peu du Roy et avec assez de respect. Il tesmoigne toujours publiquement aversion grande et formelle contre la Reine, mais une haine entière et spéciale contre les Parisiens, depuis en estre sorti, comme aussi contre MM. de Bar, Navailles, Noillac, le Prévost des marchands, Viole, ce semble, ou quelque autre Président qui a une maison en Normandie.

Il se raille souvent des ministres et dit qu'il les rangera bien.

Son intelligence continue avec Monsieur le duc d'Orléans.

Pour Monsieur le cardinal Mazarin, Monsieur le prince le mesprise et toutes fois dit hautement qu'il le souhaite à Paris, où sa présence seroit utile à ses affaires.

Il a tesmoigné une joye extrême de la détention de Monsieur le cardinal de Retz, se vantant de la luy avoir prédite sortant de Paris. Il sceut sa prise par Gourville dès le lendemain à sept heures du matin.

Après le prince de Tarente qui ne parle presque point, ceux qui ont maintenant le plus de pouvoir sur l'esprit de Monsieur le prince et qui l'animent incessamment sont plus que tous MM. de Sarzé, Sillery, Guitaut, Vineuil, Maillé, La Rochefoucauld, qui a tout à fait perdu la veue à Damvillers, Marsillac.

Le mesme homme connoist aussi les intrigues de

tous ceux qui sont en Gascogne comme les deux Tourville, Chastellux, etc., ayant servi avec eux l'année passée en ce pays-là.

Les officiers estrangers vivent avec Monsieur le prince en grand respect, et il n'y a que le comte de Ligneville qui paroisse avoir quelque part en son secret. Il tesmoigne avoir joye quand les François le quittent et semble craindre d'en avoir auprès de luy, et il a raison veu les hazards où il s'expose allant et venant.

Il ne tient point de table, allant, venant sans cesse. Sa plus grande despence est en espions de tous costés.

Il ne manque point d'argent et il dit luy mesme que Monsieur de Lorraine luy a presté quatre cens mille francs, néanmoins l'on en doute.

2° Il ne se passe rien à la Cour, dans Paris, ny à l'armée, dont Monsieur le prince ne soit averti en diligence, et avec fidélité, ses espions allant et venant sans cesse de toutes parts.

A cela servent principalement quatre de ses valets de chambre dont on scait le nom, deux de ses valets de pied natifs des environs de Surennes, Gourville, le jeune, frère du secrétaire de M. de la Rochefoucauld, qui vient incessamment à Paris et qui doit encore arriver aujourd'huy ou demain, Saint-Étienne, valet de chambre de M. le comte de Maillé, qui arriva encore hier au soir avec quantité de paquets, et qui doit mener dans peu de jours de la vaisselle d'argent, etc, un gentilhomme poitevin qui est à M. de Serise, lieutenant dans Clermont, du Montet, capitaine d'Enghien, etc.

Ceux qui entretiennent toutes ses intelligences dans Paris sont Caillet, frère du secrétaire de Monsieur le prince, Rolin, secrétaire de Monsieur le prince de Conty, Gourville, le baron de Vineuil, qui tous les jours lève du monde à Paris et les envoye trois à trois, quatre à quatre, Rochefort, capitaine de cavalerie du régiment de Conty, et qui déguisé se fesoit encore hier porter en chaise, La Flèche, proche la Croix-du-Trahoir, vivandier de Monsieur le prince.

3° Dans l'armée de Monsieur le prince il ne reste pas plus de quatre cents François à débaucher, qu'on a mis dans Réthel, Sainte-Menehoud, etc : le régiment de Bourgogne 100, Persan 200, celuy de cavalerie 50 maistres, de Conty 40, presque tous officiers ; dans les quatre compagnies de gendarmes 80 maistres.

L'on ne conoist pas celuy d'Enghien, depuis qu'il estoit à la Ferté-Milon, où il n'y avoit que 60 maistres, la désolation du pays obligeant à prendre des marches assez esloignées.

Dans Chasteau-Porcien il n'y a que 25 maistres des gendarmes de M. le prince de Conty, avec deux compagnies d'infanterie de Bourgogne, commandées par Saint-Gilles, et une de Virtemberg, toutes deux ne faisant que 50 hommes, avec 30 valets en tout.

Le puy du chasteau est inutile. Il n'y a pas pour huit jours de bled. Il y a vingt pièces de vin, très grande quantité de sel.

Il y a deux cents livres de poudre, trente de souffre, cent grenades, un baril d'huile de courges, un d'eau-de-vie, dix harquebuses à croc, huit picques, dix hallebardes, douze faulx renversées, cent fusils, trois petites pièces de canon, mais point de pierres.

Pour prendre cette place, il la faut attaquer par l'endroit où a esté la chapelle, et où est le logement d'un capitaine allemand. Par là on peut se saisir d'une casmade découverte qui est revestue de fascines, d'une autre proche du logis du gouverneur qui a esté massonnée, d'une autre entre la chapelle et les escuries, et d'une sortie proche du pont qui communique à la porte des champs. Celuy qui parle s'offre à l'entreprise et a travaillé à toutes ces fortifications.

Oûtre que l'on peut mesnager l'esprit des habitants de la ville, qui ne sont pas plus de cent, qui donnent tous les mois mille livres de contribution, et sont tous affectionnés au service du Roy, excepté le Baillif, nommé Bourron, qui seul fournit les moyens de tenir cette place et le voisinage dans la révolte par la correspondance qu'il a avec le nommé Montpineau, marchand de Rheims, qui est lousche, et qui a tout l'argent de M. du Buisson, gouverneur de Saint-Porcien, et de M. de Persan, auxquels il fait avoir toutes les provisions par le commerce qu'il a en tout le pays, les envoyant par l'entremise de M. de Morigni, gentilhomme proche de Liesse et de Sissole, avec le jeune Adam, habitant de Liesse, qui mène tous les partis.

Balhan, isle dans la rivière de l'Aisne, à une lieue de Chasteau-Porcien, peut estre surpris, où il y a de quoy faire subsister l'armée huict jours, y ayant quantité de bled, vin, foin et aveine. Il n'y a que Saint-Germain et du Parc, gendarmes de Conty, avec les paysans qui voudroient les avoir mangés.

Neuf-Chastel, isle sur la mesme rivière, a de quoy

faire, subsister l'armée quatre jours, et est le grand passage de tout le pays.

Commerssi demeure dans le service du Roy, n'ayant pu estre forcé, et peut beaucoup soulager l'armée, si on ne le ruine point.

Coussi qui est au service de M. le prince, donnant passage, couchée, subsistance à tous ses partis, peut estre pris facilement, et il y a en grain de quoy faire subsister l'armée un mois.

Il y a beaucoup d'autres advis particuliers qui touchent toute la frontière de Champagne, que l'on mesnagera selon les nouvelles qui viendront de l'armée.

La reine et M. de Servien ont jugé ce Mémoire très utile, et le soldat officier de cavalerie propre à tout, principalement à découvrir les caballes dans Paris, à estre envoyé dans l'armée de Monsieur le prince pour y observer tout, à exécuter les advis qu'il donne pour les places de la frontière de Champagne.

1° Par leur ordre nous le retenons icy jusques à ce que le Zélateur ayt pris sa résolution pour aider à découvrir les caballes qu'on tasche de continuer et de grossir en Paris. Pour quoy il est certain que la trop longue suspension où l'on tient les personnes et les affaires, achève de dégouster les bons, enhardit les mauvais et ruine les affaires.

2° L'on me fait lui promettre subsistance honneste, et, si ses services sont effectifs, récompense par un employ de sa condition et de sa portée.

Je prie, si le service qu'il rendra se treuve, que les promesses que l'on me fait luy faire, ne soient pas illusoires, car cela gaste tout et dégouste tous les plus affectionnés.

Pour me voir tousjours sans pouvoir d'agir librement, je n'ay peu, en deux ou trois autres rencontres, ce que le service désiroit de moy, et en celle-cy desjà deux ou trois bons effets de ces propositions et advis ont failli, et j'ay esté sur le point d'y souffrir pour cela une persécution ruineuse pour moy et guère moins préjudiciable au service du Zélateur. Mais ne voulant pas mesler mon intérêt avec mon zèle, je réserve de la dire de bouche, demeurant de tout cœur

Le Serviteur.

Le 9 janvier de l'an 1653 [1].

[1] Document inédit; *Archives du ministère des Affaires étrangères*, France, vol. CL.
Nous n'avons eu connaissance de ce document qu'après la la publication du 6ᵉ vol ; il ajoute aux faits que nous y avons consigné de très intéressantes particularités.

NOTE TROISIÈME

Pour le VIe vol.

Nous devons aux observations de deux érudits bien connus, M. Tamisey de Larroque et M. le baron de Verneilh, ces deux rectifications dans l'ordre où elles vont suivre :

Page 28. La petite ville de Roquefort.

Il ne s'agit pas de la localité de ce nom située dans les environs d'Agen; mais de la localité du même nom située à 22 kilomètres de Mont-de-Marsan, petite ville de 1,800 habitants où les ruines d'un château-fort subsistent encore.

Page 146. La ville de Montségur.

Il ne s'agit pas de Montségur dans le comté de Foix, mais de Montségur situé à 12 kilomètres de la Réole, ancienne ville forte qui compte aujourd'hui 1,200 habitants, et qui a conservé une partie de ses tours et de ses remparts.

Nous devons à madame la marquise de Chabans, malheureusement décédée depuis la communication qu'elle nous a faite, la rectification suivante :

Page 343. Joumard n'est pas le nom patronymique de la maison de Chabans. La maison de Chabans, originaire du Poitou, s'est établie en Périgord par suite d'une alliance avec la maison de Joumard qui possédait le château de la Chapelle-Faucher et qui avait imposé la condition de la substitution du nom de Joumard à celui de Chabans pendant six générations.

NOTE QUATRIEME

Pour l'appendice du V⁰ vol. et pour le ch. LIX du VII⁰ vol.

Dans l'Appendice du V⁰ volume nous avons par erreur qualifié d'inédits les trois documents suivants : 1° une lettre de Louis XIV au Parlement d'Angleterre, p. 425 ; 2° les instructions données à M. de Bordeaux, p. 430 ; 3° une lettre du conseil d'État d'Angleterre au duc de Vendôme, p. 435. M. Guizot a publié ces trois documents dans son *Histoire de la Révolution d'Angleterre*, IIme partie, *la République et Cromwell*.

Cette rectification d'une erreur dans notre propre ouvrage a eu pour résultat de nous faire constater de graves erreurs dans l'ouvrage de M. Guizot, erreurs que dans l'intérêt de l'exactitude de l'histoire nous devons signaler. M. Guizot a évidemment ignoré le texte de l'importante délibération prise par les habitants de la ville de Bordeaux [1] lorsqu'ils firent partir pour l'Angleterre les envoyés auxquels ils remirent leurs instructions ; il a ignoré non moins la lettre adressée par ces mêmes habitants

---

[1] Nous avons donné cette délibération au chap. LIX de ce volume ; elle est tirée des papiers de Lenet ; mais elle avait été déjà publiée dans les *Mémoires* de Lenet, de la collection Michaud.

au conseil d'Etat d'Angleterre[1]. Les dates l'auraient préservé de placer dans les premiers mois de l'année 1652 l'envoi des ambassadeurs de la ville de Bordeaux en Angleterre, fait que les documents authentiques que nous avons reproduits placent irrécusablement au mois d'avril 1653, et elles l'auraient préservé, chose plus grave encore, de faire ressortir suivant lui, dès l'année 1652, les conséquences d'un événement qui ne s'est passé qu'en l'année 1653 : il prétend en effet, que les appréhensions causées au cardinal Mazarin par cette démarche des habitants de Bordeaux, furent l'un de ses motifs déterminants pour faire reconnaître par la France, le 2 décembre 1652, la République d'Angleterre.

Enfin, il prétend que les Frondeurs bordelais avaient promis aux Anglais la cession de l'île Oléron ; ce n'est pas aux Anglais, mais aux Espagnols que cette cession avait été offerte, ainsi qu'on l'a vu par les documents que nous avons reproduits.

M. Guizot a beaucoup écrit, donc il doit lui être beaucoup pardonné ; nous faisons valoir ces circonstances atténuantes pour nous-mêmes qui, bien qu'ayant écrit bien moins, pouvons avoir besoin d'une indulgence proportionnelle.

[1] Nous avons donné au chap. LIX ce document tiré des *Archives du ministère des Affaires étrangères* ; il était jusqu'alors inédit.

NOTE CINQUIÈME

Pour le ch. LIX, p. 10.

Instruction à MM. de Trancas, conseiller en Parlement, Blarut et Dezert, allant de la part de Leurs Altesses et de la ville de Bordeaux en Angleterre.

« Partiront lesdits sieurs pour se rendre le plus
« promptement qu'il leur sera possible à Londres,
« où estant, s'adresseront à M. de Barrière, résident
« de S. A. S, monseigneur le prince, luy feront part
« du sujet de leur voyage, luy donneront le dupli-
« cata de cette instruction et luy diront que Son
« Altesse leur ordonne de communiquer le tout à
« M. de Cugnac, et tous ensemble agiront pour la
« conduitte de l'affaire comme ils le jugeront à
« propos, suivant le plein pouvoir duquel ils sont
« chargés.
« Et premièrement sçauront dudit sieur de Bar-
« rière l'estat de sa négociation, despuis le temps de
« son séjour audit lieu, celui des affaires de la Ré-
« publique, quelles forces maritimes elle a, quelle
« est celle qui lui est absolument nécessaire pour la
« manutention et conservation de ses ports et hâvres,
« et pour soustenir la guerre qu'elle a contre les
« Hollendois, afin que sur cela il se puisse prendre
« des mesures certaines pour ce qu'ils ont à propo-

« ser et cognoistre à plus prest ce qu'ils peuvent ob-
« tenir.

« Sçauront pareillement de ceux qui ont la princi-
« pale autorité dans le Parlement et au Conseil d'Es-
« tat, quelles sont les cérémonies, façon d'agir et
« d'estre receu, les honneurs et la manière des prin-
« cipaux ministres, afin qu'ils puissent se conduire
« comme des personnes consommées en affaires de
« cette nature.

« Après quoy rendront les lettres desquelles ils sont
« chargés, tous ensemble et avec la dignité accoutu-
« mée à des envoyez de si grands princes et d'une
« ville telle que Bordeaux.

« Remonstreront que despuis que, par la révolu-
« tion des choses, la Guienne, et par conséquent la
« ditte ville, retomba sous la domination de France,
« le roy Charles VII leur accorda certains privilèges,
« sous la foi desquels ils s'assujettirent à son obéis-
« sance, qu'ils ont esté confirmés par les Roys ses
« successeurs, auxquels pourtant, par la nécessité
« des affaires, ils ont accordé beaucoup de choses
« au delà de ce qui estoit porté dans lesdits privilè-
« ges ; mais qu'enfin ayant été violés en tous leurs
« chefs déspuis la régence de la Reyne, par les con-
« seils du cardinal Mazarin et par la violence de
« M. le duc d'Espernon, ils avoient esté contraints
« de deffendre les loix municipales de leurs pères et
« tascher de se maintenir dans une honneste liberté
« par la force des armes, que la guerre qu'ils au-
« roient entreprise pour un subjet si légitime ayant
« esté terminée par une paix, de laquelle monsei-
« gneur le prince fust le principal auteur, estant

« pour lors chef du conseil du Roy, on luy en fist
« un crime, et parce qu'il avoit empesché l'effect de
« la tyrannie que l'on avoit résolu à la cour d'exercer
« contre des innocens deffenseurs de la liberté de
« Bordeaux, on vouloit prétexter l'emprisonnement
« de Son Altesse Sérénissime de cette prétendue en-
« treprise sur l'autorité royale.

« On ne se contenta pas, oubliant les grands et
« importans services que ce grand homme avoit ren-
« dus à l'Estat, en le contenant dans une prison ri-
« goureuse, on voulut pousser la haine et faire res-
« sentir l'effect de la tyrannie sur monseigneur son
« frère et sur monseigneur le duc de Longueville ; on
« voulut faire plus et pour jeter cette grande et il-
« lustre maison dans un mesme précipice, les ordres
« et les trouppes furent envoyés à Chantilly pour ar-
« rester mesdames les princesses, monseigneur le
« duc d'Enghien, et les enfans de monsieur le duc
« de Longueville, dont la plupart estoient encore au
« berceau ; madame la princesse trouva moyen,
« avec quelques-uns de ses serviteurs, de se sauver
« la nuict avec monseigneur le duc d'Enghien, son
« fils, pour lors âgé de sept ans ; on envoya des or-
« dres par tout le royaume de les arrester morts ou
« vivans, et ne pouvant trouver de refuge ailleurs,
« traversèrent toute la France et vinrent le chercher
« à Bordeaux. Là ils trouvèrent que les ordres de la
« cour avaient porté quelques créatures du cardinal
» Mazarin à leur fermer les portes, mais les Borde-
« lois recognoissant des témoignages d'amitié et de
« la protection qu'ils avoient receue naguères de mon-
« seigneur le prince, et autresfois de messeigneurs

« ses père et ayeuls, s'armèrent, rompirent les portes,
« receurent Leurs Altesses ; le Parlement leur donna
« seureté, et tous les ordres de la ville se résolurent
« de souffrir toutes les violences de la guerre et les
« rigueurrs d'un siège plustost que de livrer de si
« précieux gages au cardinal Mazarin, qui fist quitter
« toutes les plus importantes affaires de l'Estat au
« Roy et à la Reyne pour venir en personne assiéger
« Bordeaux.

« Les Bordelois firent une si généreuse résistance
« qu'ils sauvèrent leur ville, obligèrent le Roy, par
« la paix qui fut faite, de donner seureté à Leurs
« Altesses dans leur fort chasteau de Montrond, et à
« leur province un autre gouverneur que ledit sieur
« d'Espernon, qui leur avoit fait ressentir toutes les
« rigueurs qui peuvent retomber dans l'imagination
« d'un tyran ; toute la France fust esmeue par l'exem-
« ple de Bordeaux, tous les ordres qui la composent
« firent à son imitation des remontrances pour la li-
« berté des princes, et forcèrent la régente à l'accor-
« der avec l'exil dudit cardinal ; mais, dans l'espoir
« de retour, il laissa toutes ses créatures dans le
« ministère ; ils donnèrent tous les conseils et
« tous les sentimens de violence pour les faire pé-
« rir ; ils furent contraints de se retirer de la cour
« pour chercher leur seureté ailleurs, ils la trouvè-
« rent à Bordeaux qui s'unit à leurs intérests. Mon-
« seigneur le prince, par luy ou par ses alliés, mit de
« puissantes armées sur pied, par mer et par terre,
« pour s'opposer à toutes les trouppes qui luy tombè-
« rent sur les bras ; ce qu'il a faict si heureusement
« qu'il a jusques à présent guaranty sa famille

« du naufrage qui la menasse depuis longtemps.

« Remonstreront en outre, que maintenant on
« met tout en usage, de la part de la cour, pour op-
« primer Bordeaux et les princes et princesses qui y
« font leur séjour; qu'on a faist entrer dans la rivière
« une armée navale; qu'on a fait approcher toutes
« les trouppes du royaume par terre; qu'on y a pra-
« tiqué et fomenté des conjurations contre la vie de
« Leurs Altesses et contre celles des concitoyens les
« plus affectionnés à leur deffense et à la liberté
« de leur patrie; la dernière qui fust descouverte
« par la fidélité et les soins du sieur de Vilars et de
« ses amis, devoit faire destruire Bordeaux par Bor-
« deaux mesme; en feront savoir le détail, et enfin
« leur diront que comme la république d'Angleterre,
« ainsi que tous les Estats bien réglés, et dont les
« lois fondamentales ne sont pas corrompues par
« l'intérêt particulier, faict profession de prendre la
« deffense des opprimés, la ville et la commune de
« Bordeaux, unis avec messeigneurs les princes, et en
« secondant l'intention de son Altesse Sérénissime
« monseigneur le prince qui est leur gouverneur,
« chef et protecteur, aussy bien que monseigneur le
« prince de Conty, et tous deux, en l'absence l'un
« de l'autre, ont envoyé lesdits sieurs devers mes-
« sieurs du Parlement de ladite République pour
« leur demander secours d'hommes, d'argent et de
« vaisseaux.

« Et encores que Son Altesse Sérénissime tienne
« plusieurs places, comme Bellegarde, en Bourgogne,
« Clermont, Stenay, Damvilliers, Sainte-Ménéhoul et
« Réthel, en Champagne, Périgueux, Sainte-Foy,

« Bergerac, Libourne et plusieurs sont bien for-
« tifiées en Guienne, encore qu'elle ayt plusieurs
« trouppes sur pied dans l'une et dans l'autre de ces
« provinces et que le roy d'Espagne luy en entre-
« tienne plusieurs autres et trente vaisseaux de guerre,
« que beaucoup de princes et grands seigneurs soient
« dans ses interests, et par conséquent dans ceux
« de Bordeaux, ils ont pourtant résolu, par la plura-
« lité des suffrages de ladite ville, de recourir à eux
« comme à un Estat puissant et juste assez pour con-
« tribuer beaucoup, non-seulement à les mettre à
« couvert de l'oppression et des cruelles vengeances
« qu'on leur prépare, mais encore pour les faire
« restablir dans leurs anciens privilèges et leur faire
« respirer un air plus libre qu'auparavant.

« Et que sur ce que lesdits sieurs du Parlement
« leur pourront demander des convenances récipro-
« ques, ils les laisseront s'expliquer sur leurs préten-
« tions.

« Et après, s'il le faut, pourront leur accorder un
« port dans la rivière de Bordeaux pour la retraite
« et seureté de leurs vaisseaux, comme Castillon,
« Royan, Talmont ou Pauilhac, ou celuy d'Arca-
« chon, s'ils le veulent, lequel ils pourront fortifier
« à leurs frais, ainsi que les Espagnols ont fait à
« Bourg.

« On pourra mesme leur permettre d'assiéger et
« prendre Blaye, à quoy nos trouppes ayderont en
« tout ce qui sera possible.

« Ils pourront encore faire une descente à La Ro-
« chelle et s'en emparer.

« Et comme le principal mobile des affaires de

« l'Estat est l'intérest, et que celuy de l'Angleterre
« est de faire naistre des affaires dans la France, qui
« puissent l'occuper par une guerre intestine, lors-
« qu'en temps de paix elle voudroit agir pour le
« restablissement du roy d'Angleterre, ils propose-
« ront sans doute si Bordeaux ne voudroit point
« prendre une forme de gouvernement toute nou-
« velle, et se servir de cette occasion pour mettre
« ceux de la religion dans leurs intérests et affirmer
« l'un par l'autre leur liberté commune.

« En ce cas il sera fort à propos de leur respondre
« que, dans la diversité des intérests et dans la fai-
« blesse ordinaire des hommes, qui leur fait appré-
« hender les événemens qui suivent souvent les esta-
« blissemens nouveaux, il a esté impossible jusques
« icy de porter ceux de la religion dans ce mesme
« dessein, encore qu'ils aîent divers mescontentemens
« des injustices qu'on leur faict tous les jours à la
« cour, encore qu'ils soient à présent armés dans les
« Cévènes et que leur religion et leurs intérests leur
« doivent persuader de s'unir avec ce party. Toutes-
« fois ils ont toujours dit et disent encore à présent
« pour toutes réponses, que, ne pouvant prendre
« confiance qu'à des gens de mesme esprit et de
« mesme religion qu'eux, ils ne pouvoient entrer en
« aucune part avec nous, que quand le Parlement
« d'Angleterre y seroit entré, et qu'estant unis avec
« Leurs Altesses et Bordeaux, qu'ils pourroient par
« un secours mutuel de puissance, se maintenir contre
« l'oppression qui leur seroit indubitablement faicte
« de la part du Roy, et voyant une armée angloise
« dans la Garonne, pour lors ils crieroient hautement

« liberté, et prendroient les formes et les armes pour
« la maintenir aux périls de leurs fortunes et de leurs
« vies.

« Et qu'ainsy il est tout à faict nécessaire avant
« que de faire les propositions publiques des choses
« qui peuvent avoir esté concertées et résolues par les
« plus accrédités particuliers, de se voir en puissance
« de leur persuader, par l'entrée de l'armée de la
« République, la facilité de réussir à ce grand des-
« sein, et une impunité apparente, faire cognoistre
« au vulgaire, qui ne conçoit les choses qu'autant
« qu'elles tombent sous leurs sens et que leur in-
« térest leur persuade, que la communication estant
« libre par ce moyen, les munitions ni les vivres ne
« pourront leur manquer, que le commerce les en-
« richira par le débit de leurs denrées et par le trafic
« de celles qu'ils pourront acheter dans les pays les
« plus reculés, establir une compagnie de marchan-
« dises.

« Et c'est pour cette raison principalement qu'il
« sera bon de restablir en même temps le commerce,
« et de porter les Anglois à nous envoyer des bleds
« dont ils pourront se payer en vins ou en argent, à
« leur choix, ou mesme en faire le fond des sommes
« que cette République pourra prester à Leurs
« Altesses et à Bordeaux.

« Et se souviendront lesdits sieurs de faire mettre
« par exprès dans le traicté que lesdits vaisseaux an-
« glois s'appliqueront particulièrement à maintenir
« la seureté et liberté du commerce ordinaire de Bor-
« deaux.

« Et généralement fairont lesdits sieurs de Barrière

« et de Cugnac, de Trancas, conseiller en Parlement,
« de Blarut et Dezert, tout ce qu'ils jugeront à propos
« pour obtenir les secours mentionnés en la présente
« instruction.

« Conferreront tous ensemble et prendront mesme
« l'advis de messieurs du Parlement les mieux dis-
« posés pour ceste affaire, s'il est à propos d'en con-
« férer avec l'ambassadeur d'Espagne ou non.

A Bordeaux, le 8 avril 1653.

« Signé, ARMAND DE BOURBON.

« Le chevalier de Thodias, premier jurat.
« Pour Monseigneur, signé Saint-Simon [1]. »

---

[1] Ce document tiré des papiers de Lenet a été publié dans ses *Mémoires*, collection Michaud.

NOTE SIXIÈME

Pour le chap. LIX.

MONSIEUR DE BORDEAUX A M. DE BRIENNE.

« Monsieur,

« Je rendis vendredy dernier response aux commissaires du conseil d'Estat sur les propositions qu'ils m'avoient faictes dans la dernière conférence et leur parlay de la prolongation du délay de trois moys dans des termes qui n'engagent point l'honneur de Sa Majesté à recevoir un refuz. Aprez quelques discours sur ce subject et dont la résolution fut remise au conseil d'Estat, ils me témoignèrent que ce n'estoit pas la question qui se devoit traicter et que, si Sa Majesté avoit dessein de faire quelque liaison avec leur Estat, que l'intérest des marchands ne les tiendroit point, me disant par une espèce de mespris : « Quoy ? nous nous amusons icy à des marchands, ce n'est pas là le nœud de l'affaire ! » Ils me laissèrent ensuite comprendre qu'il y avoit d'autres mesures à prendre et que nous devions considérer l'Angleterre comme l'Estat qui est capable de faire pencher la balance. Je ne peus pas m'empescher de les asseurer qu'ils trouveroient autant de disposition en nous de bien vivre avec eux qu'ils en avroient de bien vivre avec nous. Ils me parlèrent aussy de la retraicte que nous avions donnée au prince Robert avec des prises au préjudice des arrestés et règlements du Conseil du Roy, et qu'ils en pourroient user de même qu'avec le Portugal. Je leur tesmoignai qu'ils avoient tort de se plaindre, après avoir receu les desputés de Monsieur le Prince et du comte du Dognon. A quoy ils me respondirent qu'il y avoit grande différence, n'ayant point esté receus avec des prises et contre la France, et leur négotiation n'ayant produict aucun effect. De là, ils vinrent à parler du Roy d'Angleterre qui leur donnoit avec raison sujet de douter de nostre bonne volonté; mais je leur dis que les raisons du sang et le droict de hospitalité ne permettoient pas que Sa Majesté en usast autrement et qu'ils n'en devoient concevoir aucun ombrage, s'ils vouloyent juger de l'advenir par le procédé du passé. Cette conversation en termes d'amitié plustost que de reproches finit par des assurances d'une entière disposition à s'accommoder. Après cette conférence je croyois debvoir attendre une conclusion; mais ils m'ont aujourd'huy donné un papier dont la teneur vous confirmera ce que j'ay déjà escript touschant le prince Robert. Et, comme ils ne demandent que l'observation des arrests et réglemens faicts dans le Conseil de Sa Majesté, je ne me suis défendu que sur leur conduite passée envers la France quy peut avoir donné lieu de recevoir ledict prince Robert, faisant néanmoins espérer que quand nous aurions conclu une surséance et le restablissement du commerce, ils auroient tout subject de se louer de l'exécution de nostre part. La nouvelle quy a esté portée du jugement rendu sur le vaisseau pris à Calais, leur donne aussy une nouvelle matière de plainte, et les fera peut-estre changer le dessein qu'ils avoient d'accorder la surséance des lettres de représailles pour six mois. Je les mis sur les inconvénients que je leur avois faict remarquer si elle n'estoit que pour trois. C'est ce quy m'avoit faict souhaiter que Messieurs du Conseil de la Marine eussent un peu plus considéré l'intérest du public que celuy des particuliers dans un temps que l'on offre icy des places d'assez grande conséquence pour engager le Parlement à secourir Bordeaux et qu'ils ont une flotte assez considérable pour entreprendre encore une fois sur les vaisseaux de Sa Majesté. Ce sont, Monsieur, des considérations quy vous sont plus congneues qu'à moy; c'est pourquoi je ne m'estendrai pas davantage sur les raisons qui doibvent obliger de donner quelque satisfaction, si l'on désire restablir la liberté du commerce et vivre dans l'observation des anciens traictez. La conférence estant finie, un des commissaires m'a parlé du sieur Baratine et tesmoigné que ce Parlement accorderoit en sa faveur beaucoup de choses qu'ils ne permettroient pas à d'autres, entendant par ce discours la sortie des soldats Escossais. J'avois eu une pensée pour faciliter le dessein que l'on a d'en tirer, et encor par une autre considération assez importante au service du Roy, c'est d'embarquer le fils et frère d'un des plus puissants du Parlement, lieutenant-colonel en Hollande, qui m'a rendu beaucoup d'offices utiles en ce pays et dont Monsieur le premier escuyer cognoist la famille; s'il est jugé à propos de le considérer, je tascherai de l'engager de sortir assez d'Escossais pour faire un nouveau régiment et les recrues de ceux que nous avons dans la France, qu'ils n'accorderont point, à moins de quelques raisons particulières, jusques à ce que l'on aît renouvelé le traicté d'alliance dont il ne faut pas faire estat qu'on se puisse dispenser. Les commissaires sont convenus aussy, après avoir veu la teneur de mon pouvoir, que le Parlement en donneroit un fort authentique à ceux qui signeront le traicté de leur part. J'ai veu l'ambassadeur de Portugal qui m'a dict estre sur le point de finir son traicté. Celuy d'Espagne ne s'advance pas à cause qu'il s'agit de la restitution de l'argent qui a esté pris. Le Parlement fait responce à la province de Hollande qui tesmoigne une disposition à l'accommodement. Il escript aussy une lettre aux autres provinces et leur offre la paix aux conditions qui avoient esté offertes au sieur Pan. C'est présentement le plus grand désir de cet Estat. Le mien est de vous tesmoigner par mes respectz que je suis,

Monsieur, votre très humble et très obéissant serviteur DE BORDEAUX.

A Londres, ce 10e avril 1653 [1]. »

MONSIEUR DE BORDEAUX A M. DE BRIENNE.

« Monsieur,

« Je n'ai receu depuis ma dernière despesche au-

---

[1] *Dépêche inédite*; *Archives du ministère des Affaires étrangères*, Angleterre, vol. LXII.

cune de vos lettres, ni la résolution du Parlement qui attend l'advis des marchands devant que de rien conclure avec moy. Deux commissaires du conseil d'Estat furent vendredy à la Bourse et après leur avoir tesmoigné que l'accommodement avec la France n'estoit retardé que par la considération de leur intérest, ils les convièrent de s'assembler et adviser à ce quy seroit nécessaire pour la liberté du commerce, et si un délai de trois mois seroit suffisant pour l'ouverture du trafic. La plupart d'entre eux tesmoignèrent dès lors se soucier peu des pertes passées, pourveu qu'on peust establir quelque seureté à l'advenir. Il n'y eut que ceux quy trafiquent sur la mer Méditerranée et en Turquie qui firent grande insistance pour estre desdommagés de leurs pertes et tous demeurèrent d'accord qu'il falloit une surséance plus longue. Ils doivent mercredy déclarer leurs derniers sentimens. Quelques-uns des principaux me sont venus trouver, et, après beaucoup de démonstrations qu'ils souhaittent avec passion le restablissement du commerce entre les deux Estats, m'ont tesmoigné que si l'on vouloit s'accommoder et donner quelques asseurances aux principaux qui ont beaucoup perdu, nous terminerions tous nos comptes à peu de frais. La pluspart appréhendent de n'avoir rien à toucher si ce Parlement met une fois la main sur l'argent qui leur est deub. Il m'a esté donné un advis très juste qui n'est point à la foulle des François, dont on pourroit retirer de quoy les satisfaire; si Sa Majesté juge à propos d'entrer dans cet accommodement, il ne faut qu'en envoyer les ordres. C'est ainsi qu'en a usé l'ambassadeur de Portugal, quoy qu'après ce qu'il vous à plu de m'escrire, j'ai subject de croire que toutes les ouvertures ne seront pas bien receues. Néantmoins il est de mon devoir de les escouter favorablement, et donner beaucoup de pensées à ceux quy les proposent; les contenter et encore les assurer qu'ils sont bien difficiles de s'exempter d'un renouvellement d'alliance, afin que Sa Majesté puisse prendre des mesures sur les dispositions que je trouve en ce pays, et que l'espérance de pouvoir amuser ne faict point réitérer les propositions qui sont advantageuses, à moins que l'on veueille au bout de trois mois rompre avec cet Estat.

Le traicté de l'ambassadeur de Portugal est encore arresté par quelque condition nouvelle que l'on y veut apporter ; c'est la liberté de trafiquer au Brésil.

Les articles de celuy d'Espagne on esté envoyez en Flandres pour y estre examinés. Vendredy devoit partir un envoyé exprès chargé de lettres escriptes à la province de Hollande, Ost-Frise et aux autres provinces des Estats. Il est arrivé un autre commissaire de Suède dont l'on ne publie point encore le subject du voyage. J'ay receu le passeport pour les chevaux du Roy. Vous m'avez, Monsieur, faict escrire que je pourrois faire un tour en France devant que de travailler à l'exécution du traicté que nous sommes prests de conclure, si le service de Sa Majesté n'en est point retardé ; faictes-moy, s'il vous plaît, la grâce de m'en envoyer l'ordre dont néantmoins je ne me serviray si je trouve qu'il puisse donner quelque ombrage à ce Parlement. Je suis,

Monsieur, votre très humble et très obéissant serviteur De Bordeaux.

Londres, ce 14e avril 1653 [1]. »

M. de Bordeaux a M. de Brienne.

« Monsieur,

« J'ay receu les deux lettres qu'il vous a pleu m'escrire, les ix et xi° de ce mois. J'ay aussy tost envoyé chercher celui qui m'a faict des propositions de la part des Irlandois pour l'asseurer que Sa Majesté auroit agréable leur service et envoyeroit les ordres nécessaires pour les recevoir en France. Il m'a confirmé que les deux mille qui se doivent embarquer bientost pour Saint-Sébastien ne manqueroient à leur promesse; mais qu'il estoit nécessaire pour mettre leur honneur à couvert que quelques-uns de nos vaisseaux les rencontrassent à la mer. Pour cet effet, qu'ils m'advertiront précisément du jour de leur départ me donnant assez de temps pour vous en informer et envoyer les ordres nécessaires, soit à Brest, soit à Bayonne. Il croit que l'affaire seroit plus seure si quelques jours auparavant leur embarquement, nous envoyions des vaisseaux vers Guinshal. Je n'ay rien résolu sur les offres que le mesme m'a faict d'envoyer des Irlandois à douze escus par soldat; mais j'aurois bien désiré avoir response sur une proposition plus solide et certaine qui m'a esté faicte par un autre colonel d'en passer en France mille ou quinze

[1] Dépêche inédite; *Archives du ministère des Affaires étrangères*, Angleterre, vol. LXII.

cens pour quatre escus chacun tous rendus. Cette condition est fort advantageuse et faicte par le seul de toute la nation qui le peut mieux exécuter, parce que le Parlement est obligé, par capitulation, de faire les frais et fournir les vaisseaux. Je l'ay entretenu jusques à cette heure; mais si dans huit ou dix jours je ne say l'intention de Sa Majesté, il prendra parti ailleurs.

Quant aux Escossais je vous ay, Monsieur, escript; il y a environ un mois que le sieur Baratine avoit permission du Parlement d'en sortir trois mille, et que sy pour terminer le différend qui se trouve entre le lieutenant-colonel et le major du régiment des gardes Escossais, l'on vouloit le mettre à la teste de ce corps, il passeroit autant de soldats dont on auroit besoin, tant pour fortifier ce régiment que celuy de Douglas et Quanisy. Nous n'aurions pas besoin de demander au Parlement ce qu'ils n'accorderont pas assurément qu'en cas de renouvellement d'alliance, et c'est, Monsieur, la responce que j'ay faicte sur le passage des douze cens Escossais en France. Vous aurez veu aussy, par ma précédente, la recommandation que m'a faicte le principal commissaire avec qui je traicte dudict sieur Baratine. Il m'a dict aujourd'huy que si l'on ne trouvoit point à propos ma première proposition, qu'il offroit de passer un régiment tout nouveau, avec autant de soldats dont on auroit besoing pour la recrue des autres. Il espère que les services qu'il a rendus autresfois et qu'il tasche de rendre icy le feront considérer. Je n'adjousteray rien à mes précédentes, sinon que les commissaires qui m'en ont parlé ne se tinrent pas pour satisfaicts de mes raisons, ni de celles qu'il vous plut me marquer dans vos dépesches, et que sans doubte ils prendront la restitution de leur vaisseau, si ledict prince Robert est encore dans les ports de France; mais je ne croy pas qu'ils entreprennent, jusques à ce qu'ils se voyent refusés de leur demande. Je croyois, Monsieur, recevoir aujourd'huy la responce du Parlement, les marchands ayant, mardi au soir, après une assemblée solennelle, remis tous leurs intérests entre les mains du conseil d'Estat et tesmoigné que la surséance de trois mois ne seroit d'aucun fruict; mais ce ne sera que demain; et l'on m'asseure de bonne part, que ce Parlement estant pressé par beaucoup de considérations de songer à Bordeaux, veut cognoistre le fond des intentions de Sa Majesté envers cet Estat et que demain il me sera proposé de terminer tout d'un coup nos différends en leur accordant quelque somme certaine pour toutes les pertes passées et ensuite de renouveller les traictés de paix. Ils sont poussés à cette délibération par plusieurs considérations qui leur sont données que nous convenons d'un compte seulement pour les amuser et non pas pour les payer. Il m'a aussy esté dict que si nous voulions faire une liaison avec eux, les cantons protestants, les Estatz de Hollande et le Portugal romperoient avec l'Espagne. Je tesmoigne beaucoup de dispositions et ne croys pas qu'il faille néantmoins s'endormir jusques à ce que la révocation des lettres de représailles soit signée, sachant bien que beaucoup inclinent à secourir Bordeaux et aux intérêts d'Espagne. Je ne manqueray, dans la première conférence, pour les rendre encore plus traictables, de laisser aller quelque mot touchant la médiation de

Hollande pour laquelle le secrétaire de Schaffhouse est arrivé, qui n'a pas encore eu audience ; c'est pourquoy je ne puis scavoir leurs propositions. Celles qui m'ont esté faictes pour remettre Messieurs de la Force dans le service du Roy, n'ont esté accompagnées d'aucunes conditions, parce que le sieur de Cugnac, marié en ce pays, ne veut rien résoudre, jusques à ce qu'il ayt response de son père qui l'a engagé dans le service de Monsieur le prince et dont il espère disposer l'esprit à rentrer dans son devoir. Il doit encore conférer aujourd'huy avec l'entremetteur qui m'assure que dans peu de temps ce traicté pourra se conclure pourveu que Sa Majesté les veuille un peu considérer et qu'ils ne perdent rien de ce qu'ils avoient auparavant la guerre, offrant de rendre le Roy maistre de Bergerac et autres places dont ils sont gouverneurs.

« C'est tout ce que je say sur ce subjet. Ni l'Espagne, ni le Portugal, n'ont encor rien conclu. Il y a cinquante vaisseaux de ces Estats en mer, et l'on m'asseure qu'ils sont seulement allés pour escorter le charbon d'Escosse.

« L'on bat le tambour dans tout Londres pour de nouvelles levées, et l'armée a tant pressé le nouveau représentatif, que le Parlement a mis l'affaire en délibération et tous les mercredis sont destinés pour y travailler. L'on croid qu'il n'en coustera que l'esloignement de quelques-uns. Je rendray, Monsieur, tous les services qui sont en mon pouvoir au gentilhomme quy est arrivé pour choisir les chevaux de Sa Majesté et je chercherai de mériter la qualité de,

Monsieur, vostre très humble et très obéissant serviteur DE BORDEAUX.

A Londres, ce 17 avril 1653[1]. »

M. DE BORDEAUX AU CARDINAL MAZARIN.

« Monseigneur,

« Vostre Éminence verra par la response du Parlement que ma négociation change de face et qu'au lieu d'un traicté de surséance, il demande un renouvellement d'alliance avec beaucoup d'empressement, sans mesme vouloir convenir d'une cessation de tous actes d'hostilité pour nous obliger de conclure plus tost, offrant de sa part d'y apporter toute facilité et diligence. J'ai tasché de correspondre au désir que ce Parlement tesmoigne avoir de bien vivre avec la France, par des asseurances que Sa Majesté estoit dans les mesmes sentimens; et la disposition des affaires est telle qu'il ne s'agit plus que de venir à l'exécution. J'attendray les ordres et instructions nécessaires pour y travailler. . . . .[2].

« Quant au vaisseau de la Reyne de Suède, voyant que celuy à qui Vostre Éminence m'a commandé de m'adresser ne vouloit entrer en conférence, j'en ay faict parler à une personne capable de rendre ce ser-

---

[1] Dépêche inédite; *Archives du ministère des Affaires étrangères*. Angleterre, vol. LXII.
[2] Nous avons remplacé par cette ligne pointée un paragraphe relatif aux acquisitions d'objets d'art que nous avons donné dans le chapitre spécial, tome VI, consacré à ces acquisitions.

vice. Il m'a promis toute satisfaction, tesmoignant néantmoins qu'il falloit attendre quelques jours, ce qui ne doit point empescher Vostre Éminence de m'envoyer une lettre de civilité à M. Cromwell que je rendray, s'il est à propos. Par acte du Parlement, il se doit traicter d'Excellence, et quand Monsieur le prince luy escrit, il a usé de ce titre et la suscription estoit à Son Excellence M. Cromwell, général de l'armée du Parlement de la République d'Angleterre. J'en pourray parler avec encore plus de certitude dans quelques jours. Je n'ay pu découvrir qu'il soit arrivé personne de la part de l'Ormée. Toutes les propositions qui regardent Bordeaux ont esté faictes par le sieur Barrière et l'on m'asseure que depuis ce que j'ay escrit sur ce sujet, il ne s'en est point parlé au Parlement. La response qu'il m'a rendue aujourd'huy doit confirmer cette vérité. Je ne laisse pas néantmoins d'employer tous mes soings pour recognoitre et prévenir les résolutions qui se pouroient prendre contre les intérests de Sa Majesté.

« Il ne me reste plus, Monseigneur, qu'à rendre très humble grâce à Vostre Éminence de la protection et bienveillance dont elle tesmoigne honorer celui qui est avec respect,

Monseigneur, vostre très humble et très obéissant serviteur

DE BORDEAUX.

De Londres, ce 18ᵉ avril[1]. »

[1] Dépêche inédite ; *Archives du ministère des Affaires étrangères*. Angleterre, vol. LXI.

M. DE BORDEAUX A M. DE BRIENNE.

« Monsieur,

« Je croy vous debvoir envoyer par courrier exprès la réponce que je viens de recevoir. Elle ne m'a point trompé, m'estant toujours attendu, principalement après la dernière conférence, que le Parlement me feroit quelque proposition pour descouvrir les intentions de Sa Majesté. Il vaut encore mieux qu'ils se contentent de renouveller le traicté de paix présentement que s'ils avoient insisté à nous demander quelque somme considérable pour la satisfaction de leurs pertes ou que si nous eussions esté obligés d'arrester les comptes dans les trois mois, au bout duquel temps ils se pussent trouver en estat de nous incommoder, et quoy qu'ils disent par escript que mon insistance pour un plus long délai leur faict changer de résolution. Ce quy néantmoins les oblige de presser, et dans leurs escripts et par leurs discours, un traicté de paix, est la nouvelle de l'estat de Bordeaux dont ils veulent profiter, crainte que si Sa Majesté en vient à bout, elle ne les mesprise. Dans cette conférence, j'ai tesmoigné disposition à faire ce qu'ils désirent, sans oublier de parler de la cessation des lettres de marque. Mais ils m'ont respondu par des offres de finir le dict traicté dans quinze jours, ne voulant rien adjouster aux anciens, et qu'ainsy la surséance n'estoit pas présentement nécessaire. Par ce procédé, il est facile de juger qu'on ne pourra les entretenir de paroles, la demande qui m'a esté faicte d'une prompte réponse ne permettant pas de la remettre, sans leur causer quelque défiance, jusques au retour de mon courrier. Il me semble nécessaire d'accorder la proposition que les commissaires m'ont donnée et d'accepter la surséance de trois mois qu'ils m'ont offerte; mais comme apparemment elle ne pourra recevoir difficulté, cette contestation me donnera le loisir d'attendre les ordres précis de Sa Majesté qui peut prendre des mesures certaines sur mes précédentes dépesches. Ce n'est pas, Monsieur, qu'il ne soit à propos, pour le bien de la France, de renouveller au plustost l'alliance avec l'Angleterre; mais quelques-unes de vos lettres m'ayant témoigné peu de chaleur pour cette union, j'y procédai avec froideur, non pas quant aux paroles, jusques à ce qu'il vous plaise me relever de mes scrupules. Il m'a encore esté parlé du prince Robert, quoyque j'aie asseuré qu'on lui avoit refusé la liberté de demeurer dans nos ports et vendre ses marchandises, conformément aux arrests et règlemens dont ils demandent l'exécution, l'on ne laisse pas d'estre persuadé du contraire; que mesme Monsieur de la Meilleraye l'a reçu avec grande civilité et offert toute sorte d'assistance et qu'il debvoit arriver aujourd'huy à Paris. Il seroit à propos que ses vaisseaux fussent desjà en Hollande, afin de leur oster tout subject de plainte, leur prétention estant que l'on leur rendra les vaisseaux et marchandises qui sont encore dans nos ports, et ils comptent desjà le jour auquel ma lettre doibt estre arrivée à Paris. Je suis,

Monsieur, vostre très humble et très obéissant serviteur   DE BORDEAUX.

A Londres, ce 19e avril 1653 [1]. »

[1] Dépêche inédite; *Archives du ministère des Affaires étrangères*, vol. LXII.

M. DE BORDEAUX A M. DE BRIENNE.

« Monsieur,

« Je vous ai envoyé par un courrier exprès les propositions qui m'ont esté faictes en la dernière conférence. Je prétendois rendre réponce aujourd'huy, mais l'audience a esté remise à demain. Après avoir considéré toutes vos dépesches qui tesmoignent que Sa Majesté désire un accommodement avec cet Estat, je ne fais aucune difficulté de convenir d'un renouvellement d'alliance dont la remise ou le refus produiroit une rupture entière, le seul inconvénient qui me paroist de traicter avec eux de la paix, devant que de régler leurs demandes excessives, seroit qu'ils s'accommodent avec la Hollande, à quoy nostre traicté les peut beaucoup servir. Ils remettront sur pied leurs prétensions quand ils n'auront plus d'ennemis et seront en estat de se faire valoir, au lieu que si présentement l'on y travailloit, la crainte que nous ne prissions des mesures avec les Hollandois contre eux les rendroit beaucoup plus traictables. Cette considération me faict adjouster à leur proposition celle d'estouffer présentement tout subject de querelles et de plaintes et de ne laisser rien à l'advenir qui puisse rendre inutile le traicté de paix. Ma pensée seroit d'oublier le passé et de pourveoir seulement à l'advenir. Les principaux marchands ont esté de ce sentiment quand le Parlement les a consultés, dont je serois bien aise de profiter et pour néantmoins ne me pas hasarder au refus, je ne ferai cette ouverture que préalablement et dans la conférence; et, en mesme temps, je leur tesmoignerai la bonne volonté de Sa Majesté, leur faisant entendre qu'elle s'entremettroit très volontiers de leur accommodement, s'ils y estoient disposés, et tascherai de ne rien avancer qui m'engage beaucoup, quoyque, quand mesme nous ne nous en mêlerions pas, ils ne manqueroient point d'entremetteurs, estant arrivé un Suédois qui en a desjà faict les offres de la part de la Reine. Le secrétaire suisse est aussi venu avec cette mesme intention, et je m'asseure que l'accommodement ne tiendra qu'aux Hollandois. J'attendois, Monsieur, par ces deux derniers ordinaires quelque réponse sur ce que j'ai escript touchant Monsieur de la Force, mais je n'ay receu aucune despesche, je ne laisseray néantmoins d'entretenir celui qui m'apporte quelques paroles jusques à ce qu'il vous aît pleu me faire scavoir l'intention de Sa Majesté. Il n'y a encore rien de conclu avec les Portugais. Ce Parlement voulant tousjours avoir la liberté de trafic dans les Indes, offrant mesme faculté dans leur nouvelle conqueste. L'ambassadeur d'Espagne continue son traicté et l'on m'asseure qu'il demeure d'accord de la plupart des articles qu'on lui a donnés, et espère par ceste facilité avoir raison de son argent. Quarante vaisseaux de la flotte d'Angleterre estoient allés au-devant du charbon sur lequel les Hollandois avoient quelque dessein; mais nouvelles sont arrivées qu'il est hors de danger. L'on travaille ici à mettre en mer grand nombre de vaisseaux et pour cet effect l'on presse tous les mariniers de s'embarquer et l'on faict de grandes levées avec mesme quelque espèce de violence. Je suis,

Monsieur, vostre très humble et très obéissant serviteur,

DE BORDEAUX.

A Londres, ce 24 auril 1653 [1]. »

[1] Dépêche inédite ; *Archives du ministère des Affaires étrangères.* Angleterre, vol. LXII.

NOTE SEPTIÈME

Pour le chap. LIX.

Articles accordez le 26 avril 1653 à M. le comte d'Harcourt, Grand Écuyer de France, Gouverneur et Lieutenant-général pour Sa Majesté en la haute et basse Alsace, Gouverneur de la place et forteresse de Philisbourg.

Sa Majesté ayant receu diverses asseurances de la part dudit sieur Comte d'Harcourt qu'il n'a eu autre dessein en se retirant à Brisach que de conserver la place à Sa Majesté, laquelle il offre de lui remettre sur ce qu'elle a témoigné de le voulloir, et de passer la démission en bonne forme de gouverneur de la haute et basse Alsace et de celle de gouverneur de Philisbourg, ensemble de faire donner par son fils aîné les démissions des mêmes charges dont Sa Majesté lui avoit accordé les provisions en survivance, et, en ce fesant, de remettre ès mains de ceux qui auront pouvoir de Sa Majesté avec ladite place de Brisach et de celle de Philisbourg, les châteaux et forts qui sont à présent ès mains dudit sieur Comte d'Harcourt, ensemble toute l'artillerie, les munitions de guerre et de bouche qu'il a trouvées ou fait mettre ès dites places, châteaux et forts, suppliant très humblement

Sa Majesté de le conserver en ses bonnes grâces comme
n'ayant jamais eu la pensée de s'éloigner de la soumission et obéissance qu'il doit aux commandements
de Sa Majesté et ne souhaittant rien davantage que de
continuer à la servir avec le même zèle qu'il a fait
par le passé, comme son bon et fidel sujet, à quoy
ayant égard et même aux dépences que ledit sieur
Comte d'Harcourt a faites en ladite place de Brisach
et autres depuis qu'il est en ces quartiers-là, considérant aussi que ledit gouvernement de la haute et
basse Alsace et celui de Philisbourg lui tiennent lieu
de récompense des signalez services qu'il a rendus à
l'État, et se confiant aux protestations de sa fidélité et
aux asseurances qu'il a données de l'exécution ponc-
tuelle de ce qu'il promet présentement, Sa Majesté
lui a bien voullu accorder ce qui en suit :

Qu'elle fera donner toutes les expéditions que désirera ledit Comte d'Harcourt en la forme nécessaire
pour le descharger de tout ce qui s'est passé en sa retraitte à Brisach et depuis qu'il y est, ensemble ceux
qui l'on suivy, servy et assisté en quelque manière et
en quelque lieu que ce soit, comme aussy de tout ce
que lui et eux pourroient avoir entrepris, négotié ou
exécuté sans en avoir les ordres de Sa Majesté ny sçavoir ses intentions, même avant sa retraitte en ladite
place de Brisach, en sorte que luy et eux n'en puissent
jamais estre recherchez, ny inquiettez, en quelque
manière que ce soit; et, en outre, pour faire tenir ledit sieur Comte d'Harcourt quitte envers les donna-
taires des biens scituez en Alsace de toutes les sommes de deniers qu'ils auront payées et des grains et
autres choses qu'ils auront fournis en espèce audit

Brisach depuis qu'il y est entré, sous prétexte de contribution ou autrement.

Que pour récompenser ledit Comte d'Harcourt du gouvernement de la haute et basse Alsace et de celui de Philisbourg, Sa Majesté fera tout ce qui lui sera possible pour disposer le sieur Marquis de Montauzier à traitter et se démettre du gouvernement général de Xaintonge et d'Angoumois et du gouvernement particulier des villes, citadelles et châteaux de Xaintes et d'Angoulesme; et, si cela a lieu, Sa Majesté en fera pourvoir ledit sieur Comte d'Harcourt et fera employer dans ses états au même tems les appointements desdits gouvernemens, la solde des gardes, à cause du gouvernement général et l'entretènement des garnisons de Xaintes et d'Angoulesme pour la somme de quarante-quatre mille livres pour chacun an.

De plus Sa Majesté fera payer audit sieur Comte d'Harcourt la somme de six mille livres comptant pour tenir lieu de supplément de ce que les charges qu'il quittera peuvent valoir de plus que lesdits gouvernemens qui lui seront donnez ; et, en outre, deux cens mille livres comptant pour son remboursement de toutes les avances qu'il peut avoir faites pour les garnisons desdites places de Brisach, Philisbourg, châteaux et forts où il commande, moyennant quoy Sa Majesté demeurera quitte envers lui de tout ce qu'il pourroit prétendre pour raison de ce, jusqu'au jour qu'il se sera soumis à l'exécution des présens articles.

Que si ledit sieur de Montauzier ne désire pas se démettre et prendre récompense desdits gouvernemens, Sa Majesté fera payer en deniers comptant audit sieur Comte d'Harcourt la somme de cinq cens mille livres et lui fera délivrer un brevêt en bonne forme portant qu'elle aura agréable et désire qu'il employe ladite somme pour récompenser un gouvernement de province considérable, avec le gouvernement particulier de deux places dans la même province aussitôt que l'occasion s'en présentera.

Que si cependant il vient à vacquer quelque gouvernement de province et gouvernement particulier de deux places en icelle, qui le puissent contenter, Sa Majesté l'en pourvoyra en rendant préalablement ladite somme de cinq cens mille livres.

Et en ce cas elle lui fera pareillement payer comptant deux cens mille livres pour le remboursement desdites avances par lui faites pour la solde et subsistance desdites garnisons.

Sa Majesté fera de plus payer comptant la somme de trois cens vingt mille livres, tant pour la récompense du sieur de Charlevoye de la charge de Lieutenant pour Sa Majesté au gouvernement de Brisach dont il est pourveu, que pour celle des officiers et soldats de la garnison de ladite place de Brisach et généralement pour tout ce qu'ils pourroient prétendre jusqu'au jour que ledit sieur Comte d'Harcourt se sera soumis à l'exécution des présens articles comme il est dit cy-dessus.

Cependant et jusqu'à ce que tout ce qui est accordé de la part de Sa Majesté soit exécuté en l'une des manières exprimées cy-dessus, elle consent et trouve bon que ledit sieur Comte d'Harcourt demeure à Brisach avec ses bonnes grâces et qu'il y commande, ainsy que dans toute la province de la haute et basse Alsace, non-seulement en qualité de gouverneur d'icelle, mais aussy comme lieutenant-général pour Sa Majesté en ses armées audit pays d'Alsace, pendant lequel tems et jusqu'à ladite exécution Sa Majesté lui fera payer ses appointemens à raison de trente mille livres par an, à cause desdites deux charges.

Elle pourvoira au payement et entretènement des garnisons desdites places de Brisach et de Philisbourg.

Que si le Roy ne peut pas payer aussy promptement que Sa Majesté le désireroit, et dans un même tems, toutes les sommes mentionnées aux présents articles, tant pour les récompenses des gouvernemens de l'Alsace et de Philisbourg et le remboursement des avances faites auxdites garnisons par ledit sieur Comte d'Harcourt que pour la satisfaction de la garnison de Brisach et que Sa Majesté pourvoye au payement desdites sommes de deux cent mille livres d'une part pour le remboursement des avances faites par ledit sieur Comte d'Harcourt pour lesdites garnisons et de trois cent vingt mille livres pour la récompense dudit sieur de Charlevoye, officiers et soldats de ladite garnison, et que, ce fesant, elle y envoye d'autres officiers et troupes pour la garde de la place, en ce cas celui que Sa Majesté ordonnera pour y commander, rendra les mêmes honneurs et defférences audit sieur Comte d'Harcourt que font les gouverneurs particuliers des places aux gouverneurs généraux des provinces du Royaume.

Avant l'exécution de ce que dessus Sa Majesté fera remettre ès mains dudit sieur Comte d'Harcourt toutes les expéditions qui lui seront nécessaires pour le mettre en possession des grâces qui lui ont été accordées par acte séparé des présens articles et lui fera aussy donner toutes les seuretez qu'il désirera pour l'entière exécution de ce qui luy est promis par ces articles pour la récompense du gouvernement général de la haute et basse Alsace et du gouvernements particulier de Philisbourg, sçavoir les provisions de ladite charge de gouvernement et lieutenant-général pour Sa Majesté en Xaintonge et Angoulmois et des gouvernemens particuliers de la citadelle de Xaintes et du château d'Angoulesme sur la démission qu'en fera ledit sieur de Montauzier, ensemble la somme de six vingt mille livres en deniers comptant, ou bien, en cas que ledit sieur de Montauzier ne désire pas se démettre dudit gouvernement, Sa Majesté fera payer audit sieur Comte d'Harcourt la somme de cinq cens mille livres pour l'employer à récompenser un gouvernement de province et les gouvernemens particuliers de deux places qui se trouveront en l'étendue d'icelui, lorsqu'il en rencontrera l'occasion.

Sa Majesté départira audit sieur Comte d'Harcourt toute la protection qu'il pourra désirer en la poursuitte qu'il fera pour le payement tant de ses pensions que des appointemens et émolumens de sa dite charge de Grand Écuyer et dès à présent elle donnera ses ordres aux sieurs Surintendants de ses finances afin qu'ils lui expédient de bonnes assignations pour tout ce qu'il fera voir lui estre légitimement deu à cause de sa dite charge. Fait à Paris, le 26 avril 1653 [1].

---

[1] Document inédit; *Archives du ministère de la Guerre*, vol. 139.

NOTE HUITIÈME

Pour le chap. LX.

M. DE BORDEAUX A M. DE BRIENNE.

« Monsieur,

« Je vous escrivis par ma précédente que l'on m'avoit donné advis du desbarquement des desputez de Bourdeaux. Cette nouvelle me fut confirmée vendredy dernier et en mesme temps retourna icy le sieur de Barrière, afin de faire ensemble ung effort pour le secours de cette ville. J'ai creu me debvoir opposer à ce que lesdits depputez fussent reçeus, ny leurs propositions escoutées, et comme je ne puis m'adresser au nouveau Conseil jusques à ce que il m'ayt nottiffié ses pouvoirs, j'envoyay sabmedy demander audiance à Monsieur le Général. Il me l'avoit promise cette après disnée ; mais ung gentilhomme vient de sa part me faire demander excuse de ce que, son indisposition l'ayant obligé d'aller aujourd'huy prendre l'air des champs, il ne peut me recevoir, et m'asseure qu'il me fera savoir quand je le pourray veoir. Ce retardement m'empesche de recognoistre sa disposition sur les offres dont on me dit que ces députtés sont chargés. La voix publique ne veut pas que cet Estat rompe avecq la France, et mesme l'intérest du nouveau régime semble ne le pas permettre; mais comme tout deppend d'un seul, l'on ne peut prendre de mesures certaines; sinon sur ses sentimens qui néantmoins doivent se régler en quelque façon suivant l'advantage et le bien publicq, principallement dans la conjoncture présente des affaires. Ces députtés, dont un conseiller est le chef, amènent un héraut d'armes avecq l'escusson my party d'Angleterre et de Guyenne et l'on publie qu'ils viennent recognoistre ceste république pour leur légitime seigneur avecq ordre d'offrir la carte blanche, pourveu qu'on les veuille secourir. Ils se sont arrestés sur le chemin, jusqu'à ce qu'ils sachent s'il y a disposition de les escoutter, et quoy que le dict Général ayt eu ces jours derniers quelque légère indisposition, il se pourroit néantmoins faire que mon audiance seroit remyse jusques à ce qu'il ayt examiné leurs propositions. Ce n'est que l'appréhension qui m'oblige d'en parler de la sorte; mais s'il ne me veut voir dans peu de jours mon soupçon ne sera pas sans fondement. L'on publie tousjours que l'armée navalle d'Angleterre est sur les costes de Hollande pour attendre les vaisseaux marchands qui ont faict le tour pour éviter de passer dans la Manche. Sy l'admiral Cromp se met en mer, il pourroit bien y avoir encore combat, quoy que l'on ayt respondu à la lettre de Hollande avecq démonstration de voulloir mettre fin à la guerre dont la continuation pour quelque temps ne nous feroit point de tort. J'aurois souhaitté que dans le moment que l'on faict jeu des offres contre la France, l'on se fust souvenu des offres que j'ay données de la part de Sa Majesté, qu'il avoit esté deffendu au prince Robert de descharger dans les ports de France les marchandises prises sur les Anglois dont les intéressés me sont venus faire de grandes plaintes, que mesme l'on n'avoit point voullu favoriser le dessein qu'ils avoient de les racheter à un prix modicque et entravé un des plus considérables marchands qui m'a servi lorsque le Parlement les fit tous assembler pour sçavoir d'eux s'il n'estoit pas à propos d'ouvrir le commerce avecq la France. Il estoit porteur d'une de mes lettres de recommandation, l'addressant à celluy qui commande dans Nantes pour luy rendre une barque qui avoit porté des marchandises à des François. Mais elle a esté sy mal receue et ma prière sy peu considérée, que je m'en trouve tout descryé parmy les marchands. Il seroit néantmoins à propos pour le service du Roy qu'on eust quelque esgard aux lettres de ceux qui ont l'honneur d'estre employés pour son service dans les pays estrangers. Ce n'est ny mon intérest, ny un excès de charité qui m'engage à faire des recommandations, mais seullement la considération des personnes quy m'en prient, dans l'espérance que j'ay de retirer d'eux quelque service.

« La négotiation quy s'est faicte pour l'argent d'Espagne, n'a point produict de restitution, mais seullement des asseurances que tout ce quy seroit trouvé appartenir à l'Espagne lui seroit rendu. L'on parle tousjours d'establir un corps composé de soixante-douze personnes pour représenter le Parlement, et il faut que ce dessaing empesche que le Conseil d'Estat ne veuille point encore traicter avecq les ministres estrangers. Je n'ay point, Monsieur, reçu par cet ordinaire aucune de vos dépesches dans laquelle j'espérois trouver une responce décisive aux propositions des Irlandois. Les remises du Cordelier augmentent ma deffiance sur celles qu'il m'a faictes. Je suis, Monsieur, vostre très humble et très obéissant serviteur, DE BORDEAUX.

A Londres, ce 19ᵉ may 1653[1]. »

M. DE BORDEAUX A M. DE BRIENNE.

« Monsieur,

« Ce dernier ordinaire ne m'a point encore porté aucune de vos dépesches, et commé les affaires de deçà sont au mesme estat que je vous ay escript par ma préceddente je n'y adjousteray rien sinon que les députtés de Bordeaux, au nombre de quatre, sont arrivés en cette ville, qu'ils ont faict demander audiance et qu'elle ne leur a pas encore esté accordée. Le Général m'avoit remis sur ung prétexte d'une indisposition. Il luy est survenu une affaire domestique quy luy a donné lieu de ne me point veoir; mais sy je n'ay de ses nouvelles, ne pouvant traicter avecq le Conseil d'Estat, je l'envoyerai presser de me donner heure pour l'entretenir touchant cette desputation. Un du Conseil assure qu'il n'y a aucune disposition à entreprendre leur protection; mais que néantmoins leur dessein est de les entretenir d'espérance quelque temps. Les affaires de deçà se gouvernent de telle

---

[1] Dépêche inédite ; *Archives du ministère des Affaires étrangères.* Angleterre, vol. 62.

façon que personne n'y cognoist rien et tout le monde accuse le Général d'irrésolution, d'avoir entrepris mal à propos la rupture du Parlement sans avoir préveu tous les inconvénients qui en pourroient arriver, et mesme ses amys particuliers d'estre de ce corps qu'il a dessein de former pour représenter le Parlement. Il a faict luy-mesme la responce aux Estats de Hollande et, depuis huict jours, n'a point veu son Conseil qui ne laisse pas de travailler aux affaires du dedans, mais pour les estrangères elles sont en surséance. Toutes ces occupations n'empeschent point que tous les jours il ne se prépare de nouveaux vaisseaux pour mettre en mer et l'on faict estat que dans peu la flotte sera composée de 150 voiles et certainement tout le monde demeure d'accord qu'il ne s'en est jamais veu une plus belle. Elle poursuit celle de Hollande qui a seize heures d'advance, ce quy donne lieu de croire qu'il n'y aura point de combat et que, devant le retour, il se passera ou quelque surséance ou ung accommodement entier. J'avois, Monsieur, offert, suivant l'ordre de Sa Majesté, la médiation de France; mais comme le Parlement a esté rompu en cet instant, devant que de m'avoir faict responce, si le Général me veut donner audiance, je luy en réitéreray les offres, quoy que sans apparence qu'il les accepte à cause de l'Espagne et que mesme l'envoyé de la Reyne de Suède n'a pas grande espérance qu'on se loue de la médiation de sa maistresse à quy on a restitué depuis peu de jours de l'argent quy estoit dans les vaisseaux de Hambourg. Il s'est excité une querelle entre l'ambassadeur d'Espagne et quelques marchands intéressés dans l'argent quy se réclame. Elle est capable d'en esloigner la restitution. On me vient encore d'asseurer, de la part de quelques-uns du Conseil, qu'il n'y a point de disposition de rien accorder aux députtés de Bordeaux. Ils doibvent demander qu'on leur permette de louer ou d'achepter des vaisseaux. Je suis,

Monsieur, vostre très humble et très obéissant serviteur,

DE BORDEAUX.

A Londres, ce 22ᵉ may 1653 [1]. »

---

[1] Lettre inédite ; *Archives du ministère des Affaires étrangères.* Angleterre, vol. LXII.

NOTE NEUVIÈME.

Pour le chap. LXII.

« Mai 1633.

La Prise de Bellegarde avec le journal de ce qui s'y est passé jusques à sa réduction au service du roi.

Le duc d'Espernon, général du Roy en Bourgogne, ayant envoyé l'ordre à ses troupes de se rendre partie aux environs de Saint-Jean-de-Lône, et l'autre aux environs de Verdun, elles y obéirent selon leur coûtume, avec toute la diligence qui leur fut possible, et, le 9 du passé, les quartiers de Chamblanc et de Cazelles, où l'on avoit dessein de se porter, furent occupez : le premier, comme celui du Roy, par le duc d'Espernon, et l'autre, par le marquis d'Uxelles, lieutenant-général de cette armée sous l'autorité de ce duc.

Le 10, ce général, accompagné du marquis de Roncheroles, aussi lieutenant-général, et des autres officiers, alla dès le matin visiter le quartier d'Uxelles et le reste des lignes et travaux qui avoyent esté faits le jour et la nuit précédents : et, après y avoir donné les ordres nécessaires, retourna dans son quartier.

Les 11 et 12 furent employez à la continuation des travaux des mesmes lignes et aux préparatifs nécessaires pour le siège de cette place : pendant lequel temps, les ennemis firent une sortie vers le quartier du Roy, mais trouvèrent les nostres si bien disposez à les recevoir, qu'ils en furent recoignez jusques sous leur contr'escarpe : cette action s'estant faite avec d'autant plus de vigueur, qu'elle estoit animée tant par les ordres particuliers que par la présence du général.

Le 13, le marquis d'Uxelles, après avoir visité son quartier et laissé aussi les ordres qu'il jugea à propos d'y donner, alla en celui du Roy, comme il avoit fait les deux jours précédans, pour y délibérer de l'ouverture de la tranchée et en recevoir la charge du duc d'Espernon : lequel résolut d'y faire travailler la nuit du 13 au 14, dans le quartier de Chamblanc.

Elle fut donc commencée sur les 9 heures du soir par le régiment d'infanterie de la Marine, celui de Roncheroles et cent maistres du régiment d'Espernon, en la présence de ce duc accompagné dudit marquis d'Uxelles et d'un escadron de gentilshommes volontaires qui s'estoyent rendus auprès de lui pour servir à ce siège : et le travail se trouva, dès cette nuit, d'autant plus avancé qu'il ne fut interrompu d'aucune sortie des ennemis qui tesmoignèrent par là le peu d'asseurance qu'ils avoyent en leurs soldats.

Le matin du 14, ils envoyèrent plusieurs volées de canon à nos travailleurs, et continuèrent ainsi le reste du jour, mais sans aucun effet.

A l'entrée de la nuit du 14 au 15, les régimens d'infanterie et cavalerie de Bourgogne et d'Espernon relevèrent la tranchée : et nonobstant le grand feu que firent les assiégez pendant deux heures derrière leurs courtines, on ne laissa pas de tirer la ligne d'approche du costé de la rivière, au bout de laquelle on fit une redoute pour asseurer notre travail.

Le 15 se passa en de fréquentes escarmouches entre la cavalerie et infanterie, de part et d'autre, et les ennemis ayant tenté de faire une sortie, furent repoussez avec beaucoup de perte des leurs, entre lesquels se trouva le sieur de Villebras.

La nuit du 15 au 16, le régiment de cavalerie de Mancini et ceux d'infanterie d'Estrade et Belsunce relevèrent la tranchée : où le marquis d'Uxelles passa la mesme nuit à faire travailler à la continuation de la première ligne d'approche et à en commencer une autre sur la main gauche. Ce qui s'exécuta sans autre empeschement de la part des ennemis, que le grand feu qu'ils firent au bruit de nos travailleurs, qui blessa seulement un lieutenant du régiment de Mancini.

Le matin du 16, ils firent sortir trois escadrons du costé de la ligne Saint-Georges, mais tout leur effort consista à pousser nos premières védètes. En suite de quoy, ils se retirèrent si promptement que l'on

[1] Seurre, petite ville de Bourgogne, sur la rive gauche de la Saône. En 1619, elle fut érigée en duché-pairie sous le nom de Bellegarde en faveur de Roger de Saint-Lary, grand écuyer de France ; après l'extinction de cette pairie, en 1646, son ancien nom commença à prévaloir.

crût qu'ils n'avoyent eu dessein que de reconnoistre nostre travail.

La nuit du 16 au 17, les régimens d'Uxelles, cavalerie et infanterie, relevèrent la tranchée et continuèrent les deux lignes de telle sorte que nous eusmes le moyen que nous n'avions pu avoir jusques alors, de dresser une batterie de 10 pièces entre ces deux lignes, à la faveur du feu que ces deux régimens firent, respondans par leur courage au zèle et à l'assiduité de leur mestre de camp.

La mesme nuit, les ennemis tentèrent derechef de faire une sortie sur les onze heures : mais nos corps de garde avancez les receurent si vertement l'épée à la main, qu'ils ne pûrent pas faire plus de 50 pas hors de leur contr'escarpe, dont ils favorisoyent cette sortie par leur feu continuel.

Le matin du 17, ils firent encor sortir de la cavalerie à dessein de reconnestre nos travaux, où l'un de leurs cavaliers s'estant détaché de son escadron sous prétexte de faire le coup de pistolet, se vint jetter parmi les nostres, et leur apprit qu'il y avoit dans la place 659 hommes tant cavalerie qu'infanterie. Nous perdismes en cette garde un cavalier de la compagnie du baron de Roches.

La nuit du 17 au 18, les régimens d'infanterie de la Marine et de Roncheroles et les gens d'armes et chevaux légers de son Esminence relevèrent la tranchée avec cent maistres du régiment d'Espernon ; ce qui a toujours esté observé par les autres régimens de cette armée pour relever la tranchée les jours suivans : les travaux ayant esté ainsi continüez avec une égale diligence, malgré la résistance et le grand feu que les ennemis faisoyent continuellement de leurs courtines.

La nuit du 18 au 19, nostre baterie se trouva en si bon estat, que sur les six heures du matin elle commença de se faire entendre; et sur le midi eut tant d'effet qu'elle démonta deux pièces des assiégez qui nous incommodoyent beaucoup : tellement que le reste de la journée s'employa à miner leur défense pour faciliter nos approches; nous n'y perdismes qu'un cavalier, et 8 ou 10 autres y furent blessés et quelques soldats tuez.

La nuit du 19 au 20, on travailla à une seconde baterie de trois pièces vers la ligne de main gauche, et la journée suivante se passa en de fréquentes décharges et escarmouches, dans lesquelles nous eusmes quatre cavaliers du régiment de Mancini avec 7 soldats tuez, et quelques-uns blessez des régimens d'Estrades et de Belsunce.

La nuit du 20 au 21, les deux régimens d'Uxelles, malgré le feu et une sortie des ennemis, poussèrent si avant le travail à droite et à gauche qu'ils s'approchèrent de 30 pas du glacis de cette place : laquelle ne se défendant alors que par des injures et des invectives, manifestoit également l'injustice et la faiblesse de ses armes.

Ce jour-là 21, à la prière des sieurs Balaiseau et Benesure qui y avoyent des parentes dans un couvent de religieuses, lequel estoit grandement incommodé par nostre canon, le marquis d'Uxelles fit donner une chamade pour les demander au côté de Bouteville, gouverneur de la place. Mais les ennemis faisant consister tout leur courage en leur opiniâtreté, au lieu d'entendre la parole qui leur estoit portée par nostre tambour, ils le chargèrent de leurs invectives ordinaires, parmi lesquelles ils affectèrent de lui tesmoigner une fausse joye de l'approche d'un secours qu'ils se vantoyent d'attendre, bien qu'ils n'en pûssent aucunement espérer. Ce qui fut suivi de part et d'autre d'un feu extraordinaire, et nous eusmes en cette garde le sieur de la Borde, capitaine au régiment d'infanterie d'Uxelles, fort blessé à la teste d'une mousquetade, et quinze soldats avec sept cavaliers tuez ou blessez.

La nuit du 21 au 22, le travail de la garde précédente fut si grand qu'il eust donné le moyen aux régimens de Bourgogne et d'Espernon alors de garde, de le pousser jusques au bas du glacis, sans la pluye qui tomba toute cette nuit-là, et empescha nos travailleurs de pouvoir rien faire ; de sorte que l'on se contenta de les y tenir sur la défensive.

Le 22 se passa en escarmouches réciproques très opiniastrées, et l'artillerie se fit pareillement une si rude guerre que nous eusmes treize soldats tuez ou blessez. Cependant, sur les deux heures après midi, l'on détacha des deux quartiers et de tous les corps cent maistres et 400 fantassins, sous le commandement du sieur de Saint-Quentin, mareschal de camp, avec ordre à lui de leur faire passer la rivière de Saône sur un pont de bateau qui avait exprès esté construit vers Soully, et y faire en mesme temps travailler à une baterie sur le bord de la rivière, afin d'en batre au dedans de leur chemin couvert et nous faciliter le logement sur leur contr'escarpe, avec une redoute et des lignes pour avoir le moyen de brûler le pont et les moulins des assiégez.

Ledit sieur de Saint-Quentin fit donc dès la nuit mesme avancer son monde, le disposa en l'estat qu'il jugea le plus convenable pour exécuter ce dessein; et le bonheur, favorisant la bonne conduite, fit trouver le pont dont il avoit envoyé reconnestre la garde, entièrement abandôné et sans aucune sentinelle, en sorte que ses gens eurent la facilité de passer jusques à la troisième de ses arcades sans estre découverts: mais les choses qui eussent esté nécessaires en cette occasion ne s'estans pas trouvées prestes, l'exécution en fut retardée.

Toutesfois, les régimens d'infanterie et cavalerie de Bourgogne et d'Espernon, qui estoient montez à la tranchée la nuit du 22 au 23, se disposoyent à faire le logement sur la contr'escarpe, et le sieur de Rangueil, mareschal de camp et lieutenant-colonel dudit régiment de Bourgogne, avoit partagé ses gens à cet effet, lorsque le signal de l'ataque fut donné sur la minuit par sept volées de canon qui furent tirées, pour empescher le feu de nos mousquetaires qui estoyent logez au delà de la rivière et avertir les nostres des deux lignes, de donner. Ce qui se fit d'abord avec tant de succez que nos gens ne se contentèrent pas des logemens qui avoyent esté faits à six pas dudit glacis, mais chassèrent encor les ennemis de la traverse, qui est un fortin situé entre la ville et la rivière, qu'ils abandonnèrent sans combattre, tellement que l'on y logea trois capitaines de Bourgogne et 60 mousquetaires.

Mais comme il estoit de telle importance aux assiégez que leur perte s'y trouvoit entièrement attachée, à la pointe du jour, ils commencèrent à faire feu derrière leurs courtines pour favoriser une sortie qu'ils firent en deux bateaux, de leur compagnie de dragons, avec quantité de feux d'artifice et de grenades, et soustenus de cent de leurs mousquetaires avec la pluspart de leurs officiers : qui ayans attaqué les nostres à l'impourvû dans leur logement de cette traverse, lequel pour sa grandeur n'avoit encore pû estre achevé, les contraignirent, après une vigoureuse résistance, de se retirer dans la teste de la tranchée et mesme d'abandonner le logement qui avoit esté fait à six pas du glacis pour n'estre pas non plus en estat d'estre gardé.

Sur les six heures du matin, fut accordée une trève de deux heures pour retirer de part et d'autre les morts et blessez : qui estoyent de nostre costé au nombre de deux capitaines et un lieutenant tuez et trente soldats tant morts que blessez, outre un capitaine et deux lieutenants prisonniers.

La nuit du 23 au 24, ayant esté reconnu par les nostres que la garde précédente n'avoit pu se maintenir dans son travail, à cause de la trop longue distance de la teste de la tranchée à la contr'escarpe et d'un marais qui estoit entre deux, lequel n'avoit point encore esté reconnu, ce qui avoit porté les nostres à se promettre d'être bien tost logés sur le glacis, on se contenta de pousser le travail et une place d'armes au bout, pour soutenir nos travailleurs.

La nuit du 24 au 25, les deux régimens d'Uxelles montèrent à la tranchée et poussèrent le travail de 60 pas à droite et à gauche, avec 2 places d'armes, ce qui les rendit maistres du marais du costé de main droite : En suite de quoi, l'on dressa la mesme nuit, à la teste de ce travail une baterie de deux pièces pour tirer au flanc du bastion détaché : en laquelle action nous perdismes cinquante soldats et quatre sergens de ces deux régimens.

Cette mesme nuit encor, la baterie de delà l'eau fut mise en estat de tirer le lendemain matin : et ayant renversé les dehors et les défenses du bastion, empescha les ennemis d'y paroistre.

La nuit du 25 au 26, les régimens de la Marine et de Roncheroles montèrent la garde, et comme nostre baterie de delà l'eau avoit beaucoup favorisé les approches en éloignant les ennemis de leurs dehors, ils firent le logement en plein jour sur le glacis, avec tant de résolution, qu'ils n'en pûrent estre divertis par les salves de la mousqueterie des assiégez, qu'ils, essuyèrent pendant deux heures sans en interrompre en aucune façon leur travail : De sorte que s'estant trouvé un marais qui servait à la communication des lignes de ce logement, ils firent mesme une saignée pour en faire couler l'eau. Il y eut en cette garde deux lieutenans de la Marine blessez et vingt soldats tant tuez que blessez.

La nuit du 26 au 27, bien que ce fust au régiment de Bourgogne à entrer dans la tranchée, néantmoins parce que la perte qu'il avoit faite à la dernière garde l'avoit mis hors d'estat de défendre les deux postes de main droite et main gauche, particulièrement le logement que les régimens précédens avoient fait, pour ce qu'il n'y avoit point encore de communication, le régiment d'Uxelles fut commandé de relever ladite tranchée : où ayant pris le poste de main droite, il travailla à la sappe du chemin couvert qui se trouva posée à la pointe du jour ; en sorte qu'il fit le logement sur la pointe de la contr'escarpe et poussa une autre sappe vers le milieu de la face du bastion que l'on vouloit ataquer pour se rendre maistre de tout le chemin couvert et faire abandonner le fortin. En quoi ce régiment agit avec tant de diligence qu'il mit tout cet ouvrage pendant sa garde en estat, et fit mesme la communication du régiment de la Marine à celui de la tranchée, acheva le fossé pour faire entièrement écouler l'eau du marais, le tout à découvert et à la veüe des ennemis, qui ne tüerent où blessèrent que huit soldats dudit régiment d'Uxelles, par le feu qu'ils firent continuellement sur ce travail : où se vint rendre la sentinelle avec 4 soldats qui estoyent vers la palissade du fossé.

Le 27, le régiment de cavalerie de la Villette arriva au camp.

La nuit de ce jour 27 au 28, les régimens d'Estrades et Belsunce relevèrent la tranchée dans la main gauche : et le régiment d'Estrade poussa le travail avec tant de vigueur qu'ils se trouvèrent le matin logez sur le glacis avec une grande place d'armes pour soustenir les travailleurs, en cas que les assiégez fissent une sortie sur eux. Cependant le régiment de Belsunce fit sur la droite un autre logement le long du chemin couvert, pour se rendre maistre de tout ce qui regardoit la face du bastion que l'on avoit résolu d'ataquer et continuer la sape, afin de faire écouler le fossé qui s'estoit trouvé plein d'eau et de plus de huit pieds en cet endroit. Mais, il demeura tant de boue dans ce marais après avoir esté épuisé qu'il ne s'y trouvoit point de fonds : ce qui donna beaucoup de peine à y dresser un pont pour le passage de la tranchée au logement du chemin couvert.

Le matin du 28, le duc d'Epernon, accompagné des marquis d'Uxelles et de Roncheroles, se rendit à la tranchée, où, après avoir conféré sur quelques difficultez, ils jugèrent absolument nécessaire de faire une baterie sur la pointe de la contr'escarpe, pour ruiner le flanc qui défendoit la face du bastion de la rivière qu'on désiroit ataquer : Et, comme l'on ne pouvoit mener le canon dans ce poste que par le marais, il falut beaucoup de temps pour y dresser un pont assez ferme pour passer nos pièces. De plus, le fossé se trouvoit encore plein d'eau avec une forte palissade par le milieu : Et quoiqu'on eust fait une sappe, comme il a esté remarqué, pour le vuider, on ne pouvoit que difficilement le mettre tout à fait à sec, à cause de sa trop grande profondeur et qu'il y avoit plus haut, entre deux flancs, une digue avec des empalemens qui retenoyent l'eau. Ce qui embarassoit un peu les nostres, à cause que les ennemis leur pourvoyent donner de l'eau quand bon leur sembloit et noyer ce pont qu'on devoit faire pour passer le mineur.

En cette garde six de leurs soldats se vinrent ranger de nostre costé et asseurèrent que les assiégez estoyent dans une telle disette de plomb que le gouverneur avoit fait découvrir les goutières de son logis pour fondre des bales.

La nuit du 28 au 29, les régimens de la Marine et de Roncheroles montèrent la tranchée, mirent les logemens des gardes précédentes dans leur perfection et continuèrent la sappe pour vüider le fossé : sur lequel travail les ennemis ayant fait deux sorties sur le midi, des deux costez des travaux, nostre baterie de la rivière et nos gens les repoussèrent si vigoureusement qu'ils furent contraints de se retirer avec beaucoup plus de perte des leurs que des nostres, dont il n'y eut qu'un lieutenant de la Marine tué et dix soldats tuez ou blessez.

La nuit du 29 au 30, le régiment de Bourgogne et deux cens hommes détachez de la brigade d'Uxelles, commandez par deux capitaines du même corps, poussèrent le logement le long du chemin couvert jusques vers le milieu de la face du bastion où l'on avoit dessein de faire la descente du fossé et travaillèrent à une baterie sur la pointe de la contr'escarpe pour ruiner le flanc opposé, et mesme continuer la digue sur le marais pour y faire passer les pièces.

Le matin, on ouvrit la sappe pour faire couler le fossé, et l'eau en sortit si abondamment qu'elle diminua à veüe d'œil, et avoit laissé presque ce fossé à sec, lorsque la digue qui se retenoit l'eau plus haut se rompit favorablement et laissa aux nostres l'espérance d'en venir ainsi aisément à bout.

En mesme temps, on achevoit de delà l'eau une grande courtine revestue de brique, qui regardoit la rivière, où le canon estoit empesché par son peu d'épaisseur de produire grand effet.

Le 30, le régiment d'Eclainvillier arriva en nostre camp ; et, la nuit de ce jour-là au 31, le régiment d'Uxelles travailla à la sappe pour percer le fossé ; acheva la baterie de dessus la pointe de la contr'escarpe de main droite et travailla à une autre baterie de main gauche, pour ruiner le pont qui alloit de la courtine à la demi-lune.

Il y eut en cette garde peu de tüez et de blessez; mais quelques soldats de la place se vinrent encor rendre en nostre camp et nous apprirent que les ennemis manquoyent de vin et de plusieurs autres choses : ce qui fit espérer plus que jamais un bon succez de ce siège, et excita par conséquent l'ardeur de tous ceux qui prenoyent part à cette grande action à la poursuivre encor avec plus de véhémence.

La nuit du dernier du passé au premier de ce mois, les régimens d'Estrades et de Belsunce mirent en estat la baterie de main gauche et main droite, de sorte que dès le matin elle joua et eut tant d'effet qu'elle ruina le flanc et fit cacher deux des pièces des ennemis qui nous incommodoyent le plus en la descente du fossé.

Cette nuit-là, pour estre plus certains de ce qui restoit d'eau dans le fossé, on le sonda et en fut trouvé encor trois pieds avec quantité de limon, ce qui fit différer le passage du mineur qu'on avoit résolu d'atacher en cette garde, après avoir tenté de le faire passer dans un petit bateau sans avoir pû y réussir, à cause de deux pièces que les ennemis avoyent mises la mesme nuit en baterie dans le flanc opposé : mais on continua tousjours la sappe de la descente de ce fossé, et l'on augmenta celle qui estoit faite pour le vuider entièrement, en laquelle le major d'Estrades fut blessé au bras, un sergent et neuf soldats tuez et huit blessez.

La nuit du 1 au 2, les régimens de la Marine et de

Roncheroles continuèrent le travail le long de la contr'escarpe, comme aussi la sappe de la descente du fossé, qui s'estant trouvé de brique cimentée donna beaucoup de peine à nostre mineur : et l'on logea sur ladite contr'escarpe deux pièces pour démonter celles qui avoyent la nuit précédente esté mises en baterie par les ennemis, redoublèrent aussi leur vigueur par leurs bombes, qu'ils glissèrent dans le fossé avec grenades et feux d'artifice, dont néantmoins le bonheur préserva si bien les nostres qu'il y en eût fort peu de tuez ou blessez.

La nuit du 2 au 3, le régiment de Bourgogne avec les hommes détachez d'Uxelles, montèrent la garde à la tranchée, où le sieur de Rangueil, mareschal de camp, estoit de jour, et le fossé s'estant trouvé si fort à sec que l'on y pouvait passer, quoiqu'avec un peu de difficulté à cause de la boüe qui y estoit restée, l'ouverture en fut faite et le marquis d'Uxelles se résolut d'autant plus aisément de faire passer le mineur que par le travail des nuits précédentes, à la teste duquel estoit un logement de dix mousquetaires, on se trouva maistre du flanc et de la fausse porte par laquelle les ennemis pouvoyent faire sortie. Ayant donc disposé toutes les choses nécessaires à cette entreprise, il fit passer dans le fossé des sergens armés de pertuisanes et de pistolets et ils travaillèrent au logement du mineur avec le succez que l'on désiroit, malgré la difficulté du passage et les grenades et feux d'artifice que les ennemis jettoyent sans aucune épargne des flancs du bastion. Tellement que le mineur fut attaché et commança à travailler sur les onze heures jusques au jour, à la faveur de nostre mousqueterie, sans estre interrompu : mais les assiégez n'eurent pas plustost reconnu ce logement à la pointe du jour, qu'ils mirent une pièce en baterie sur les ruines du flanc avec beaucoup de promptitude, et avec deux ou trois volées rompirent une partie de ce logement. Toutefois nostre canon ayant achevé de batre ce flanc donna moyen de le remestre en estat, et favorisa si bien le mineur, qu'ayant continué son travail il se mit à couvert. Nous eusmes en cette occasion huit sergens tant tués que blessés et un mineur tué.

Mais ce logement jetta une telle consternation parmi les assiégez, qu'au rapport de deux soldats qui se vinrent encor rendre en cette garde, la garnison de la place avoit esté sur le point de se saisir de ses chefs et de crier *vive le Roy!* si le gouverneur ne les eust promptement appaisez par de flateuses promesses et principalement par celle d'un prompt secours ; n'ayant pu autrement appaiser les soldats, bien qu'il en eut tiré deux et fait passer autant par les armes, pour avoir esté les chefs de cette émotion.

Le duc d'Espernon que la vigilance et l'ardeur de réduire bien tost cette place en son devoir portoyent en tous les lieux où il estoit nécessaire d'animer ses gens par sa présence et par son exemple, fut accompagné des marquis d'Uxelles et de Roncheroles avec quantité de volontaires, en la visite qu'il fit des postes avancez : où le baron de Biou l'un de ces volontaires fut fort blessé d'une mousquetade à la teste.

La nuit du 3 au 4, le régiment d'Uxelles fit un pont de fascines dans le fossé pour passer avec plus de facilité à la mine : et le matin, sur les 9 heures, le comte de Bouteville, gouverneur de cette place, envoya un tambour avec une lettre au marquis de Roncheroles, qui ce jour-là avoit le soin de la tranchée, par laquelle lettre il demandoit à conférer. Ce marquis, accompagné du sieur de Souvigny, mareschal de camp, aussi de jour, se transporta donc à la porte Saint-Georges : où ayans trouvé ce gouverneur avec dix de ses officiers, ils furent une heure ensemble, pendant lequel temps il y eut trêve, qui n'empescha pas néanmoins nostre mineur de continuer son travail.

Cette conférence n'aboutit qu'à prendre heure pour une seconde, en laquelle, la nuit du 5 au 6, la capitulation fut résolue en la manière que vous verrez au premier jour.

Ainsi, en 23 jours, et avec peu de troupes, le duc d'Espernon a par ses soins et sa valeur extraordinaires, contraint cette place de se rendre, contre le sentiment de tous ceux qui en connoissans la force ne pensoyent pas mesme qu'elle pust estre emportée en beaucoup plus de temps. Et par cet exploit, d'autant plus glorieux qu'il s'y est davantage rencontré de difficultez, ce brave général a abatu, avec l'une des plus fortes places du royaume, le plus ferme appuy des ennemis, asseuré une province toute entière à Sa Majesté, et donné un heureux présage des bons succez que l'on doit attendre d'une campagne que l'on va ouvrir en suite de cette conqueste : En laquelle, après ces louanges deües à celui qui lui a donné la principale pante, on ne peut dénier aux marquis d'Uxelles et de Roncheroles, lieutenants-généraux de nostre armée victorieuse, celle d'y avoir beaucoup contribué par leur courage, non plus qu'aux sieurs de Cornusson, de Saint-Quentin et de Souvigny, mareschaux de camp, et autres officiers de n'avoir rien oublié du leur en cette occasion pour la faire réussir : A quoi le sieur de la Marguerie, intendant de justice en ladite province, a apporté de grands soins : comme ont fait le comte d'Amanzé, éleu de la noblesse de ce païs-là, et plus de deux cens gentilshommes des plus qualifiez, qui à l'envie y ont montré leur zèle et fermeté au service du Roy : lequel a aussi ordonné, pour les asseurer désormais du repos qu'ils méritent, la démolition de ladite place, comme Sa Majesté l'avoit fait promettre par le duc d'Espernon aux Estats de Bourgogne.

A Paris, du bureau d'adresse, aux galeries du Louvre, devant la rue Saint-Thomas, le 13 juin 1653. Avec privilège [1].

[1] En réimprimant ce document nous avons simplement rétabli l'orthographe trop défigurée des noms propres de Belsunce et de Roncherolles, et celui de la place de Brisach.

NOTE DIXIEME.

Pour le chap. LXII.

Ce 20ᵉ may 1653 [1].

ESTAT DE LA MAISON DE MADAME A BOURDEAUX.

Madame,
Madame de Tourville.
Mad^{elle} Gerbier.
Mad^{elle} Préaux.
Mad^{elle} Adonville.
Mad^{me} Lange.
Mad^{elle} Louison.
Mad^{elle} Clémence.
Mad^{elle} Richard.
Mad^{elle} Fanotte.
Mad^{elle} Fanchon, une garde.
Mad^{elle} Provost.
Mad^{elle} Desboras, une garde.
Françoise, servante des filles.
Francoye, servante des femmes de chambre.
M. Michel.

[1] Papiers de Lenet, 6715, f° 81, Fonds français, *Bibliothèque nationale*.

M. Beauvoisin, une garde.
M. Boulet.
M. Jeannetot.
Charlot, tapissier.
Jean, portefais.
M. de Camotte, un vallet.
M. Birouat, un vallet.
M. de Chapuiseaux, un vallet.
Trois pages, un vallet.
Trois vallets de pied, un vallet.
Deux laquais à M^{mo} de Tourville.
M. Dilonis, un vallet.
M. de Laroquesimon.
Jean Thonier.
Pierre, portefais.
Deux porteurs de cheze.
Jacques, vallet de pied de Monseigneur le duc de Bourbon.
Le suisse, sa femme et son fils.
Le lavandier, un vallet.
L'appotiquaire.

Offices.

M. Dubuisson, un vallet.

Pannetterie.

Saint-Léger, chef.
Le Marquis, aide.
Saint-Germain, garson.
Le boulanger, un garson.
Une femme.

Eschansonnerie.

Le Doux, chef.
Laforest, ayde.
Jean, garson.

Cuisine.

Mᵉ André, escuyer.
Louis, ayde.
Simon, garson.
Bonvouloir, aussi garson.
Deux tourne-broches.
La mère Lorraine.
Louis, garson.

Fourière.

Louvergeat, chef.
Lepointeur, ayde.

Escurie.

Laverdure, cocher.
Claude, postillon.
Jacques, garson.
Domestique pour les chevaux de selle.
Duelmet, argentier d'escurie.
Adrian, cocher de Madᵐᵉ de Tourville.
Cinq chevaux de carosse et un cheval de selle à S. A.
Deux chevaux de carosse à Madᵐᵉ de Tourville.
Un cheval de selle à M. de Chapuiseaux.
Un cheval de selle à Dubuisson.
Sept chevaux de carosse et cinq de selle à divérses personnes.

NOTE ONZIÈME

Pour le chap. LXIV.

Ordonnance pour faire payer neuf mille livres au sieur de Leré par les receveurs de Saint-Germain-de-Séry appartenant à M. le Prince de Conty pour la levée de deux compagnies de chevaux légers, du X° juin 1653.

De par le Roy,

Sa Majesté voullant donner moyen au sieur de Leré de Maronière de lever au plustôt deux compagnies de chevaux légers qu'il s'est obligé de mettre sur pied pour le service du Roy et ayant été bien informé qu'il y a un fonds de la somme de neuf mille livres ès mains du receveur de l'abbaye de Saint-Germain-de-Séry de laquelle le Prince de Conty est abbé, Sa Majesté ordonne aux sieurs de Laffemas et Dorgeval, conseillers en ses Conseils d'État et maistres des Requestes ordinaires de son hostel, qu'elle a commis à l'administration des domaines, terres, bénéfices et autres biens appartenants aux Princes de Condé et de Conty et autres leurs adhérents, de faire payer au dit de Leré par les receveurs des revenus de la dite abbaye de Saint-Germain-de-Séry, la dite somme de neuf mille livres pour employer à la levée et armemens des dites deux compagnies de chevaux légers et de faire contraindre au payement de la dite somme de neuf mille livres les dits receveurs et tous autres qu'il appartiendra, en vertu du pouvoir qui leur en a été attribué par la commission de Sa Majesté, sans y apporter ny permettre qu'il y soit apporté aucun délay, ny difficulté. Fait à Paris, le X° juin 1653[1].

[1] Document inédit ; *Archives du ministère de la Guerre*, vol. 139.

NOTE DOUZIÈME

Pour le chap. LXIV.

M. DU PLESSIS-BELLIÈRE AU CARDINAL MAZARIN.

Monseigneur,

J'ay si peu de choses à adjouster à mes précédentes, que celle-cy ne sera que pour dire à Vostre Eminence que je suis présentement devant Castillon où j'ai ouvert la tranchée depuis deux jours et suis logé sur le bord du fossé. J'espère attacher le mineur ce soir, quoy qu'il y aye mille hommes effectifs dans la place avec huict pièces de canon de fonte verte, dont il y en a deux de quarante huict, quantité de munitions de guerre et de vivres qui, je croy, ont engagé les ennemis à laisser un si grand corps. Mon arrivée les surprist tellement en ce pays, qu'ils se sont retirés avec une épouvante effroyable. Ils n'ont pu emmener qu'un de leurs canons et ont faict brusler presque toutes les munitions qu'ils avoient à la campagne. Toutes ces provisions estoient pour attaquer Rozes de vive force. M. de Bellefons vient d'arriver d'Ampouille où je l'avois envoyé avec des trouppes pour prendre Foix aux hommes que les ennemys y avoient laissés, ce qu'il a exécuté heureusement. La situation dudict lieu est fort advantageuse estant proche de la mer et le corps de la place fort bonne et bien flanquée. Il y a trouvé quatre pièces de canon, de cinq à six livres de balles, et deux de fer. Je m'en vais m'appliquer à nettoyer les chasteaux et bicoques où les ennemys ont mis garnison et à establir les vivres pour la subsistance de l'armée, en attendant que M. le maréchal d'Hocquincourt vienne pour exécuter de plus grands desseins. Les ennemys sont tousjours derrière Gironne avec quatre ou cinq mille hommes de pied et deux mille chevaux. Les paisans de la pleine de Vic sont soubs les armes pour nous, tellement que les choses sont en fort bonne disposition, et selon ce quy arrivera du siège où je me suis embarqué, je tascheray de me prévalloir de toutes les occasions pour l'advantage du service du Roy. Je supplie très humblement Vostre Eminence d'estre persuadée qu'il n'y a rien au monde que je n'entreprenne pour sa satisfaction particulière et pour luy faire connoistre que je suis avec passion,

Monseigneur, de Vostre Eminence, le très humble, très obéissant et très fidèle serviteur

PLESSIS-BELLIÈRE.

Au camp devant Castillon d'Ampouille, le 23ᵉ juin 1653 [1].

[1] Lettre inédite ; *Archives du ministère des Affaires étrangères*, Espagne, vol. 29.

NOTE TREIZIÈME

Pour le chap. LXIV.

LETTRE DU ROI AU SOUVERAIN-PONTIFE.

6 juillet 1653.

Très Sainct Père, les bonnes et vertueuses qualitez qui sont en la personne de M. Hiérosme L. Léopart, prestre du diocèze de Barcelonne, archidiacre et chanoine de l'Église cathédralle d'Elne transférée à Perpignan, et vicaire général de l'Évesché du dit Elne, nous conviant à procurer de plus en plus son advancement en l'Église, nous luy avons accordé et faict don de la charge d'Inquisiteur en Catalongne vaccante par la retraitte de Jayme Ferran, dernier titulaire d'icelle dans le pays ennemy. De quoy nous avons bien voulu donner advis à Vostre Sainteté et la supplier et requérir, autant que nous pouvons, à ce que son bon plaisir soit, à nostre nomination, prière et requeste, de pourvoir le dit L. Léopart de la dite charge, luy en octroyant et faisant expédier les bulles, provisions appostoliques nécessaires, suivant les mémoires et instructions qui en seront présentées à Vostre Sainteté... [1].

[1] Minute inédite; *Archives du ministère de la Guerre*, vol. 138. La minute de la lettre adressée par le roi au bailly de Valançay précède immédiatement celle-ci dans ce volume.

NOTE QUATORZIÈME

Pour le chap. LXV.

20 juin 1653.

LETTRE DU MARÉCHAL DE TURENNE AU CARDINAL MAZARIN.

Monsieur,

« Comme j'arrivoy hier ici, j'escrivis à M. Fabert, et seray fort aise, Votre Eminence le désirant, et, outre cela, ayant beaucoup d'inclination à l'estimer, qu'il me croye de ses amis.

« Je m'en vais aujourd'hui auprès du quartier qu'avoit pris M. de Bridieu qui est sur la Marne, à trois lieues de Chaalons, où je demeureray jusqu'à ce que nous nous soyons veûs M. le maréchal de la Ferté et moy; et aussi c'est la plus belle prairie qu'il est possible de voir pour le rendez-vous de la cavallerie; et de là, suivant la résolution que nous prendrons, on peut marcher par les plaines de Champagne sans se mettre dans la montagne de Rheims, qui sera la plus belle marche et la plus courte pour gagner la rivière d'Aisne.

« M. de Bridieu me monstra hier des lettres de la frontière dont il est fort bien informé, qui disent comme une partie de la cavallerie lorraine a passé Namur pour se joindre aux trouppes de M. le prince. Il y a quantité de trouppes de l'armée du Roy qui ne sont pas encore arrivées. Je croi qu'il serait bon, s'il plaisait à Vostre Eminence, d'ordonner que les trouppes de cette armée qui sont marchées en Picardie eussent ordre de costoyer la grande armée de Flandres, afin que si elle prenoit le chemin vers la Champagne, sans que l'on leur envoyast de nouveaux ordres, ils vinssent rejoindre l'armée.

« Je n'ay point de nouvelles des cent chevaux d'artillerie. Il seroit bon, s'il plaisoit à Vostre Eminence, de les faire presser. Je la supplie très humblement de croire que je suis,

Monsieur, de Vostre Eminence, très humble et très obéissant serviteur

TURENNE. »

A Épernay, le 20 juin 1653 [1].

LETTRE DU MARÉCHAL DE TURENNE AU CARDINAL MAZARIN.

23 juin 1653.

Monsieur,

« Tout présentement M. Brachet vient d'arriver qui dict que M. le maréchal de la Ferté est dans les mesmes sentiments que j'étois, de sorte que nous allons marcher ensemble ou fort proche l'un de l'autre, et passerons la rivière d'Aisne à Chasteau-

[1] Lettre inédite; *Archives nationales*, registre KK, 1072.

Porcien ou Balhant pour nous mettre à la teste de Réthel où nous verrons ensemble ce que nous croirons plus à propos de faire.

« J'envoye M. de Villette qui dira à Vostre Eminence l'estat de toutes choses et comme il est nécessaire qu'il y vienne un intendant avec quelque argent, lequel il gardera jusqu'à ce que l'on voye nécessité à l'employer. Je suis très véritablement,

Monsieur, de Votre Eminence, très humble et très obéissant serviteur

TURENNE. »

Bisseüil, le 23ᵉ juin 1653 [1].

LETTRE DU MARÉCHAL DE TURENNE AU CARDINAL MAZARIN.

1ᵉʳ juillet 1653.

Monsieur,

« Comme M. de Villette fut de retour, j'envoyay montrer à Monsieur le mareschal de la Ferté les advis qu'il avoit pleu à V. E. nous envoyer. Nous avons marché suivant la première pensée, et sommes arrivés à deux lieues plus loing que Réthel, ayant passé aujourd'huy la rivière à Chasteau-Porcien. M. le mareschal de la Ferté a passé plus haut que Réthel. Nous devons nous voir demain ; et si on pouvoit trouver les choses nécessaires à Rheims pour mener l'artillerie et que l'on n'eust point nouvelle de la marche de l'ennemi si prompte, peut estre que l'on entreprendroit d'emporter diligemment Réthel.

[1] Lettre inédite ; *Archives nationales*, registre KK, 1072.

« Je n'ay ici que cinq régiments d'infanterie dont Palluau, Yorck et le mien sont assez bons, la Feuillade et le Plessis sont foibles, qui attendent, à ce qu'ils disent, des recrues.

« Je receus hier des lettres de monsieur le comte de Broglie qui me mande que toutes les trouppes qui avoient leur rendez-vous à l'Isle marchent en deçà et qu'il n'y doit demeurer sur la Lis que des gens qu'ils sortent de Saint-Omer et autres garnisons.

« J'ay escrit à M. de Bar que si les trouppes de Flandres marchent vers le Hainaut, comme on me mande, qu'il les costoye tousjours, afin qu'il me puisse joindre avant qu'elles entrent en France.

« Il est nécessaire que M. de Bar se gouverne selon ce que les ennemis assemblés en Flandre devant luy feront, car les ordres que je luy pourrois envoyer ne seroyent pas à temps, et y en ayant beaucoup de perdu avant que je le sceusse et que je luy eusse mandé ce qu'il faut faire.

« Il y a près de la moitié de la cavallerie qui ne m'a encore joinct. Je croi qu'ils séjournent dans leur route.

« Comme M. de Bussi est mort, il y a un gentilhomme qui est à moy et qui a tout son bien près de Maizières qui désirerait pouvoir traicter de la lieutenance de Roy, quand il aura plû au Roy disposer du gouvernement. Je supplie très humblement V. E. de ne se point engager pour cette charge, afin que ce gentilhomme, qui a tout son bien à la porte, puisse avoir la préférence pour son argent.

« J'ai envoyé M. Talon à Reims pour voir ce qu'il pourra en tirer pour l'équippage de l'artillerie. Si l'ennemi marche, il n'y a pas de plaisir de s'engager avec un équippage que l'on ne puisse pas remuer aisément et qui manque de chevaux. Je croi que M. Talon servira fort bien en la charge que V. E. désire qu'il face dans l'armée. Je la supplie très humblement de croire que je suis,

Monsieur, de V. E. le très humble et très obéissant serviteur

TURENNE. »

Au camp de Wassigni, le 1ᵉʳ juillet 1653 [1].

LETTRE DE FABERT AU CARDINAL MAZARIN.

A Sedan, le 4ᵉ juillet 1653.

Monseigneur,

« Je fis hier partir pour aller à Paris l'eau de Spa qui a esté puisée en bonne saison et mise dans 216 bouteilles que j'avois envoyées d'icy; lesquelles le médecin, auquel j'avais fait escrire par un de mes amis qu'elle estoit pour ma fille, a cachetées soigneusement à ce qu'il m'a mandé. Il est certain que, à part moy, pas un homme du monde n'a sceù que ce soit pour Vostre Éminence. J'ay esté obligé de l'envoyer chercher sur des asnes, parce que si l'on avoit employé des chevaux ou charettes à cela, les gens de guerre ennemis à travers desquels il a fallu passer, l'auroient empesché. Je me sers encore de la mesme voye à cause de l'armée du Roy, tant afin de n'estre

---

[1] Lettre inédite; *Archives nationales*, registre KK, 1072.

obligé de desclarer pour qui elle est, que pour empescher que les bouteilles ne se cassent, ainsi qu'elles font ordinairement estant portées par des charettes. Je suis fasché que cela va lentement [1]. »

[1] Lettre inédite ; *Archives nationales*, KK, 1072.

NOTE QUINZIÈME

Pour le chap. LXVI.

La prise de la ville, chasteau et citadelle de Bourg, par l'armée du Roy: avec les articles de la capitulation qui a esté accordée à sa garnison par le Duc de Vendosme.

Ce duc, après avoir réduit le chasteau de Lormont, poste très avantageux sur la rivière de Bordeaux, occupé par ce moyen le païs d'Entre-deux-Mers et osté aux Bordelois la communication qu'ils avoyent avec la garnison Espagnole de Bourg, fait achever de construire le fort César, du costé de Médoc, avec deux autres, du costé d'Alenet, garni de leurs bateries de plusieurs canons et pourveu à tout ce qui estoit nécessaire à leur défense, se rendit dans ce fort de César pour y recevoir le duc de Candale, qui estoit venu prendre ses postes aux environs de ladite ville de Bordeaux avec son armée, et lui avoit dépesché les sieurs de Tracy et de Mérinville, ses lieutenants-généraux, pour demander à conférer avec lui.

Ils traitèrent dans cette conférance des choses les plus importantes au service du Roy : et le duc de Vendosme fit en suite sortir du fort César les régiments de Montausier et de Vendosme, et les mit sous le commandement du duc de Candale, qui en mesme temps y fit entrer en leur place huit cents hommes de son infanterie.

Alors les deux armées de terre de ces généraux resserrans Bordeaux de tous costez, et la flotte du duc de Vendosme bouchant la rivière, pour empescher le secours que l'Espagne se vante depuis si longtemps d'y vouloir jetter, ce Duc, qui connoissoit l'importance de réduire la ville de Bourg, comme la seule place qui estoit occupée en France par les Espagnols, et qui seule se trouvoit capable de servir de retraite à leur armée navale, résolut, après avoir laissé à Lormont le comte de Comminges, l'un de ses lieutenants-généraux, avec de fort bonnes troupes, de faire passer son régiment d'infanterie et celui de Montausier et les joindre à ceux qu'il avait laissez au blocus de cette ville de Bourg, sous la conduite du comte de Montesson, l'un de ses mareschaux de camp, auquel il envoya ordre de prendre des quartiers plus proches de la place et d'en former le siège.

Cependant comme ce Duc estoit dans une continuelle action de corps et d'esprit pour la disposition de toutes les autres choses dont il avoit besoin en cette haute entreprise, de qui le Roy avait laissez le soing à sa vigilance, les coureurs du comte de Comminges surprirent les messagers du sieur de Marchin, chef de l'armée ennemie, avec des lettres au comte de Maure, gouverneur de Libourne, par lesquelles il le prioit instamment de faire passer du secours dans Bourg et l'avertissoit que ceux de son parti devoyent assembler toute leur cavalerie avec quelque infanterie, pour venir essayer d'y jetter des farines.

Cette nouvelle ajoutant un nouveau feu à l'ardeur de ce Duc, l'obligea de se rendre promptement devant ses murailles et disposer, comme il fit, ce siège en telle sorte, qu'après avoir visité tous les quartiers de ses troupes et les passages par où les ennemis se promettoyent de venir, il leur osta le moyen et l'envie de l'entreprendre : mesme sa conduite fut accompagnée de tant de prudence et d'adresse en cette occasion que deux cents Irlandois de leur parti qui avoyent esté choisis pour appuyer leur cavalerie et se jetter dans Bourg, afin d'en fortifier la garnison, se vinrent rendre à lui, lorsqu'il visitoit et reconnoissoit ces passages, à quoi il employa une journée entière à cheval.

Durant cet employ, le sieur d'Estrades, aussi Lieutenant-Général et qui commande sous ce Duc un corps séparé, arriva au camp avec quelques troupes, et ensuite le Duc de Candale : avec lesquels ayant délibéré des moyens de faire les ataques, ce dernier s'offrit d'amener trois de ses meilleurs régiments, qui sont ceux de Champagne, Lorraine et Candale et de conduire l'une des dites ataques.

On leur fit donc passer la rivière pendant les deux jours suivants, et le Duc de Vendosme, nonobstant la chaleur extraordinaire, travailla aussi continuellement à faire débarquer au port de Vitescalle, des canons de baterie et tout leur attirail, et les mener devant Bourg par des montagnes et chemins très difficiles qui l'obligèrent d'y employer tous les chevaux de ses chariots et carrosses : De quoi le sieur de Richaud eut la conduite et s'acquitta avec beaucoup de soin et de bonheur.

Le duc de Candale prit encore son logement au petit Tayac [1] et le duc de Vendosme, le sien à Camillac [2] à la portée du canon de Bourg, d'où les ennemis tirèrent, mais inutilement, plusieurs volées contre sa maison : puis il fut arresté qu'on ouvriroit les tranchées, le 29 du passé ; qu'il y auroit trois ataques, la première et la seconde commandées par ces Ducs et la troisième, par le sieur d'Estrades, et que chasque baterie seroit composée de trois canons : ensuite de laquelle résolution et des préparatifs nécessaires pour l'exécuter, une incroyable allégresse parut sur le visage de tous les Corps, comme un effet du grand désir qu'ils avoyent de se signaler dans cette occasion.

Le régiment de Bretagne ouvrit la tranchée de l'ataque du Duc de Vendosme : le régiment de Champagne, celle du Duc de Candale, et le régiment Escossois de Douglas, celle du sieur d'Estrades : et pour faciliter ces ouvertures, ledit duc de Vendosme ordonna au sieur de la Roche, l'un de ses capitaines de marine, commandant le Berger, de venir avec quantité de chaloupes armées donner une allarme du costé de la mer, faisant mine de vouloir descendre et ataquer la place par cet endroit-là. Ce qui eut un si bon succès que le feu continuel de ces chaloupes attira toute la résistance des ennemis sur elles jusques bien avant dans la nuit, sans qu'ils se fussent encor apperceus des ataques que les nostres leur livroyent du costé de terre. Tellement que par la prudence de ce Duc qui avoit ainsi fait diversion de leurs

---

[1] Village à 23 kilom. de Libourne.
[2] Petit village de la commune de Bourg.

forces, et par sa présence à tous les travaux qu'il visita jusqu'à une heure après minuit, animant ainsi
par son exemple tout le monde à faire son devoir, ils
se trouvèrent fort avancez de toutes parts, mesme
sans autre perte que d'un seul de nos soldats et de
deux paisans, outre le sieur Blanchet, très entendu
au fait de la Marine, qui fut tué dans les chaloupes
avec huit ou dix soldats : Le sieur de la Chaboussière,
volontaire sous le Duc de Vendosme, ayant esté seulement blessé d'une mousquetade à la hanche, comme
il retournoit de reconnoistre le bastion et la palissade
avec le baron de Chambret.

Cette mesme nuit, le sieur d'Estemar, Lieutenant
des Gardes de ce Prince, s'estoit mis en embuscade
en des vignes proches de la place, avec 60 de ses
compagnons, à dessein de se saisir de la porte si les
ennemis eussent fait quelque sortie, comme ils en
avoyent fait courir le bruit : mais y ayans manqué,
ils lui firent perdre l'occasion qu'il s'en estoit
promise.

Le lendemain 30, sur le soir, le Duc de Candale
entra en jour et releva le régiment de Champagne
avec celui de Lorraine : le régiment de Montausier,
celui de Bretagne : et le régiment de Vendosme,
celui de Douglas : et tous ensemble avancèrent encore
grandement les travaux, malgré le feu de la mousqueterie des ennemis : dont le baron de Montesson,
mareschal de camp qui commandoit ledit régiment
de Vendosme, receut un coup dans le haut de la teste
duquel il mourut sur-le-champ, au grand regret de
toute l'armée, et particulièrement du Duc de Vendosme, à cause de son courage.

Le premier de ce mois, ce Duc entra en jour : et après avoir vu passer le régiment de Candale qui releva celui de Lorraine, et les Irlandois, qui, en son ataque et celle du sieur d'Estrade, relevèrent les régimens de Montausier et Vendosme, il visita de rechef tous les travaux, particulièrement ceux des Irlandois du colonel Dillon, mareschal de camp, lesquels en reconnoissance du favorable traitement qu'ils avoyent receu de ce Duc, firent des merveilles et avancèrent la tranchée de plus de 80 pas : Le sieur de Giraldin, l'un de leurs capitaines, y ayant esté tué d'un coup de mousquet, un lieutenant du mesme corps blessé au genoüil et quelques soldats tüez en d'autres ataques.

Le sieur de la Berda, lieutenant dans le régiment de Lorraine, y fut aussi blessé au pied ; comme le sieur de Richaud, à la cuisse, faisant, par son adresse et sa chaleur, si bien manier et jouer la baterie du Duc de Vendosme qu'il commandoit, qu'elle abbatit toutes les défenses des ennemis, démonta leurs pièces, et renversa deux tours d'où ils tiroyent de haut en bas avec des fauconneaux et de grosses arquebuses à croc : en laquelle action la Rivière, officier de l'artillerie, et l'un de nos canoniers furent pareillement tüez.

Le 2, le régiment de Champagne releva celui de Candale : le régiment de Bretagne, celui des Irlandois ; et le régiment de Douglas aussi ceux de son ataque : et la nuit de ce jour-là, les ennemis firent incessamment un si grand feu, qu'il ne s'en est encore point vu de pareil d'aucune place assiégée. Mais les nostres le leur rendirent en double, et travaillans comme des lyons ne laissèrent pas de s'approcher du glacis du fossé : en sorte que les Escossois furent sur le point de dresser un logement contre le bastion, après en avoir arraché la pallissade, malgré les efforts des assiégez, qui pour l'empescher, outre le feu de leur mousqueterie, jettèrent plusieurs grenades, pots à feu et fagots allumez. Il y eut dans les 3 ataques 15 soldats tüez et 20 blessez.

Alors la baterie du Duc de Candale et celle du sieur d'Estrades estans en estat de bien faire, la première commandée par le sieur Morant, ayant déjà tiré plusieurs volées de canon, tandis que celle du Duc de Vendosme continüoit à foudroyer, comme elle avoit fait le jour précédent, aussi bien que la mousqueterie, nos généraux résolurent de faire sommer le Gouverneur, avec menaces de ne lui donner aucun quartier s'il ne se rendoit, d'autant que l'on estoit ataché au bastion, et qu'on avoit avis certain de l'extrémité dans laquelle il estoit, mesmes qu'il ne pouvoit espérer aucun secours d'Espagne ou de Bordeaux.

Sa response fut néantmoins qu'il n'estoit pas réduit dans une si grande faiblesse qu'il ne pust défendre sa place encor plusieurs jours, et que le Duc de Vendosme estoit un prince trop généreux et entendu au mestier de la guerre, pour lui refuser le traitement qu'on avait coutume de faire à ceux qui sont dans une bonne place.

Mais cette response ne fit qu'aigrir le sieur d'Estrades qui l'avoit sommé de la part des Généraux : de sorte qu'ayant fait promptement retirer ses gens, il ordonna qu'on tirast des trois ataques, ce qui fut exécuté : et en mesme temps nostre infanterie fit un grand bruit des lignes qui dura deux heures, en suite duquel il se disposoit à faire en plein jour un logement sur le bastion, lorsque le Gouverneur et les Officiers Espagnols, sur l'appréhension qu'ils eurent de n'estre receus à aucun quartier s'ils attendoyent qu'on les forçast, et voyans d'ailleurs le courage et l'ardeur avec lesquels les nostres poursuivoyent leur pointe, se résolurent à parlementer et demandèrent capitulation : qui leur fut accordée par le Duc de Vendosme, si-tost que les ostages eurent été receus et donnez de part et d'autre, suivant les articles que vous allez voir, après les louanges dues à la vigilance, au courage et aux travaux de ce Prince : à la valeur du Duc de Candale et du sieur d'Estrades : au zèle du comte de Montesson, qui nonobstant la sensible affliction qu'il receut de la mort de son frère, ne laissa pas d'agir jour et nuit avec une vigueur extrême : à celui du sieur de la Roqueservière, lequel, nonobstant son âge, fut toujours à la teste des régimens : des sieurs de Saint-Romain et de Las, du colonel Dillon et de plusieurs autres Officiers, qui y ont rendu des services très considérables : à la générosité des sieurs d'Ambleville, de Cartray, la Chaboussière, d'Estemar, de la Colombière, de Boisfermé, d'Anneval, d'Autray et de tous les autres, tant Officiers que soldats : et des Gentilshommes volontaires du Duc de Candale qui y ont aussi très bien fait.

Articles accordez à Dom Joseph de Vera Ozorio, mestre de camp d'un régiment d'infanterie Espagnole, Chevalier de l'Ordre de Saint-Jacques et Gouverneur pour le Roy catholique de la ville et citadelle de Bourg.

1° Le Gouverneur remettra la dite place et citadelle entre les mains de Sa Majesté Très-Chrestienne, samedi à midi 5 de ce mois de Juillet, avec toutes les munitions de guerre, l'artillerie et les vivres qui y sont, excepté 2 canons qu'il pourra emmener, à son choix, pourvu qu'ils ne soyent pas de la fonte et aux armes de France, avec 6 barils de poudre et 12 boulets du calibre des pièces.

2° Il sortira avec tous ceux qu'il voudra, de quelque langue, nation et condition qu'ils soyent, à la réserve des François, qu'il promet de bonne foy ne déguiser ni emmener avec lui.

3° Tous les Officiers et soldats de sa garnison sortiront tambour battant, enseignes déployées, balle en bouche, et mêche allumée par les deux bouts, avec tout leur bagage, leurs biens et équipages, par la porte du Port, où ils trouveront des vaisseaux qui leur seront fournis, pour les embarquer et mener avec toute la seureté possible en Espagne, au Passage ou à Saint-Sébastien, à leur choix, ou, en cas qu'ils ne pussent arriver à ces ports-là, les conduire au plus proche d'Espagne par le plus court chemin et la plus droite voye, aussi au choix dudit Gouverneur.

4° Il leur sera fourni des vivres pendant leur voyage et donné pareillement des vaisseaux pour embarquer leurs chevaux, avec foin et avoine pendant icelui.

5° Durant le susdit jour de samedy prochain, il ne se fera aucune fortification de part et d'autre.

6° Demain sera fait de bonne foy inventaire de toutes les armes et munitions, tant de guerre que de bouche qui sont dans ladite place, afin qu'il n'en puisse estre rien emporté que les choses dont il est convenu dans le présent traité.

7° Ledit gouverneur aura encor la liberté d'emmener les 5 brigantins ou pataches qu'il a dans le port de ladite ville, moyennant qu'ils appartiennent au Roy Catholique.

8° Les blessez qui s'y trouveront seront portés dans l'hospital pour y estre traitez jusques à ce qu'ils soyent guéris, et les malades demeureront dans la place ou ailleurs, où il leur sera fourni des vivres : Et lorsqu'ils auront recouvré leur santé, on leur donnera passeport et passage libre en Espagne.

9° On ne pourra rien retenir de ladite garnison pour le paiement des vivres, médecins, ou des autres choses qu'ils auront prises dans ladite ville, moyennant que leurs dettes n'excèdent la somme de 60 livres : Non plus qu'il ne sera désormais loisible de rien prendre ou enlever dans ladite ville ou citadelle, appartenant aux habitans.

10° Au cas qu'il arrivast quelque armée ou secours à ladite place par mer ou par terre, avant sa reddition entre les mains de Sa Majesté Très-Chrestienne, il ne sera point receu par ledit Gouverneur : Et cette capitulation sera exécutée dans ledit temps de samedy prochain 5 de ce mois, à midy, avec une entière ponctualité et fidélité.

11° Pour la seureté de tous ces articles, seront baillez réciproquement trois Capitaines en ostage, de part et d'autre, l'un desquels demeurera entre les mains du Duc de Vendosme, jusqu'au retour des vaisseaux qu'il fournit à ce Gouverneur et à sa garnison pour la mener en Espagne : et lors sera donné passeport et embarquement, avec vivres audit Officier Espagnol, pour s'en retourner aussi avec toute seureté en Espagne.

Fait au camp devant Bourg, ce jeudy 3 juillet 1653.

A Paris, du Bureau d'Adresse, aux Galleries du Louvre, devant la rue Saint-Thomas, le 14 juillet 1653.
Avec Privilège.

Ce qui s'est passé à la sortie des Espagnols de la ville de Bourg et à l'entrée des nostres dans cette place-là.

Les Ducs de Vendosme et de Candale estant entrez dans la place le cinquième de ce mois, le Gouverneur et tous les Officiers Espagnols, après leur avoir fait la révérence, mirent en bataille huit cents hommes qui leur restoyent effectifs : lesquels, à la réserve de plus de 260 Irlandois, qui prirent parti dans les régiments de leur nation, furent embarquez dans quatre brûlots, ausquels on avoit exprès osté les artifices : le tout par les soins du sieur de la Colombière, qui eut bien de la peine à empescher nos soldats de se jetter sur les Espagnols et d'enlever leur équipage. De quoi néanmoins il vint à bout, avec l'assistance des marquis de Canillac, de Saint-Germain, d'Apchon et du comte de Montesson, qui firent observer les articles.

En suite, comme le Duc de Candale estoit lors de jour, par le consentement du Duc de Vendosme, 200 hommes du régiment de Champagne entrèrent dans la place : mais, y ayans esté une heure en bataille, ils en sortirent, et le Duc de Vendosme fit entrer dans la citadelle le sieur du Fresnoy, Capitaine en son régiment, et celui de Roüanez, dans la ville.

Le 6, ce Prince y fît son entrée, les rües estant partout tenduës, et descendit au bruit des cris de *Vive le Roy*, à la porte de la principale Eglise : où, après avoir esté harangué par le Curé assisté de tout son clergé, il fit chanter le *Te Deum*, puis dire une grande messe en action de grâces de cette victoire.

A Paris, du Bureau d'Adresse, aux Galleries du Louvre, devant la rue Saint-Thomas, le 16 juillet 1653.

Avec Privilège.

NOTE SEIZIÈME.

Pour le chap. LXVII [1].

MONSIEUR DE BORDEAUX A MONSIEUR DE BRIENNE.

Monsieur,

« Ces deux derniers ordinaires ne m'ont apporté aucunes de vos despesches et je ne puis vous escrire que la continuation des remises dont Monsieur le Général et le Conseil uzent en mon endroit. Ils me promettent tous les jours response, mais sans effect, et comme mes instances ne produisent rien, je ne les en presseray plus jusques à l'établissement du nouveau représentatif quy doibt estre dans huit jours. Les Députtez de Bordeaux pressent aussy et l'on m'assûre que le Général conféra vendredy avec un d'entre eux, ce qui a donné lieu de publyer icy qu'on leur avoit accordé cinq vaisseaux dont difficilement peut-on estre esclaircy, les affaires se traictans seul à seul et un mot de sa main suffisant pour destacher autant de vaisseaux qu'il désirera de la flotte. Ce n'est pas que beaucoup ne m'assûrent qu'il n'y a rien à crain-

---

[1] Tous les documents inédits qui font partie de cette note sont tirés des *Archives du ministère des Affaires étrangères*, Angleterre, vol. LXII, à l'exception de la lettre adressée au cardinal Mazarin qui est tirée du vol. LXI.

dre jusques à ce que la paix soit faicte avec les Hollandois. Les Députtez n'ont faict encore que des propositions génerailles au Conseil sur lesquelles il sera demain faict responce. Ils [1] m'ont assurez avoir ordre d'entretenir une grande correspondance avec moy et de ne rien accorder qui puisse faire tort à l'alliance de la France ; s'ils sont fermes dans cette bonne volonté, elle ne nous sera pas inutile, ne voyant pas grande apparence que ce Régime vienne à une rupture avec nous, tandis qu'ils auront la guerre avec eux. Et c'est pourquoy l'on diffère sans doutte icy le traicté de la France que tout le peuple et les marchands désirent. Mais la puissance de l'armée est telle qu'elle n'a pas besoin de les mesnager. Le traicté de l'ambassadeur de Portugal n'est point encore achevé, et, dans la dernière conférance, les commissaires luy ont dict qu'ils ne pouvoient faire la paix sans la liberté du commerce dans les Indes et sans les deux autres conditions quy regardent les droits quy se lèvent sur les marchandises et la conduition des vaisseaux. Ce Conseil a seulement relasché du terme de *sacro sanctos* dont il est parlé dans une de mes précéddentes. Je croy que ledict ambassadeur sera contrainct de leur accorder tout ce qu'ils demandent, s'il veut leur amitié. L'on a envoyé encore douze vaisseaux de guerre à la flotte quy est présentement pour le moins de cent cinquante voilles. L'on se sert de l'argent d'Espagne et

---

[1] M. de Bordeaux veut parler des membres du conseil d'État d'Angleterre et non des députés de la ville de Bordeaux ; la médiocre construction de ses phrases pourrait induire en erreur.

les intéressez croyent tousjours que leur ambassadeur donne les mains. Quelques-uns d'entre eux, portés de désespoir, m'ont faict demander sy je voullois escoutter quelques propositions ; quoy qu'elles me paroissent fort imaginaires, je n'ay pas laissé de les assurer qu'ils seroient bien venus. Peut estre que quand ils seront de sang-froid changeront-ils d'advis, mais présentement ils ne parlent de rien moins que de fomenter un soubzlèvement dans toutes les grandes villes des Flandres, dont les principaux se trouvent ruynés, s'il ne leur est faict justice par cet Estat. J'avoy seurement escrit en Irlande sur ce qu'il vous a pleu me mander que Son Eminence estoit résolue d'avancer dix-huit mille francs ; mais, puisque les lettres de change ne viennent point, ce me sera une grande confusion. Ung gentilhomme escossois a faict demander à Monsieur le Général la permission de lever des Escossois montagnards pour la France. Il a remis cette proposition au nouveau représentatif. Cependant les ministres d'Espagne ne perdent pas de temps et continuent leurs levées qu'il seroit facille d'empescher, sy nous estions en estat de nous prévalloir de l'occasion. Je n'ay point encor parlé du sieur Davey, crainte d'estre refusé, outre que sy l'on avoit dessaing de se servir des Irlandois, il est difficile d'en avoir à meilleur marché que ceux dont j'ay desjà escript. Je finiray par une très humble prière de me voulloir, s'il vous plaist, Monsieur, conserver l'honneur de vos bonnes grâces et me croire,

Monsieur, vostre très humble et très obéissant serviteur   DE BORDEAUX. »

A Londres, ce 7 juillet 1653.

Monsieur de Gentillot a M. de Brienne.

A Calais, le 8ᵉ juillet 1653.

Monseigneur,

« Ce n'est pas pour vous communiquer quelques nouvelles, c'est seulement pour vous assurer de tous mes respects et plus humbles affections, les lettres de ce jourdhuy de Londres ne disent cazy rien, l'on attent les desputtés quy doivent au 1/14ᵉ de ce mois compozer le nouveau représentatif au nombre de cent personnes, quatre d'Irlande et cinq d'Escosse, comme membres de la République, touttes personnes eslevées par Cromwel, la pluspart choisies de peu d'intelligence pour n'en retenir que dans les desputtez de la Milice. Cromwel ne faict, ny ne dict rien, que sur ce fondement de la République ; tout le monde est fort soumis, et mesme avec joye, de la dissolution du précéddent Parlement. Les trois nations sont fort tranquilles ; la flotte d'Angleterre est en trois briguades, l'une devant le Texel, l'autre devant Muze, l'autre de la Muze vers le Willing ou bangs de Zélande. L'on leur a envoyé encore dix-sept navires avecq beaucoup de provisions, monstrant par là qu'ils veulent y séjourner. Ils attendent la flotte des Indes Orientalles des Etats-Unis quy d'ordinaire arrive en oust ; sy ilz la rencóntrent, ilz la prendront sans payne ; mais je croys qu'elle aura eu advis ou de relascher à La Rochelle, ou, sy elle est au nord, de gagner la Nordwège.

« Les Angloys ont derechef porté leur trafiq avecq grande abondance à Dunquerque. Un honneste homme quy en vint hier m'a dict que le commerce quy refleurict fait que nostre domination n'y est regrettée que des damoyselles quy ne peuvent perdre la mémoyre des passe-temps de nostre noblesse.

« Les Portuguays n'ont rien faict encore en Angleterre ; les Angloys se servent de l'argent destenu sur l'Espagne, sans donner quelque jeugement au principal, ny sans desplaire en autre chose à l'ambassadeur.

« Nostre résident ne faict rien dans sa négotiation, ny ne fera à ce qu'on me mande ; les envoyez de Bordeaux et de Monsieur le prince ne font rien. L'on m'assure que si Bordeaux avoit abandonné hautement les affections et les intérestz des princes et de la royauté et ne prandre que l'intérest de leur seule liberté et du pauvre peuple, que sans doute l'on se serait associé avec eux. Dieu soit loué que ce quy devoit donner honte et confusion aux princes soit un obstacle aux hayneux de cette couronne pour leur union avec les révoltez. En venant icy j'ay passé par la Normandye, tout est sans commerce et fort pitoyable à voir ; d'ailleurs la terre est couverte de la plus belle moisson quy se soit veüe de long temps. Les envoyez des Estats ont eu audience. L'on leur doibt donner responce cette sepmayne ou lundy prochain. Ils n'ont titre que de commissaires ; ils demandent une suspension d'armes ; les Angloys croyent que ce n'est que pour faire passer leur flotte d'Orient, et la refuzeront à ce qu'on croit.

« Il a passé un gentilhomme icy Suédoys avec grand

train ne se disant que voyageur, quy va à Londres. Il a l'assurance d'une personne publique; il est venu avec un navire de Hambourg icy à la rade. Il a prins des challouppes pour le porter à Douvres, et une pour son équipage à Londres.

« Monsieur le comte de Charost a faict et faict fayre beaucoup de choses fort nécessaires, et, comme elles ont esté faittes sur mes instructions, je ne vous en oste pas vostre zelle à prester la main à deux autres choses absolument nécessayres pour le salut de cette place; l'une, un ouvrage revestu sur le bord de la mer, du costé de Gravelines quy affoiblit de ce costé extrêmement la place, en telle sorte que cela faict peur quand l'on y prend guarde; la segonde, une couverture au devant du fort Richeban. Comme il est, il n'est pas en sa puissance d'empescher qu'on ne luy hoste le Richeban en deux jours. Il ne faut pas entreprendre ces choses tout d'un coup, la despanse est trop sensible, mais peu à peu. Ce sont deux pièces nécessaires quy porteront vostre nom et vostre mémoyre à jamais, et vous le devez faire et vous le pouvez aysément en y destinant un petit fonds.

« Monseigneur, j'ay prins cette routte à la prière de monsieur le maréchal d'Aumont pour passer une campagne avec luy, sy il y eust eu de l'employ de deçà, ou sy les ennemis par quelque siège sur les places de deçà en eussent donné. Partout où l'on me propose le service du Roy, j'y cours; mais je n'y guagne ny biens, ny gré; sy pendant que je suis icy, je pers mes charges, je vous demande cette grâce et cette justice d'avoir en mémoire que c'est pour le

Roy. Après avoir visisté tout de deçà, et n'y voyant nul service quy me requiert, je m'en iray en Zélande, d'où parfoys je vous escriray pour vous plaire, s'il m'estoit possible, et pour vous asseurer de la continuation de mon zelle, c'est,

Monseigneur, vostre très humble et très obayissant serviteur,

Gentillot. »

P. S. Sy vous et Son Excellence voulient, vous pourriés encore, avec risque de peu d'hommes et d'argent, donner un coup sensible aux ennemis, et presque mortel, je vous l'ay propozé.

Monsieur de Bordeaux a monsieur de Brienne.

Monsieur,

« Je ne say que dire de l'advis quy a esté donné que cet Estat avait accordé quatre frégattes pour le secours de Bourdeaux. Les sieurs de Barrière et Cugnac s'en sont vantez et ensuitte de plusieurs conférences qu'ils ont eues avec Monsieur le Général, dans la dernière desquelles qui fust vandredy, l'on y vist la carte de la rivière de Garonne. Il y a lieu de croire qu'ils ont obtenu ce qu'on leur promet depuis longtemps. La disposition que cet Estat faict parroistre de les voulloir secourir augmente encore mon soupçon et m'y faict adjouster quelque créance, néantmoins le Président du conseil ayant assuré n'en avoir point de cognoissance, il faut ou que le Général seul l'ayt accordée, ou que ce bruict ayt esté respandu à dessain de rendre la flotte d'Espagne plus redoutable et d'obliger monsieur de Vendosme à se retirer, et comme d'ailleurs je scays des marchands mesmes qui doivent transporter les bledz, qu'il n'y a point d'argent et que le cautionnement des députtez de Bourdeaux ne seroit pas considéré en ce pays, il semble que Bourg pourra estre pris devant que le secours d'Angleterre arrive. Dans cette incertitude, je n'ay pas laissé de faire mes dilligences pour rendre le service que Sa Majesté m'ordonne. Et à cet effect j'ay envoyé advertir les marchands quy ont obtenu des lettres de Monsieur le Général à son Eminence des ordres donnez pour la restitution de leurs marchandises et leur promettre que dans peu de jours ils auroient satisfaction entière pourveu que de la part de cet Estat il ne se passast rien quy peust changer les bonnes intentions de Sa Majesté et leur ay faict insinuer qu'ils devoient sur les bruits qu'on faisoit courir du secours de Bourdeaux, parler au Général pour obtenir au moins une surcéance de quelques jours, pendant lesquels ilz feroient tous leurs efforts, se prévallant de l'occasion pour obtenir une entière restitution de leurs marchandises. J'ay aussy faict dire à Monsieur le Général l'effect que ses lettres avoient produict, et tesmoigné la grande disposition que nous avions de bien vivre avecq l'Angleterre. Il a receu ce compliment avec sousris et tesmoigné en avoir grande joye ; mais ces aggrémens ne signiffient rien. Il ne m'a pas semblé à propos de demander une audience du Conseil sur ce subject, prévoyant qu'elle ne produiroit pas plus d'effect que les autres dans lesquelles j'ay désja parlé contre ce secours, outre que nous devons l'ignorer, sy l'on ne peut l'empescher, craincte que, tesmoignans beaucoup de mescontentement, nous donnions suject de faire pis. Les Hollandois eurent hier responce qu'ils ne m'ont point communiquée. Quelques-uns m'ont dict qu'on leur faisoit deux demandes préliminaires, l'une regarde le desdommagement, et l'autre l'asseurance que la paix sera ferme. Je leur ay offert tous les offices dont je seray capable; mais à dire le vray, je ne suis pas en estat de leur faire grand service, puisque je n'ay pas eu le crédit d'obtenir encore responce, et c'est peut-être ce quy reffroidit le désir qu'ilz m'ont d'abord tesmoigné avoir d'entretenir une estroite correspondance. Aussy, lorsque le nouveau représentatif sera establi, je renouvelleray mes instances, quoy qu'on m'asseure que ceux-cy ne traicteront avec la France qu'après avoir veu ce quy se pourroit faire avec la Hollande.

« Quant au Portugal, traicté n'est point encore conclud, et je crains qu'on ne se veuille prévalloir de sa faiblesse pour le faire condescendre aux conditions qu'on désire de luy. Il met toute son espérance dans l'amytié que luy tesmoigne Monsieur le Général et il se croit trop bien en ce pays pour voulloir employer l'entremise de personne; je ne laisse pas néantmoins, dans les occasions, de luy rendre tous les offices quy sont en mon pouvoir.

« Il est certain, Monsieur, que ce colonel quy est icy venu de la part du Roy d'Espagne pour faire des levées et presser les vaisseaux, a apporté quarante mille patagons, et quelques uns de ces colonels que j'ay amusés longtemps, ont traicté avecq luy. Il n'a point esté déféré aux ordres envoyés à Nantes pour la restitution d'un vaisseau dont j'avois escript ce quy faict tort à la réputation de l'auctorité de Sa Majesté et me discrédite en ce pays. Vous prendrez, Monsieur, s'il vous plaist, la peine d'y pourvoir. Je suis,

Monsieur, vostre très humble et très obéissant serviteur

De Bordeaux. »

A Londres, ce 10° juillet 1653.

MÉMOIRE POUR MONSIEUR DE BORDEAUX.

10 juillet 1653.

Le Roy a jugé à propos d'informer monsieur de Bordeaux des nouvelles instances qui ont esté faictes icy depuis peu par l'ambassadeur de Hollande qui est près de Sa Majesté.

Il y a desjà longtemps que le dict ambassadeur a demandé le renouvellement et observation des anciennes alliances qui ont esté pendant une longue suitte d'années entre la France et les Provinces-Unies, et qu'en attendant qu'on peust résoudre les conditions que l'estat présent des affaires oblige d'y adjouter de part et d'autre, on convienne d'un réglement pour empescher que la navigation et commerce des deux nations ne soit point troublés sur la mer par les vaisseaux de guerre que les deux Estats sont obligés d'y entretenir.

Mais d'autant que les dictes alliances contiennent

des conditions que nous prétendons n'avoir pas esté ponctuellement observées de la part de Messieurs les Estatz, principalement en la conclusion du traicté de paix qu'ilz ont également faict à Munster avec l'Espagne, l'affaire a esté tirée en longueur jusqu'à présent parce que nous avons demandé avec raison quelque sorte de satisfaction sur les choses passées, et l'exécution préalable de quelques poinctz contenus aux dictes alliances à l'advantage de la France, auxquels il n'a point esté satisfaict jusqu'à présent.

Depuis quelque temps le dict ambassadeur a renouvellé ses instances avec plus de challeur et a pressé de la part de ses supérieurs pour avoir une responce décisive sur ses propositions, ce qui a obligé de les faire examiner et d'entrer en conférence avec luy.

Encor que le procédé de l'Angleterre à nostre esgard n'ayt pas respondu jusqu'à présent aux avances que nous avons faictes pour restablir une bonne amitié entre les deux nations, et que le désir que le Roy a de vivre bien avec tous ses voysins ayt convié Sa Majesté de dissimuler beaucoup de choses qui ont esté faictes par les Angloys contre les subjectz de Sa Majesté, dont elle a eu subject de se plaindre, et mesme de s'offencer sans avoir peu tirer aucune satisfaction sur les plaintes qu'elle en faict faire, encor que l'envoy du dict sieur de Bordeaux en Angleterre et le long séjour qu'il y a faict n'ayent pas peu encor obtenir une résolution favorable, ny seullement empescher la continuation des hostilitez sur la mer, non plus que la réception des Députtez que les subjets rebelles de Sa Majesté y ont envoyés. Néantmoins Sa Majesté recognoissant le restablissement de la bonne intelligence entre la France et l'Angleterre utile aux deux Estats et nécessaire pour parvenir à la conclusion et affermissement d'une paix générale dans la chrestienté, ne s'est point rebutée par tous les subjectz de plainte qu'on luy a donnés, et n'a pas laissé de vivre de son costé avec les mesmes tesmoignages d'amitié et de sincérité que sy on l'y eust obligée de la part de l'Angleterre.

Pour continuer dans cette conduite, l'intention de Sa Majesté est que le dict sieur de Bordeaux s'entretienne sur tout ce que dessus, sans affectation et sans esclat, avec ceux quy ont aujourd'huy le gouvernement en main de cette République-là, et qu'il se gouverne en cette rencontre avec tant de dextérité qu'il ne donne pas lieu de croire que la communiquation qu'il donne des choses plus importantes qui se passent icy où la République d'Angleterre peut avoir quelque intérest, procède ny d'aucune bassesse, ny d'aucune sorte d'ostentation, mais seulement pour demeurer dans la bonne foy et faire cognoistre qu'en mesme temps qu'elle faict traicter une réconciliation en Angleterre, elle n'est pas capable de prendre icy des résolutions à son préjudice, pourveu que, de la part des Angloys, on corresponde à ses bonnes intentions un peu mieux et plus obligeamment qu'on n'a faict par le passé.

Les grands changemens arrivés en Angleterre ne permettent pas de prescrire d'icy au dict sieur de Bordeaux par quelle voye il doit donner communiquation de la négociation commencée en cette Cour par l'ambassadeur de Hollande; on remet à sa prudence de choisir les moyens qu'il jugera plus propres pour entrer en discours sur ce subjet, mais on n'estime pas que cet office doivbe estre faict dans une audience publique, ny mesme dans l'assemblée des commissaires quy ont esté cy devant députez pour traicter avec luy, mais par quelque autre voye plus secrette qu'il scaura choysir sur les lieux.

Il pourra profiter de cette occasion pour presser les Angloys de donner une résolution décisive sur les poincts quy leur ont esté cy devant proposez de nostre part en leur remonstrant qu'il n'est pas de la dignité du Roy de demeurer sy longtemps en incertitude sur des propositions raisonnables quy ne sont pas moins à l'advantage de l'Angleterre que de la France et que Sa Majesté, sans faire préjudice à sa réputation, ne peult pas veoir qu'en mesme temps qu'elle envoye en Angleterre un de ses ministres pour y offrir son amytié, l'on y escoute et traicte favorablement tous ses ennemis.

Il représentera adroictement que cette conduite n'a pas empesché jusqu'icy que Sa Majesté n'ayt donné conseil à Messieurs les Estatz de s'accommoder avec la République d'Angleterre, et il pourra adjouster que sy l'estat incertain où Sa Majesté se trouve avec l'Angleterre et les Provinces-Unies, n'ayant point d'aillance ny avec les uns, ny avec les autres, luy eust peu permettre avec bienséance d'offrir son entremise pour mesnager cet accommodement, elle l'auroit faict de bon cœur, n'ayant rien plus à cœur que de veoir vivre ses voysins en bonne intelligence et de les obliger par ses bons offices, au temps que l'Espagne faict tout ce qu'elle peult pour fomenter leurs divisions et les animer les uns contre les autres.

L'on ne peult pas croire icy que les changemens arrivés en Angleterre dans la forme du gouvernement ayent faict oublier les véritables interestz que les plus sages Roys qui l'ont gouvernée cy devant ont tousjours faict consister à s'opposer à la trop grande puissance de la maison d'Autriche. L'eslection du Roy des Romains et son mariage résolu avec l'Infante d'Espagne doibt donner de justes appréhensions à tous les princes que cette maison revenant au point de grandeur où elle a esté autres fois soulz l'empereur Charles-Quint et commenceant aujourd'huy par où elle a finy soulz son règne, ne veuille donner la loy à toute la chrestienté, ce qui doibt obliger tous les potentatz à se réunir ensemble pour l'empescher. Lorsqu'un mesme souverain se trouvera maistre de l'Allemagne, de l'Italie et de l'Espagne, il luy sera facile avec l'or des Indes et les soldatz que l'Allemagne fournist abundamment de tout entreprendre, et de venir à bout de tout ce qu'il entreprendra, sy les autres Estatz sont divisés entre eux ou affoiblis par des longues guerres. C'est pourquoy il n'importe pas moins à l'Angleterre qu'à la France d'aller au-devant des desseins de la maison d'Autriche, et, en s'accommodant raisonnablement avec ses voysins dont la grandeur ne luy peult pas estre légitimement suspecte, renouveller avec eux les anciennes alliances qui ont esté contractées autres fois pour leur bien commun et que l'expérience a faict cognoistre très utiles pour le repos de la chrestienté.

Il n'y a point de doubte que sy les Angloys avoient faict une bonne et sincère réunion avec la France et les Provinces-Unies, ils y treuveroient doublement leur advantage; car outre qu'ils n'auroient plus subject de redouter aucune autre puissance dans l'Europe, on pourroit insérer des conditions dans l'alliance qui seroit faicte, qui les mettroit à couvert de tout ce qu'ils peuvent appréhender aujourd'huy à cause des notables changemens survenus en leur Estat que les princes voysins auroient voulu détourner, s'il eust esté possible, mais qu'ils sont obligés de considérer et recevoir comme des effects de la volonté de celuy qui dispose des souverainetés du monde comme bon luy semble.

Le dict sieur de Bordeaux recognoistra par ce discours que son principal but doibt estre, en donnant part sans aucune sorte d'empressement de la négociation de l'ambassadeur de Hollande, de faire cognoistre qu'il ne s'y traicte rien au préjudice de l'Angleterre, que cela n'empesche pas que sy les Angloys veullent convenir en mesme temps d'une alliance avec le Roy, nous ne soyons disposez de la conclurre promptement et de consentir à toutes les conditions qu'ils désireront pour leur seureté, pourveu qu'elles soient justes et honorables, Sa Majesté n'ayant aucun engagement avec qui que ce soit qui l'en puisse empescher, et que la meilleure résolution de toutes seroit de pacifier promptement leurs différens avec les Provinces-Unies ainsy qu'avec la France, affin de faire une bonne réunion des trois Estats qui affermiroit leur repos esgalement et les rendroit considérables envers toutes les autres puissances.

L'intention de Sa Majesté est que le dict sieur de Bordeaux vive dans une bonne intelligence avec ceux que Messieurs les Estats ont envoyés en Angleterre et que, sans donner jalousie au lieu où il est, il leur donne part de temps en temps de ce qu'il avancera dans la négotiation; ne doubtant point qu'ilz n'ayent ordre de leurs supérieurs de luy communiquer les progrès qu'ils feront dans la leur, dont il ne manquera pas de s'informer soigneusement pour en rendre compte à Sa Majesté par toutes ses dépesches.

Monsieur de Bordeaux a Monsieur de Brienne.

Monsieur,

« Il n'est rien venu à ma cognoissance depuis ma dernière lettre, sinon que l'ambassadeur d'Espagne avoit sabmedy dernier loué quatre vaisseaux d'environ deux ou trois cens tonneaux de quelques marchands de cette ville, pour transporter des soldatz dans Bourdeaux. Mais, comme il n'y a point icy de matelotz, ilz doibvent aller à Dunquerque auparavant que de faire le voyage pour s'esquipper. Sy les nouvelles de la prise de Bourg sont vrayes, ce secours ne produira pas grand effect. L'on me confirme tousjours que ce Conseil n'a donné aucune permission et qu'il faut que ce soit en vertu de celle qu'il a obtenue lorsque le Parlement a accordé la liberté de lever et transporter des Irlandois. Je tiens du marchand quy a esté en Flandre depuis trois jours pour recevoir de l'argent, que l'on presse fort l'embarquement, et les officiers quy m'ont faict des propositions par le sieur d'Arcy, sont venus monstrer aujourd'huy un traicté de Monsieur le

Prince pour trois mille Irlandois avec offre de les
mener en France, sy l'on voulloit assurer icy le payement. Je leur ay donné toutte espérance et ay demandé du temps pour en informer Sa Majesté, les
conviant cependant de ne rien conclure. Ils me rendront demain response. S'ilz peuvent attendre ce
sera tousjours du temps de gaigné, et c'est mon seul
but, ne croyant pas que l'on veuille donner vingt patagons pour chasque soldat, puisque l'on en a refusé
à douze livres. Je n'ay point veu les Députtez de
Hollande, ce quy me donne subject de croire qu'on
leur a tesmoigné soubz main qu'il n'estoit pas ad-
vantageux pour leur traicté d'avoir tant de correspondance avec moy. On m'assure que cet Estat leur
demande trois millions pour le desdommagement
de la guerre, et des villes de seureté, qu'ilz ne puissent avoir qu'un certain nombre de vaisseaux de
guerre, qu'ilz reçoivent en leur Conseil un commissaire angloys et se défassent du prince d'Orange.
Ces conditions me paroissent si rudes que j'ay de la
peine à les croire, tant parce que sy ces Messieurs-
cy estoient dans cette résolution, ce seroit une
marque qu'on ne veut point icy la paix avec la Hollande, et qu'en ce cas l'amitié de la France ne
seroit pas tant à mespriser qu'ilz font et que d'ailleurs les Députtez de Hollande, se voyant avec peu
d'espérance d'accommodement, auroient plus de relation avec moy. Le commissaire de Suedde leur a
encore offert sa médiation. Ilz s'en sont défendus,
faute de pouvoir, ce quy ne l'empescha pas de demander sabmedy à ce Conseil une responce sur le mesme
subject. Elle fust remise au nouveau représentatif.

« J'ay veu l'ambassadeur de Portugal quy m'a dict avoir accordé toutes les conditions dont j'ay escript, horsmis la liberté du commerce dans les Indes, et qu'il avoit comme asseurance que cet Estat n'y insisteroit pas davantage. Ainsy son traicté sera bien tost conclud.

L'ambassadeur d'Espagne a seullement relasché l'argent quy appartenoit aux Hollandois et restrainct sa poursuite pour ce quy regarde les Flamands; c'est pourquoy je n'entends plus parler de ceux quy m'ont faict quelques propositions.

Les convoquez pour le nouveau représentatif se sont assemblez cette après disnée pour conférer avec le Conseil. Mais l'on ne croid pas qu'ils agissent encore de quelques jours. Aussy, lorsqu'ilz seront en train, Monsieur le Général s'en doibt aller à la campagne, affin de tesmoigner qu'il ne se mesle plus de rien. Il seroit difficile de descrire les qualitez et conditions de ces nouveaux ministres. Il y en a de tous arts et professions, et leur plus grand talent est de prescher. La plupart sont pris des congrégations des anabaptistes et indépandents, dont le major général Harisson est le chef. Peu de personnes croyent que cet establissement puisse durer longtemps, et il semble que le Général l'a composé de cette sorte de gens, affin de conserver son autorité.

« Nouvelles sont arrivées icy que la flotte d'Angleterre a pris dix-huit vaisseaux hollandois dont trois venoient du destroict et les autres du Nord et estoient chargez d'environ deux cens canons. L'on continue tousjours icy d'armer des vaisseaux et presser les mariniers. J'ay faict dire à Monsieur le Général la disposition qu'il y avoit en France de donner contentement aux marchandz interessez dans les prises du prince Robert. Ce compliment a produict ung remerciement, mais non pas une responce à mes propositions, sur lesquelles on m'asseure qu'il ne sera pris aucune résolution qu'après le traicté de Hollande. Je laisse à juger sy nous devons souhaitter qu'il se conclue devant le nostre.

« L'on me vient d'aporter la capitulation faicte par Monsieur le Prince pour lever trois mille hommes, en original. Elle ne l'oblige qu'à payer moitié deux moys après le desbarquement et l'autre deux autres moys après ; et, pour seureté, il affecte en hypothèques tous ses biens et principallement le comté de Clermont et principauté de Stenay. J'ay offert semblables conditions et demain l'on me doibt response. Ce seroit avoir des trouppes à bon marché, quoy que chasque soldat couste dix-huit patagons de 48 francs pièces. Ils m'ont dict qu'en leur faisant quelque peu d'avance, je pourrois disposer des ces trouppes-là. Sy ces propositions sont agréables, il me faudra envoyer les ordres en grande dilligence, avecq quelques fondz pour les advances : Je pourray mesmes despecher à toutes fins l'officier quy m'a faict ces propositions.

« J'ay apris que Monsieur le Général avoit faict l'ouverture du nouveau représentatif par une belle harangue et que demain il doit s'assembler dans le mesme lieu où estoit autres foys le Parlement.

Je suis, Monsieur, vostre très humble et très obéissant serviteur

DE BORDEAUX. »

A Londres, ce 14ᵉ juillet 1653.

Monsieur de Bordeaux au cardinal Mazarin.

Monseigneur,

« La lettre de Vostre Eminence à Monsieur le Général me fust rendue hier. Elle ne doit point douter que je n'employe toute mon industrie pour l'exécution de ses ordres et que je ne tasche de réparer le deffaut d'adresse par mon zelle et ma fidélité. Je prendray l'occasion de quelque promenade, puisqu'il ne veut recevoir les visites des ministres estrangers. C'est de la façon que les autres en usent et ce qui paroist facile depuis qu'il s'est deschargé du gros des affaires sur le nouveau Parlement dont il fist l'ouverture lundy par une belle harangue. Il leur remit ensuitte par escript le pouvoir quy estoit tombé entre ses mains par la dissolution du Parlement. Le mardy fust employé en prières et depuis pour remplacer ceux quy ont refusé d'estre du présent régime. Monsieur le Général fust eslu avec le Lieutenant-Général Lambert fort estimé de tout le monde, le général major Harrison, chef des anabaptistes et des congrégations des gens quy agissent par inspiration, le beau-frère dudict général, et un colonel quy eust l'ordre de faire exécuter le Roy. Ce corps aura nom de Parlement, et l'orateur, quy est le chef, se changera tous les mois. Ils doivent tous s'examiner les uns et les autres, affin que s'il s'en trouve quelqu'un indigne de cet employ, le corps puisse le casser. Leur authorité ne doit durer que dix-huit mois. Tandis qu'ils travaillent à se régler, le Conseil subsiste ; mais les ministres estrangers n'agissent point. Quoyque cet establissement soit contraire aux loix du pays, néantmoins il ne trouve point d'opposition et la puissance de l'armée estoufe toutes les pensées de soulèvement.

« La tapisserie que j'envoye à vostre Eminence est partie dimanche des Dunes et doit estre maintenant à Honfleur, le vent ayant été favorable. Aussi tost que l'on commencera de vendre celles quy restent de la reyne et du roy, vostre Eminence en sera informée. Le gentilhomme qu'elle a envoyé pour l'achapt des chevaux ne scait combien elle en désire. Sitost que le passeport sera expédié, il en enverra une demie douzaine. Monsieur le Général me l'ayant promis, il seroit à propos que quelqu'un les vinst recevoir à Calais ou Boulogne. Monsieur le comte de Brienne informera Vostre Eminence des négociations de ce pays et je prendray la liberté de me dire,

Monseigneur, vostre très humble et très obéissant serviteur

DE BORDEAUX. »

A Londres, ce 17ᵉ juillet 1653.

MONSIEUR DE BORDEAUX A MONSIEUR DE BRIENNE.

Monsieur,

« Depuis ma dernière, le nouveau régime n'a songé qu'à son establissement. J'ay desjà escript que, lundy dernier, Monsieur le Général, après une exhortation, leur avoit remis l'auctorité en mains, ce qu'il leur a mesmes confirmé depuis par une espèce de déclaration dans laquelle il renonce au pouvoir quy luy estoit dévollu par la rupture du Parlement. Ensuitte de quoy il a esté choisy avec quatre autres officiers de l'armée pour remplacer le nombre de ceux quy ont reffusé d'estre du présent gouvernement, dont le général Fairfax est le principal. Ils se sont résolus de prendre le nom de Parlement, et travaillent à cette heure au choix de leurs officiers. Aussy tost qu'ils seront hors de ces occupations, je renouvelleray mes propositions et presseray la response. Tous les autres ministres estrangers sont dans la mesme attente. Je voys, Monsieur, par vostre dépesche du XIIe de ce moys, les asseurances que donne à Sa Majesté l'ambassadeur de Messieurs les Estatz. La conduicte des députtez quy sont icy n'y correspond pas. Depuis leurs audiences, ils m'ont tousjours évité ; néantmoins hier, nous estans trouvez dans un mesme lieu, ils ne peurent s'empescher que je ne les abordasse ; mais, après quelques discours généraux, voyant qu'ils ne voulloient parler d'affaires, que mesmes ils affectoient de faire parroistre n'avoir receu aucune nouvelle de France et ne scavoir si l'ordre envoyé de Hollande au sieur Borel pour le renouvellement d'alliance y estoit arrivé, je leur dis ce qu'il vous a pleu m'escrire et tesmoignay que Sa Majesté estoit en peine de scavoir l'estat de leur traicté et que les bruicts qui en couroient m'avoient donné l'alarme, principalement ne m'ayant faict aucune part de leur dernière conférence. Ils me dirent que cet Estat ne leur avoit encor rien demandé et que c'estoit ce qui les avoit empesché de me veoir. Ils demeurèrent néantmoins d'accord, dans la suitte de la conversation, qu'on leur avoit donné un papier, mais je ne peus tirer d'eux ce qu'il contenoit, quoique je les pressasse assez en leur tesmoignant l'advantage qu'ils devoient espérer d'agir de concert. Par leur contenance et discours, l'on peut se déffier qu'ils ne préfèrent leur intérest à celuy de leurs amys ; c'est l'opinion de beaucoup d'autres. La nécessité dans laquelle ils sont les rend un peu excusables. J'agiray sur ce fondement et, sy ce nouveau Parlement a de la disposition à conclure, je ne perdray pas ung moment pour m'en prévalloir. Quelques uns me veullent faire croire qu'il remettra jusques après le traicté des Hollandois ; c'est dont on peut estre bien tost esclaircy, puisque tous les prétextes de différer cessent aujourd'huy. J'envoyai encor hier parler au Général qui, nonobstant touttes céresmonies et renonciations, ne laisse pas de conserver une grande autorité ; il me remit néantmoins au Conseil et sans doute il affectera d'agir comme il faisoit durant l'autre Parlement. Quant aux Bordelois ils sont fort désolez. L'ambassadeur d'Espagne ne laisse pas de promettre un prompt secours ; mais je ne voys point encore aucun vaisseau angloys prest, et il ne peut mesme trouver des matelots pour ceux qui doivent transporter des soldats. L'on m'a dict qu'il avoit demandé les prisonniers hollandois. Je ne croy pas que l'on les luy ayt accordés ; mais l'on peut tout appréhender du désir qu'a cet Estat de veoir nos prospéritez balancées par la conservation de Bourdeaux et du party de Monsieur le Prince. L'officier Irlandois quy m'avoit apporté la capitullation faicte par Monsieur le Prince pour le transport de trois mille soldats m'a donné sa parolle, sy leur service estoit agréable en France, qu'ils y passeroient aux mesmes conditions quy sont : dix-huit patagons par soldat payables moitié deux moys, et l'autre, quatre après le desbarquement ; qu'il leur soit faict présentement quelque advance de dix à douze mille livres pour les frais, à la charge de donner caution de les restituer s'ils ne satisfont pas à leur traicté ; que les dicts trois mille hommes seront conservés en trois ou deux régiments tout au moins, aux conditions de tous les autres estrangers. Ils attendront le temps nécessaire pour avoir response à la présente devant que de recevoir argent d'Espagne ou de Monsieur le Prince quy en a faict remettre icy pour ce subject.

Il est vray, Monsieur, que rien n'est capable de faire oublier ce chagrin que le séjour de ce pays me peut donner, sy ce n'est le succez de la négociation qu'il a pleu à Sa Majesté me confier, quoy que je ne prétende pas estre responsable de l'évennement et qu'autres foys en pleine paix cet Estat ayt embrassé la protection des rebelles de France. Néantmoins, sy ce malheur arrivoit, je ne laisserois pas de courir grand risque de recevoir quelque reproche ; à moins qu'il vous pleust continuer l'honneur de vostre protection à,

Monsieur, votre très humble et très obéissant serviteur

De Bordeaux.

A Londres, ce 17 juillet 1653.

APPENDICE.

P. S. Il est arrivé icy un vice chancelier de Pologne qui m'a faict de grandes offres de son service. Il dict est fort zélé pour la France, que Monsieur Chenut le cognoist et espère estre content de Monsieur Cromwel.

MONSIEUR DE BORDEAUX A MONSIEUR DE BRIENNE.

Monsieur,

J'eus mardy dernier audiance de quelques députtez du Conseil d'Estat à quy je fis des plaintes de ce que des marchands s'engageoient de servir contre la France et les pressay de venir à la conclusion du renouvellement d'alliance. Je leur laissay aussy aller quelque chose du procéddé de Sa Majesté quy jusques à présent n'avoit voullu prendre autre party dans leur guerre que d'amy et de médiateur. Je n'eus point d'autre response sur tous ces chefs, sinon qu'ils en rendroient compte au Conseil et me feroient savoir sa résolution au plus tost. Hier les députtez d'Hollande receurent une seconde response contenant en général la demande du desdommagement et seureté du traicté. Un de ces députtez m'a dict ce matin que mesmes les termes en estoient bien rudes; mais que le Général leur avoit parlé assez longtemps fort doucement et piéteusement, jusques à dire que sy cette République avoit tort, il ne voudroit pas faire ce préjudice à sa conscience que de ne point réparer les pertes que la Hollande a peu souffrir; mais que n'ayant point esté aussy ses premiers agresseurs, on ne pouvoit pas refuser la restitution des marchandises angloises déprédées et des frais faits pour l'armement, et finit en les asseurant d'une grande disposition à la paix et que le traité iroyt aussi viste qu'ils souhaitteroient. Il ne m'a point dict quelle séroit leur résolution sur ces demandes. Je juge néantmoins par son discours qu'ils demeureront d'accord du desdommagement et demanderont que ce Conseil s'explicque de ce qu'il prétend pour la seureté; mais que jamais ils ne consentiront à donner des places ni aucun traicté qui puisse porter préjudice à nostre alliance. Après beaucoup de raisonnements nostre conversation a fini par des asseurances d'entretenir une entière correspondance, mais je serois trompé si elle s'estendoit davantage que leur intérêt permettra.

Quant au secours de Bourdeaux, l'ambassadeur d'Espagne faict toujours ses diligences pour mettre en mer les six vaisseaux marchands qu'il a louez non seullement à ce dessaing; mais encore pour quelque autre entreprise; puisque d'abord il paye deux moys d'avance, et, comme il ne peut trouver de matelots angloys, l'on a voulu se servir des prisonniers hollandois. J'avois prié Messieurs les députtez des Etats de leur défendre d'entrer dans ce service, ce qui avoit réussi; néantmoins cette nuict on en a pris cinquante cinq qui ont estez embarquez, dont ils se devoient plaindre dans leur audience de demain. Pour peu qu'on leur en accorde encores, ils se mettroient en estat de se mettre en mer dans peu de temps. Ce procédé pourroit bien estre causé par le mescontentement que le Général a de ce que les marchands intéressez aux prises du prince Robert ont faict des plaintes de ce qu'au lieu de leur faire raison, comme Son Eminence l'avoit faict espérer, on les oblige de rachepter leurs marchandises, dont ayant esté adverty je lui mandai que, s'il se faisoit quelque accommodement dans cette affaire, qu'il falloit que les marchands eux-mêmes l'eussent poursuivy. Le Roy ayant dessaing de leur faire une justice entière, il me sembleroit fort à propos de leur donner quelque satisfaction au moins apparrente, sy l'on ne veut encore venir à l'entière restitution. Il s'est faict aussy une grande plainte par d'autres marchands de ce qu'à Nantes l'on a deppuis peu pris les voiles, cordages et autres apparaux de quelques vaisseaux anglois quy avoient porté des marchandises. On pourroit ne les pas plus maltraicter dans ce port que dans les autres, jusques à ce que nous scachions quelle est l'intention de cet Estat sur le renouvellement d'alliance dont le délay nous peut causer tout suject de soubçon et me confirmeroit l'avis qui a esté donné plusieurs fois qu'il se remettra jusqu'à ce qu'on ayt convenu ou rompu avec les Hollandois.

J'attendray, Monsieur, les ordres de Sa Majesté touchant les Irlandois. Ceux quy m'ont faict la dernière proposition me pressent tous les jours de conclure, et sy lundy je ne leur rends response et résolution, ils pourroient s'engager tout à faict avec Monsieur le Prince dont les agents ont faict icy grande ostentation de ce quy s'est passé à la Fère et publient que Monsieur le Prince en est le maistre. Mais je n'ay pas laissé courir cette nouvelle sans la contredire.

L'on doibt embarquer du bled dans les vaisseaux quy vont joindre la flotte de Sainct-Sébastien.

L'argent d'Espagne se débat toujours et l'un des intéressez, bourgeois d'Anvers, m'est venu dire adieu ce matin ne voyant aucune apparence de rien obtenir. Il croid que l'ambassadeur d'Espagne a relasché le tout, et promet m'advertir s'il y a rien à faire en ces quartiers.

Le traicté de Portugal est entièrement conclud; mais non pas encores signé. Il a fallu que l'ambassadeur ayt convenu de tout hors la liberté du commerce dans les Indes, sans mesme pouvoir sauver la bienséance dans les termes de quelques conditions que cet Estat a désiré. Ce gouvernement nouveau ne s'applique encor point aux affaires estrangères, dont le Conseil seul a la conduicte. Il a esté augmenté de dix-sept ministres que Monsieur le Général doibt choisir. Je suis,

Monsieur, vostre très humble et très obéissant serviteur

De Bordeaux.

Londres, ce 24ᵉ juillet 1653.

NOTE DIX-SEPTIEME.

Pour le chap. LXVII.

Estat de la vesselle d'argent qui a esté mise ès mains de M. Durand.

Cinq grands bassins ciselés en vermeil doré,
Une esguière cisellée en vermeil doré,
Trois bassins unis en vermeil doré,
Un bougeoir vermeil doré,
Un coquemart couvert vermeil doré,
Neuf assiettes vermeil doré,
Une ceiullère, une fourchette, vermeil doré,

	Marcs	Onces
Le tout pèse	25	7
Deux cujers cisellés vermeil doré,		
Trois vazes cisellés vermeil doré, pèse	159	4
Quatre bassins en ovale fruitiers ciselés,		
Un grand bassin rond cisellé,		
Deux esguières cisellées, pèse tout	80	5
Deux cassolettes non garnies, du poids de	52	1
Et quatre grandes pintes et deux petites :	549	5 1/2

549 marcs, 5 onces 1/2, à 30 livres 18 sols 4 deniers le marc, monte à 16984 livres 3 sols 10 deniers.

Pour le disconte de la partie pour trois mois, à compter deux pour cent par mois, monte 1020 livres.

Total   18004 livres   5 sols   10 deniers.

Pour la somme de dix-huit mille quatre livres cinq sols, j'ai mis la susdite vesselle ès mains dudit sieur Durand en desduction de ce qui lui est deu pour la fourniture du pain de munition qu'il doit faire pour le présent mois de juillet, et, en cas que dans les trois mois je ne retireray lesdicts gages et que je ne paye la somme de dix-huit mille quatre livres cinq sols dix deniers, je consens que ledit Durand les vende et en fasse à son plaisir et volonté sans qu'il soit obligé à m'en faire aucune réquisition.

DURAND.[1]

Fait à Bourdeaux, le quinzième juillet 1653.

[1] Document inédit ; Papiers de Lenet, Fonds français, 6716, f° 34 ; *Bibliothèque nationale.*

APPRÉCIATIONS DIVERSES

SUR CES

SOUVENIRS DU RÈGNE DE LOUIS XIV

Un des aspects nouveaux de cet ouvrage, la Fronde envisagée au point de vue diplomatique, a été l'objet d'une lecture faite par l'auteur à la séance générale annuelle de la *Société de l'histoire de France*, du 6 mai 1879. Cet aperçu synoptique a été imprimé dans le *Bulletin mensuel* de cette Société.

Le sixième volume contient de véritables révélations au sujet de l'origine et du prix de tableaux et de tapisseries qui font aujourd'hui partie des collections du musée du Louvre et du Garde-meuble.

Le cinquième et le sixième volume ont eu l'honneur d'un compte rendu fait à l'*Académie des inscriptions et belles-lettres*, par M. Paulin Paris, dans la séance du 5 avril 1878.

L'éditeur, ainsi qu'il l'a fait pour les volumes précédents, continue à citer les revues et journaux qui ont consacré des articles à ces *Souvenirs* depuis la publication du sixième volume :

La *Revue bibliographique universelle, Polybiblion*; le *Correspondant*; la *Revue britannique*; le *Contemporain*; la *Revue catholique*; le *Revue littéraire mensuelle* du journal *l'Univers*; la *Chronique des Arts et de la Curiosité*, supplément à la *Gazette des beaux-arts*; l'*Almanach royaliste pour l'an de grâce* 1879; la *Gazette de France*; le *Journal officiel*; le *Figaro*; le *Soleil*; le *Paris-Journal*; la *Guyenne*; le *Courrier de la Gironde*; le *Limousin et Quercy*; le *Courrier du Berry*; la *Gazette de l'Est*; la *Gazette d'Auvergne*; la *Champagne*; *Journal du Mans*; *Écho du Maine*; le *Pas-de-Calais*; la *Gazette de Normandie*; la *Gazette du Midi*; l'*Écho de la Marne*; l'*Ordre et la Liberté*, de Caen; l'*Ordre et la Liberté*, de Valence; la *Gazette de Nimes*; la *Bretagne*; le *Petit Courrier de la Dordogne*; le *Roussillon*; le *Publicateur*; *Journal de la Vendée*; la *Liberté*, de Fribourg, etc.

De quelques-uns de ces articles, nous détachons les fragments suivants :

REVUE BRITANNIQUE, livraison de mars 1878.

La librairie de la Société de l'histoire de France, maison Henri Loones, continue la publication des *Souvenirs du règne de Louis XIV*, par M. le comte de Cosnac. Nous avons, à leur apparition, signalé les précédents volumes de cet important ouvrage, qui a été honoré de la souscription publique des ministres de l'instruction publique, de la guerre et des affaires étrangères.

Le tome sixième porte sur les faits de l'année 1653 qui agitèrent si grandement le sud-ouest de la France, de Bordeaux à la Rochelle; il contient de nombreuses lettres et dépêches inédites recueillies avec bonheur, et mises en lumière par le comte de Cosnac, qui a su réunir et publier avec les éclaircissements indispensables les matériaux considérables qu'il a trouvés dans nos riches dépôts publics, les dépôts de la Bibliothèque, des Archives nationales et les rares documents de famille qu'il avait, plus que personne, le devoir et le droit de mettre en œuvre.

GAZETTE DE FRANCE, 6 avril 1878.

M. le comte de Cosnac vient de faire paraître le sixième volume de ses *Souvenirs du règne de Louis XIV*, ce travail si intéressant dans lequel se trouvent tant de documents publiés pour la première fois...

Les lecteurs trouveront entre autres documents un chapitre des plus intéressants sur les achats de tableaux et de tapisseries provenant des collections de Charles Ier, faits en Angleterre pour le compte du cardinal Mazarin.

BOURGEOIS.

JOURNAL OFFICIEL, du mercredi 10 avril 1878.

Académie des inscriptions et belles-lettres. — Séance du 5 avril 1878.

M. Paulin Paris offre, au nom de l'auteur, M. le comte de Cosnac, deux nouveaux volumes des *Souvenirs du règne de Louis XIV*. Ces volumes offrent le même intérêt historique que les précédents; ils présentent la même réunion de pièces le plus souvent inédites, de lettres originales et de mémoires, que l'auteur a su habilement grouper autour des notes autographes laissées par le célèbre évêque de Valence [1], Daniel de Cosnac. Un long chapitre du sixième volume sera surtout remarqué; c'est le détail des tableaux, des tapisseries, des bustes et des statues achetés par M. de Bordeaux pour le compte du cardinal Mazarin et du roi, et dont la plupart sont au nombre des plus précieux ouvrages de notre musée du Louvre.

Ferdinand DELAUNAY.

CORRESPONDANT, livraison du 25 avril 1878. — *Les causes de la Révolution.*

Il y a même, non seulement pour l'esprit révolutionnaire en général, mais pour le détail des préjugés et des utopies révolutionnaires, un

---

[1] Par suite d'une erreur typographique on a imprimé : de Lizieux.

curieux précédent, peu connu si je ne me trompe, et qui remonte au règne même de Louis XIV. M. Cousin en a parlé ; M. de Cosnac, dans une œuvre laborieuse et pleine de lumière, nous le fait connaître plus complètement encore. En 1652, au plus fort des luttes de la Fronde, lorsque Bordeaux révoltée est devenue comme la capitale de l'insurrection contre Mazarin, il se forme, au sein de cette révolte soulevée par des princes, un parti démocratique et républicain. La Fronde a besoin de l'appui de l'Angleterre, alors en république despotique sous Cromwell, et, par suite, entre les révolutionnaires anglais et l'*Ormée* (c'est ainsi qu'on appelle la faction démocratique de Bordeaux), il se forme une alliance ; un programme politique se rédige dans un français un peu baroque, mais un programme tout à fait digne de nos révolutionnaires modernes...

Comte F. de CHAMPAGNY, de l'Académie française.

Journal LE SOLEIL, 27 avril 1878.

... Dans le sixième volume d'un livre dont j'ai eu l'occasion, il y a quelques mois, d'annoncer la publication des cinq premiers : *Souvenirs du règne de Louis XIV*, par M. le comte de Cosnac, un chapitre, important par son étendue et par le nombre des documents inédits qu'il contient, nous montre tout ce que fit le cardinal Mazarin pour doter la France des richesses artistiques qui font aujourd'hui l'honneur de nos musées.

... Les lettres de l'ambassadeur, publiées par M. le comte de Cosnac, sont des plus intéressantes ; mais le cadre du livre dans lequel nous les trouvons n'a pas permis à l'auteur de donner toute la correspondance ; il serait très désirable que M. de Cosnac en fit une publication à part et complète. — Il le fait du reste espérer.

Philippe CARDON.

REVUE BIBLIOGRAPHIQUE UNIVERSELLE. — POLYBIBLION, livraison d'avril 1878. — Article de M. Tamisey de Larroque.

Nous avons, en Gascogne, ce dicton renouvelé des Grecs : *Qui respoun pagou*; celui qui se fait caution est dupe. Je n'ai pourtant pas à regretter d'avoir assuré ici que le tome VI des *Souvenirs du règne de Louis XIV* serait, tant par l'agrément de la forme que par la solidité du fonds, digne de ses aînés...

Son lumineux travail permettra d'améliorer beaucoup les prochaines éditions des Mémoires de Balthazar, du P. Berthold, du marquis de Chouppes, de Lenet, etc., ainsi que toutes les *Histoires de France*, grandes et petites. L'auteur signale bon nombre de faits nouveaux et rectifie bon nombre d'erreurs consacrées, parmi lesquelles j'indiquerai (p. 215 et 218) deux erreurs commises par M. Guizot dans son *Histoire de la république d'Angleterre et de Cromwell*. Toutes les pages du livre sont très intéressantes, mais les plus intéressantes sont celles qui roulent sur un des épisodes les plus célèbres de la vie du maréchal Fabert, son généreux refus (en 1653 et non en 1652, comme l'ont dit tous les biographes) du collier de l'ordre du Saint-Esprit ; celles qui roulent sur e combat de Saint-Robert, livré le

13 février 1653 sur un terrain que M. de Cosnac a le premier retrouvé après de nombreuses explorations qu'il décrit avec une heureuse verve, enfin celles qui roulent sur l'ambassade de M. de Bordeaux en Angleterre, où ce diplomate achète, pour le cardinal Mazarin, divers objets d'art qui avaient appartenu à Charles Ier, l'amateur et le collectionneur le plus distingué de l'Europe...

Si j'ajoute que les notes renferment d'excellentes indications (surtout au point de vue généalogique) sur les principaux personnages mentionnés par M. de Cosnac et que l'appendice est formé de divers documents qui seront un régal pour les lecteurs, je n'aurai pas encore dit tout le bien qu'il faut dire d'un volume que je voudrais voir suivi de vingt autres volumes de même valeur et de même intérêt.

T. DE L.

Le Contemporain, *revue catholique*; livraison de mai 1878. — Article de M. Georges Gandy.

M. le comte de Cosnac a déjà consacré six volumes à l'étude de la Fronde. Qui aurait prévu que les luttes en apparence frivoles et qu'on avait présentées jusques à présent comme un imbroglio de petites intrigues, de *Mazarinades* et de brocards, s'élargiraient ainsi sous sa plume ?

. . . .

M. de Cosnac, en exposant les faits, a répandu sur les grandes lignes de l'histoire sérieuse l'attrait de l'anecdote. L'une et l'autre, habilement mêlées, composent la trame brillante et solide du récit...

Fronde et royauté versent à pleines mains leurs missives. Notons la correspondance de Lenet, confident par excellence de Condé, diplomate et homme d'action... Notons encore les lettres de l'ambassade de Bordeaux. Elles touchent non seulement à la politique, mais à l'art et à la science.

. . . .

M. de Cosnac, avons-nous dit, sème d'anecdotes l'exposé général des événements. Il les choisit avec goût et il les conte avec un naturel saisissant. Par exemple, à propos de l'entrée des troupes royales à Sarlat, l'aventure du gouverneur Chavagnac et la mort tragique de sa jeune et belle épouse pénètrent l'âme d'une vive émotion. En outre, suivant une heureuse habitude, M. de Cosnac rappelle les souvenirs historiques et au besoin reconstruit, par une savante archéologie, les monuments féodaux dont il voit les débris. Y a-t-il un champ de bataille problématiquement livré aux discussions de la science ? Il l'explore, il examine si c'est vraiment là qu'un combat s'est engagé. Ainsi fait-il pour l'affaire sanglante de Saint-Robert, sur les confins du Limousin...

L'auteur est de ceux qui épuisent un sujet, qui ne laissent rien à glaner dans les champs qu'ils parcourent. Il n'est que juste de l'en féliciter.

G. G.

Union, jeudi 9 mai 1878.

Le sixième volume de l'ouvrage de M. de Cosnac, conforme, pour la méthode et pour l'abondance des documents contemporains qui y sont insérés, aux précédents volumes dont nous avons rendu compte, est consacré à la suite de la Fronde de Bordeaux, aux combats dont le Limousin et le Périgord ont été le théâtre, et que l'auteur décrit avec beaucoup de détails historiques et biographiques. Il contient enfin l'exposé de négociations engagées avec l'Angleterre par le cardinal Mazarin d'un côté, et de l'autre côté par les chefs de la Fronde. On remarquera l'intéressant chapitre épisodique consacré aux acquisitions d'objets d'art faites en Angleterre par l'ambassadeur de France, M. de Bordeaux, pour le compte de Mazarin, ainsi qu'aux collections et aux diverses résidences du cardinal. Nous avons dit déjà, et nous avons à peine besoin de redire quels éloges méritent les recherches persévérantes et fructueuses de M. de Cosnac, récompensées d'ailleurs par un juste succès.

Marius SEPET.

COURRIER DU BERRY, 10 mai 1878.

Parmi beaucoup de détails intéressants nous avons remarqué la lettre inédite par laquelle le brave Fabert refuse l'ordre du Saint-Esprit. Ces lignes, tracées de sa main, sont nécessairement plus authentiques que les paroles que l'histoire a placées dans sa bouche.

Signalons enfin comme l'une des curiosités de ce volume, tout un chapitre qui donne l'énumération des tableaux, des tapisseries, des bustes, des statues achetés par M. de Bordeaux pour le compte du cardinal Mazarin et dont la plupart sont au nombre des ouvrages précieux de notre musée du Louvre.

Ces savantes études de M. le comte de Cosnac lui méritent la reconnaissance de tous les admirateurs d'un siècle et d'un règne vers lequel notre patriotisme aime à se reporter pour se dédommager des humiliations et de la décadence que nous subissons.

DE SAINT-CHÉRON.

LA CHRONIQUE DES ARTS ET DE LA CURIOSITÉ, *supplément à la Gazette des beaux-arts*, 11 mai 1878.

Un passage des *Mémoires de Brienne* souvent reproduit nous montre Mazarin se servant de M. de Bordeaux, ambassadeur de France en Angleterre, pour enrichir sa collection particulière de plusieurs des tableaux de Charles Ier. M. le comte de Cosnac, qui, dans les cinq premiers volumes de son grand ouvrage, a déjà publié tant de documents inédits sur le dix-septième siècle, a eu la bonne fortune de découvrir au ministère des affaires étrangères toute la correspondance échangée entre M. de Bordeaux et le Cardinal au sujet de ces acquisitions, et il a rendu un véritable service à l'histoire de l'art en faisant connaître cette partie si curieuse des lettres de l'ambassadeur.

Ces documents sont en effet très précieux pour établir l'origine de plusieurs tableaux du Louvre...

Cet Oudancour était de la connaissance du sieur Renard, ancien valet de chambre du commandeur de Souvré, qui tenait dans le jardin des Tuileries un restaurant où tous les élégants et les gens de qualité se donnaient rendez-vous. Comme le pâtissier à la mode d'alors, le sieur Tribou, dont le cabinet était cité, il se mêlait de collection, et avait acheté à Londres la tapisserie de Méléagre pour en garnir les pièces de son pavillon...

Ant. Héron de Villefosse.

Le Limousin et Quercy, 12 mai 1878.
Le sixième volume des *Souvenirs du règne de Louis XIV*, par M. le comte de Cosnac, contient bien des pages inédites sur notre Limousin. Ce Limousin, aujourd'hui si dédaigné, a eu sa grande place dans les traditions et les gloires de la France. Il est bon au moins d'en conserver le souvenir. C'est un service que M. de Cosnac aura rendu à son pays. Son ouvrage fait revivre les annales du grand siècle enfouies dans les archives et les vieilles bibliothèques.

Gorse.

La Guienne, 12 mai 1878.
La Fronde de Bordeaux se montre entre l'éclat chatoyant de la petite cour des princes et princesses de la maison de Condé, qui y étaient venus faire leur résidence, et la lueur sinistre des troubles populaires qui se signalaient par les meurtres, les incendies et le pillage...

L'*Ormée*, nom de la faction populaire qui domine, fait honneur à ces fêtes par les libations et le monstrueux appétit que signalent de curieux documents; bien heureux les habitants honnêtes et paisibles, si l'*Ormée* n'avait jamais commis d'autres excès...

Des négociations diplomatiques sont entamées avec Cromwell pour obtenir l'alliance de l'Angleterre, et celle-ci envoie un programme de république libellé par articles, destiné à être introduit dans la Guienne.

Nous n'en dirons pas davantage, l'esquisse que nous venons de tracer, quelque incomplète qu'elle soit, suffisant à signaler tout l'intérêt historique de cet ouvrage.

Journal le Figaro; supplément du dimanche 14 juillet 1878.
Cet ouvrage, écrit sur des documents historiques inédits, la plupart ignorés des écrivains qui ont retracé la grande époque du dix-septième siècle, est un complément nouveau de l'histoire du règne de Louis XIV.

Philippe Gille.

Paris-Journal, 22 novembre 1878. — Art. par M. Louis Teste.
Rien n'est plus à dire sur les mœurs du dix-septième siècle. C'est l'époque de la splendeur de notre littérature; et la pléiade des écrivains classiques nous a légué des documents innombrables : Saint-Simon et madame de Sévigné apprennent à eux seuls au lecteur les personnes et les choses, ou plutôt le font vivre parmi elles. Mais il y

a un intérêt très attachant à suivre un homme, comme le comte de Cosnac, qui explore depuis plus de quarante ans cette contrée si riche et si magnifique : les observations de ce voyageur passionné et spirituel instruisent et charment. Combien de volumes ont été écrits sur l'Italie ? des centaines de mille. Pourtant le plus humble curieux, racontant une excursion dans ce pays admirable, vous fait voir les paysages et les monuments à un point de vue tout personnel. Et puis c'est l'ensemble des faits qui se trouve exposé par cet historien-artiste : en sorte que l'on embrasse d'un coup d'œil, par le trou de sa lorgnette, tout le règne de Louis XIV.

Le comte de Cosnac — car c'est le récit d'un témoin — avec une bonhomie naïve et malicieuse, a-t-il voulu que l'illusion, provoquée par le titre, se poursuivît jusqu'au bout ? Le fait est que cette forme peu usitée donne un vif attrait à la lecture : le succès des *Souvenirs du règne de Louis XIV* lui devra de durer.

ALMANACH ROYALISTE pour l'an de grâce 1879.

Essai d'une république en France au dix-septième siècle ; le véritable esprit de la Fronde.

Tous les historiens qui se sont occupés de la Fronde en ont tous parlé comme s'il s'était agi d'une échauffourée d'écoliers, d'une émeute ridicule, sans importance. Les *Souvenirs du règne de Louis XIV*, de M. de Cosnac, ont été à ce sujet toute une révélation. Le sagace historien, appuyé sur des documents authentiques, a seul fixé l'arrêt définitif et véridique de l'histoire, seul il a su démêler le véritable esprit de la Fronde. Il a fait voir que sous cette guerre de pamphlets, de satires, de rires, se cachait un sérieux mouvement de l'opinion intelligente et éclairée de la nation. La noblesse tout entière et une partie de la bourgeoisie, effrayées des désordres survenus dans la gestion du Trésor et dans l'ordre administratif, réclamaient la réunion des États généraux, elles avaient formé un plan de réformes qui eussent réorganisé la France. Mazarin fit tout pour empêcher ce réveil national, il s'appliqua à diviser la noblesse et la bourgeoisie pour les centraliser, il les invita même au nom du roi à ne pas se réunir en assemblées locales ; finalement, se voyant dans l'impossibilité de résister à l'explosion de l'esprit public, il promit la convocation des États généraux aussitôt la paix rétablie. Que serait-il advenu si ce plan de réformes et de réorganisation eût prévalu, si la révolution, devancée par cette initiative, eût été accomplie par les classes dirigeantes et éclairées ? Hélas ! rien ne se fit, Mazarin vainqueur ne songea qu'à étouffer les libertés publiques et ne tint pas sa promesse.

GRAND.

Journal L'UNIVERS, *revue littéraire mensuelle*, juillet 1879.

Succès oblige ; telle est la devise qu'a pu adopter comme écrivain M. de Cosnac, dès l'apparition de son premier volume. Il n'y a point forfait. A en croire le titre *Souvenirs*, il semblerait que l'auteur, notre contemporain, a vu tout ce qu'il raconte. Mais la fiction prend ici tellement les apparences de la réalité qu'on ne saurait ne pas approuver le choix d'un pareil titre.....

Il n'est pas un endroit où la Fronde n'ait fait ressentir son contrecoup plus ou moins important, que M. de Cosnac ne se soit empressé de visiter, afin de travailler à y rétablir le drame dans sa vérité.

Jusqu'à présent la Fronde, au moins pour la majorité de ses *narrateurs*, n'avait pas été regardée comme chose sérieuse. Beaucoup d'entre eux n'ont voulu voir dans le mouvement des esprits de cette époque, suivant l'expression de Michelet : « qu'une vive échappée d'écoliers entre deux maîtres sévères ». Notre historien a pris la contre-partie de cette opinion. Il a relevé la Fronde du défaut d'inconséquence et de frivolité dont on l'accusait encore. Il nous montre en effet la noblesse, d'accord en cela avec la bourgeoisie, réclamant, comme dénouement pacifique à la guerre civile, la convocation des États généraux, c'est-à-dire la reconstitution du gouvernement sur la base des libertés publiques et de la représentation nationale...

Il décentralise la Fronde, il la dépèce, pour ainsi dire, dans sa phase provinciale. C'est pour s'être uniquement occupé des prétentions politiques du Parlement de Paris que les auteurs ont à peine effleuré les opérations militaires des armées du roi et des princes accomplies dans le Poitou, l'Aunis, la Saintonge, le Périgord, l'Agenais, la Guyenne...

Il suit pas à pas la faction bordelaise qui, sous le nom d'*Ormée*, offrait à la populace comme un avant-goût des Saturnales de 1793. Si le pétrole eût été en usage à cette époque, les communards de 1871 n'auraient point surpassé les Ormistes, leurs ancêtres et leurs précurseurs dans l'art de la destruction...

Il nous reste à signaler une dernière nouveauté que nous sommes heureux de découvrir dans cet ouvrage, c'est la Fronde envisagée au point de vue diplomatique...

La Fronde a enfin trouvé son historien. Quiconque voudra la connaître, l'approfondir, devra consulter les *Souvenirs du règne de Louis XIV*.

Paul LAPERCHE.

TABLE DES MATIÈRES

CHAPITRE LIX

Résolution des habitants de Bordeaux de solliciter le secours de l'Angleterre. — Délibération solennelle du 4 avril. — Pleins pouvoirs des trois ambassadeurs nommés. — Lettres de créance. — Instructions de nature à livrer la Guyenne à l'Angleterre. — Attitude particulière des protestants français. — La proclamation de la république tenue en secrète réserve. — Propositions simultanées des deux résidents du prince de Condé à Londres. — Efforts du ministre de France à Londres pour contre-balancer l'effet de ces propositions. — Il demande un traité d'alliance et la suspension des hostilités maritimes. — Différence entre les dispositions du commerce et celles du gouvernement d'Angleterre. — Griefs articulés par les commissaires de ce gouvernement. — Réponses de M. de Bordeaux. — Il pousse aux concessions son propre gouvernement. — Il veut faire passer pour un succès de sa négociation les enrôlements d'Écossais et d'Irlandais qu'il obtient. — Habileté de Cromwell pour détourner le courant d'opinion qui était contraire à ses vues. — Cromwell accroît ses exigences. — Faible résistance de M. de Bordeaux. — Il conseille au cardinal Mazarin d'écrire une lettre de civilité à Cromwell. — Circonstances qui viennent amoindrir les exigences de Cromwell. — Il presse la conclusion du traité d'alliance. — Embarras de M. de Bordeaux. — De nouvelles instructions l'autorisent à conclure le traité. — Les exigences de l'Angleterre se reproduisent sous une autre forme. — Réaction produite dans la ville de Bordeaux par l'envoi à Londres des trois ambassadeurs. — Lettre inédite d'*un bon Français et bon royaliste, du 24 avril.* — Les quatre remèdes à la situation. — En présence de l'attitude menaçante de l'Angleterre, le cardinal Mazarin redouble d'efforts pour faire cesser la guerre civile. — Il fait passer le comte d'Harcourt sur un pont d'or pour lui faire abandonner sa place de Brisach et le gouvernement de l'Alsace. — Le comte d'Harcourt reçoit le gouvernement d'Anjou à la place de celui de la Saintonge et de l'Angoumois dont le marquis de Montausier refuse de se démettre. — Lettre inédite du prince de Condé à Lenet, du 26 avril. — Attitude de ce prince en présence de l'envoi de l'ambassade bordelaise.................................... 1

CHAPITRE LX

Coup d'État de Cromwell pendant la traversée des députés bordelais. — Dépêche inédite au comte de Brienne, du 1er mai. — Dépêche inédite, du 3 mai. — Cromwell prend le titre de lord Président, en attendant celui de Protecteur. — M. de Bordeaux trouve que Cromwell ne saurait être traité avec trop de ménagement et de respect; sa lettre inédite au cardinal Mazarin, du 5 mai. — Dépêche inédite au comte de Brienne, du 6 mai. — Symptômes de réaction contre Cromwell; dépêche inédite de M. de Bordeaux, du 15 mai. — La politique du cardinal Mazarin en Angleterre a préparé l'affaiblissement du principe monarchique. — Couleur politique accentuée dans le sens de la république sous laquelle les députés bordelais se présentent en Angleterre. — M. de Barrière se rend à Bruxelles pour prendre les instructions du prince de Condé. — Cromwell, sous un prétexte de santé, refuse une audience au ministre de France. — Halte des députés bordelais avant d'entrer à Londres; particularité sur leur héraut d'armes. — Dépêches inédites du 19 et du 22 mai. — Égales difficultés suscitées par Cromwell pour donner audience au ministre de France et aux envoyés bordelais. — Félicitations épistolaires du cardinal Mazarin à Cromwell. — Difficultés opposées au ministre de France pour la remise de la lettre du cardinal. — Lettre inédite de M. de Bordeaux au cardinal Mazarin, du 22 mai. — Affaire de spéculation privée intéressant le cardinal Mazarin. — Entrée dans Londres des ambassadeurs bordelais avec quelque apparat. — Rencontre fortuite en apparence entre le ministre de France et Cromwell. — Audience donnée aux envoyés bordelais par des délégués du conseil d'État d'Angleterre. — Échec d'une tentative du ministre de France pour gagner les envoyés bordelais. — Dissidence entre Cromwell et son Conseil sur la question du secours de Bordeaux. — Absolutisme de Cromwell. — Conseils pleins de faiblesse donnés par le ministre de France à sa cour. — Il est obligé d'envoyer à Cromwell la lettre du cardinal Mazarin, sans pouvoir la remettre lui-même. — Sa lettre inédite au cardinal Mazarin, du 2 juin. — Flatteries de M. de Bordeaux à l'égard de Cromwell. — Sa négociation reste stationnaire tandis que les députés de la ville de Bordeaux sont reçus. — Prétendu Parlement créé par Cromwell. — Dépêche inédite d'un agent secret du cardinal Mazarin. — Entente entre le cardinal Mazarin et Lilburne. — Lettre inédite de Cromwell au cardinal Mazarin, des 9-19 juin. — Audience du ministre de France indéfiniment ajournée.   33

CHAPITRE LXI

La bassesse de l'avocat Vilars portée à sa dernière limite. — Sa lettre inédite au prince de Condé, du 1er mai. — Restitution à Vilars de la honte qu'il réclame. — Vilars se permet d'étranges allures. — Vilars a fait école. — Le duc de Candale secrètement accusé auprès de la Cour. — Correspondance anonyme, du 1er mai. — Conspiration à Périgueux. — Dépêche inédite de Lenet, du 1er mai. — Déplorable état de santé du prince et de la princesse de Condé. — Lettre inédite de Caillet, du 3 mai. — Défaite des paysans du Médoc. — Les bouches inutiles chassées de la ville de Bourg. — Forts construits, armements maritimes, détails divers.

— Lettre royale renouvelant les promesses d'amnistie. — Une assemblée réunie à l'hôtel de ville de Bordeaux repousse cet acte de clémence. — Dépêche inédite de Lenet, du 8 mai. — Lettre inédite de Lenet à M. de Saint-Agoulin. — Fête donnée par Vilars dans une maison dont il s'est emparé. — Tentative courageuse de l'avocat général Dussaut pour prendre des réquisitions contre les ambassadeurs bordelais partis pour l'Angleterre. — Rage contrainte de Lenet. — Révélation de ses fonds secrets. — Justesse du coup frappé par Daniel de Cosnac............................ 70

CHAPITRE LXII

Opérations militaires dans la Guyenne ; lettre inédite de l'abbé de Guron de Rechignevoisin, du 9 mai. — Le duc de Vendôme se plaint des lenteurs du duc de Candale et de la diminution de l'effectif de son armée. — Le prince de Condé trouve ridicules les démêlés existant dans la maison de la princesse de Condé et de son fils ; il ordonne des réformes. — Questions d'édilité traitées par le prince de Conti ; le faubourg des Chartreux renfermé dans l'enceinte de Bordeaux. — Création de six adjoints aux Jurats. — Lettre inédite de Lenet, du 15 mai. — Le duc de La Rochefoucauld abandonne le prince de Condé. — Arrestation de neuf officiers opérant des levées en Normandie. — Lettre inédite du prince de Condé, du 13 mai ; ses inquiétudes au sujet des mécontentements du prince de Conti et de la duchesse de Longueville. — Lettre inédite du prince de Condé au comte de Maure, du 24 mai. — Réaction à Bordeaux contre la recherche de l'alliance de l'Angleterre. — Nouvelle assemblée à l'hôtel de ville. — La réaction a le dessous. — L'Ormée maintient par prudence le sous-entendu du mot de République. — Lettre inédite de l'abbé de Guron, évêque de Tulle, du 17 mai. — Le secours de Bordeaux rendu impossible par la Gironde. — Prétention du marquis de Sauvebeuf. — Résolution d'envoyer en Guyenne le comte d'Estrades. — Lettre inédite du duc de Vendôme à ce sujet. — Lettre inédite du comte de Gramont, du 18 mai.

— Craintes d'une invasion de l'Espagne vers Bayonne ou Perpignan. — Les divisions et l'appréhension de la disette s'accentuent à Bordeaux. — Lettre inédite du duc de Saint-Simon au cardinal Mazarin, du 23 mai. — Le duc de Vendôme s'empare de Lormont par la trahison du colonel Dillon. — Le comte de Marsin prend des otages dans les régiments irlandais. — Il tente sans succès de reprendre Lormont. — Conséquences pour la ville de Bordeaux de la perte de Lormont. — Lettre inédite du comte de Marsin, du 30 mai. — Prise de la Tour-Blanche par le chevalier de Folleville. — Le cardinal Mazarin reçu conseiller honoraire au Parlement de Paris. — Différence de l'attitude des Parlements de Paris et de Guyenne. — Autorisation royale de séjour à Paris donnée à madame Sarrasin. — Siège et capitulation de Bellegarde, en Bourgogne.................................... 120

CHAPITRE LXIII

Suprême et décisif effort de Daniel de Cosnac auprès du prince de Conti pour le presser de négocier son accommodement avec la Cour. — Daniel de Cosnac propose le marquis de Chouppes pour remplir cette mission. — Coïncidences de nature à la faciliter. — Lettre inédite du prince de Condé au sujet du marquis de Chouppes, du 30 mai. — Lettre inédite du prince de Condé au marquis de Chouppes, du 31 mai. — Rapprochement avec les *Mémoires* du marquis de Chouppes. — Billet de la duchesse de Longueville à Daniel de Cosnac. — Réponse de Daniel de Cosnac. — Perplexités au sujet des instructions à donner à M. de Chouppes. — Résolution du prince de Conti de s'adresser à l'intermédiaire du duc de Candale. — Départ pour la cour du marquis de Chouppes. — Il demande un évêché pour Daniel de Cosnac. — Pleins pouvoirs envoyés par la cour au duc de Candale pour traiter avec le prince de Conti. — Daniel de Cosnac se propose pour aller s'aboucher avec le duc de Candale. — Un billet intercepté de son ami Langlade rend impossible sa sortie de Bordeaux. — Dureteste, à la tête d'une députation de l'Ormée, dénonce Daniel de Cosnac. — Guilleragues choisi pour suppléer Daniel de Cosnac ne peut partir. — Le duc de Candale, sous un faux prétexte, envoie son capitaine des gardes au prince de Conti. — Émotion populaire causée par cet incident. — Communications établies avec le duc de Candale au moyen d'un trompette. — Signature secrète de conventions préliminaires...................................... 169

CHAPITRE LXIV

Rivalité entre les ducs de Vendôme et de Candale. — Fragment d'une lettre inédite de l'abbé de Guron, du 3 juin. — Lettre inédite du duc de Vendôme au cardinal Mazarin, du 6 juin. — Nouvelles violences dans la ville de Bordeaux. — Courage de Raymond. — Chevalier pris, jugé et pendu en quelques instants. — Secours de l'Espagne annoncé par le marquis de Lusignan. — Mesures prises par le duc de Vendôme. — Entente entre les ducs de Vendôme et de Candale pour les opérations militaires. — Dispersion ou prise de frégates espagnoles qui venaient ravitailler Bordeaux. — La suspicion règne dans les deux partis. — Le comte de Marsin établit son camp auprès de Blanquefort. — Lenet donne des explications sur sa conduite et demande des adjoints pour la direction des affaires. — Etrange situation du prince de Conti ; emploi fait par la cour de ses propres revenus. — Ressources financières proposées par Lenet : emprunts, vente des bijoux et de l'argenterie des princes et des princesses. — Causes de l'impopularité inattendue du comte de Marsin. — Défections et excès des troupes irlandaises. — Le duc de Candale accusé de faiblesse. — Lettre inédite du duc de Candale au cardinal Mazarin, du 20 juin. — Mission du chevalier de Mun. — Préparatifs du siège de Bourg. — Lettre inédite du comte d'Estrades au cardinal Mazarin, du 22 juin. — Entrevue des ducs de Vendôme et de Candale. — Hésitation de la flotte espagnole à prendre la mer. — Échec éprouvé par une escadre espagnole dans la Méditerranée. — Ravitaillement de la ville de Roses. — Siège de Castillon d'Ampuries par le marquis du Plessis-Bellière. — Capitulation de cette place. — Soulèvements en Catalogne en faveur de la France. — Nomination d'un Inquisiteur en Catalogne.. 188

CHAPITRE LXV

Conspiration du marquis de Théobon, de Dussaut, de Fillot et de madame de Boucaut. — Le duc de Candale déçu dans son espoir de se saisir de la ville de Bordeaux. — Dépêche inédite de Lenet, du 26 juin. — Satisfaction de Lenet. — Détails sur la découverte de cette conspiration. — Nouvelles d'Espagne apportées par Baron. — Résultats de la mission du comte de Fiesque bien différents de ceux de la mission du marquis de Chouppes. — Un secours prochain est annoncé. — Intervention déguisée de Cromwell. — Quatre lettres inédites de Lenet à don Louis de Haro, à Saint-Agoulin, au marquis de Sainte-Croix, au baron de Vatteville, du 26 juin. — Appréciation de ces lettres. — Le comte de Marsin et Lenet sont l'objet de tentatives de séduction de la part de la cour; ils restent inébranlables. — Le prince de Condé interdit toutes communications avec l'ennemi. — Dépêche inédite de ce prince à Lenet, du 28 juin. — Prépondérance donnée au comte de Fiesque sur Lenet. — Lenet est un homme usé. — Traité du prince de Condé avec des armateurs anglais. — Seconde dépêche inédite du prince de Condé à Lenet, du 28 juin. — Ordre donné à Mazerolles de se rendre en Angleterre. — Inquiétudes causées au prince de Condé par le mécontentement du colonel Balthazar. — Récompense accordée au marquis de Chouppes à la suite de son accommodement avec la cour. — Marche des armées des maréchaux de Turenne et de la Ferté d'après trois lettres inédites du maréchal de Turenne. — Siège et capitulation de Réthel. — Conséquences de la prise de Réthel. — Soins de Fabert pour faire passer un convoi d'eau de Spa destinée au cardinal Mazarin. — Le roi se rend à l'armée accompagné par le cardinal Mazarin. — Particularités concernant l'abandon du gouvernement de la Fère par Manicamp. — Le roi revient à Paris.. 247

CHAPITRE LXVI

Résolutions énergiques de la cour. — Ordre royal de détruire les récoltes en Guyenne, en exceptant le pays Entre-Deux-Mers. — Ravages des hommes et des maladies. — Préparatifs du siège de Bourg. — Le duc de Vendôme fait présent de deux chevaux au cardinal Mazarin. — Missive inédite interceptée du prince de Conti, de Lenet et de Marsin au marquis de Sainte-Croix, au baron de Vatteville et à don Diego de Cardenas, du 1er juillet. — Confiscations ; Lenet veut y tailler sa part dans les biens du président de Pontac. — Siège de Bourg ; forces respectives des assiégeans et des assiégés. — Dépêche inédite de Lenet au prince de Condé, du 3 juillet. — Cruelles représailles. — Nouveaux différends dans la maison du duc d'Enghien. — M. de Trancas se rend suspect en Angleterre. — Trois tranchées d'attaque ouvertes devant Bourg par les ducs de Vendôme et de Candale et par le comte d'Estrades. — Détails sur les opérations du siège. — Noms des officiers qui s'y sont distingués. — Capitulation de la place, le 3 juillet. — Don Osorio, gouverneur, évacue la place, le 5 juillet. — Les troupes françaises veulent se précipiter sur la garnison espagnole. — Don Osorio accusé de trahison. — Il est traduit en jugement en Espagne et mis à mort. — Lettre inédite de Langlade au cardinal Mazarin, du 4 juillet. — Deux lettres inédites du duc de Vendôme au cardinal Mazarin, du 4 juillet. — Dépêche inédite de Lenet au prince de Condé, du 10 juillet. — Offre à l'Espagne de Libourne ou de Fronsac pour remplacer Bourg comme place de sûreté. — Le comte de Montesson nommé gouverneur de Bourg ; mécontentement du duc de Saint-Simon. — Bergerac, Sainte-Foix et d'autres localités se soumettent à l'autorité du roi. — Impossibilité reconnue de soumettre la ville de Périgueux sans en faire le siège. — Le marquis de Sauvebœuf remplace le chevalier de Folleville en Périgord. — Le second consul de Périgueux entre en campagne avec deux cents habitants. — Garnison passée au fil de l'épée; paysans pendus. — Tous les châteaux des environs de Périgueux sont emportés. — Blocus de la ville de Périgueux. — Contre-coup produit par la prise de Bourg sur l'état des esprits à Bordeaux............ 259

CHAPITRE LXVII

La question de la paix ou de la guerre concentrée dans la personne du prince de Conti. — Un parti n'eût pu se soutenir à cette époque sans un prince à sa tête. — Nouveaux éléments de résistance pour la ville de Bordeaux. — Situation éventuellement critique de la flotte royale en rivière de Bordeaux. — Le prince de Conti ébranlé en faveur de l'alliance anglaise. — M. de Trancas annonce le secours de l'Angleterre. — Cromwell convoite la cession de la ville de Bordeaux comme place de sûreté. — Cromwell disposé à faire à son profit des revendications monarchiques. — Son arrière-pensée à l'égard du parti des princes. — L'intérêt commercial étouffe le patriotisme à Bordeaux comme à Dunkerque. — Suite des négociations du ministre de France à Londres. — La carte du cours de la Gironde placée sur la table de Cromwell. — Le secours de la Guyenne est décidé au moyen d'une intervention indirecte. — Le ministre de France continue à pousser sa cour aux concessions. — Important Mémoire diplomatique envoyé par la cour de France. — La vraie science de la diplomatie réside dans la connaissance et dans le respect des traditions. — Moyens employés pour persuader Cromwell que son intérêt est de conclure une alliance avec la France. — Élasticité des principes du Mémoire sur le fait de la reconnaissance des usurpations. — Inconséquence des conclusions du Mémoire avec leurs prémisses. — Cromwell reste sourd à tous les raisonnements. — Cromwell était alors à l'état de chrysalide. — Il se fait proclamer Lord Président. — Mécomptes du ministre de France. — Il recherche et fait valoir quelques minces compensations. — Embarquement pour le secours de la Guyenne de matelots

474 TABLE DES MATIÈRES.

hollandais sur les vaisseaux anglais. — M. de Bordeaux expose ses griefs aux commissaires du Conseil d'État. — Il reçoit une réponse dilatoire. — Le nœud de la situation dépend de la résistance plus ou moins prolongée de la ville de Bordeaux. — Étendue du service rendu par Daniel de Cosnac dans ces graves circonstances................ 291

CHAPITRE LXVIII

Daniel de Cosnac provoque de la part des notables habitants de Bordeaux des manifestations en faveur de la paix. — Il emploie Barberin, maître d'un jeu de paume. — MM. de Virelade et de Bacalan agissent de concert. — Ils ont en outre quelques motifs domestiques. — Résolution d'une assemblée à la Bourse et d'une députation au prince de Conti. — Une démonstration de quelques compagnies bourgeoises provoque une émotion générale. — Irritation contre Dureteste et Vilars. — Le chevalier de Thodias, premier jurat, calme momentanément les esprits. — Députation au prince de Conti. — Ce prince parcourt à cheval à la tête des troupes les quartiers tumultueux. — Nouveaux exilés. — Opposition à la sortie de Bordeaux du président de la Tresne. — MM. de Virelade et de Bacalan exceptés des ordres de bannissement. — La jouissance des biens et des meubles des exilés retirée aux Ormistes. — Vente des meubles ordonnée. — Lenet veut convaincre le prince de Conti de la nécessité de soutenir plus que jamais les factions révolutionnaires, même la faction républicaine. — Ses appréhensions au sujet des périls courus par l'Ormée. — Sentiment de madame de la Guette à ce sujet. — Tentative de madame de la Guette pour ramener le comte de Marsin dans le parti du roi. — Mission inutile de M. de la Guette pour porter à la paix le prince de Condé. — M. de la Guette apprécié par sa femme et par Lenet. — Billets inédits du prince de Conti au comte de Fiesque et au marquis de Sainte-Croix, du 12 juillet, pour presser la flotte espagnole à livrer la bataille. — Renseignements donnés par le comte de Fiesque à l'hôtel de ville sur le secours d'Espagne. — Les esprits se prononcent pour la paix avec une ardeur croissante. — Conseil de tous les ordres de la ville tenue chez le prince de Conti. — Fragment d'une lettre inédite de Lenet au prince de Condé, du 14 juillet. — La présence des princesses et la gentillesse du petit duc d'Enghien mis en œuvre dans une assemblée tenue à l'archevêché. — Démarche auprès de Lenet d'une députation de la haute bourgeoisie. — La haute bourgeoisie veut faire elle-même son service dans la garde bourgeoise. — Précautions prises contre cette bourgeoisie. — Mise en gage de l'argenterie de la princesse de Condé; inventaire de cette argenterie. — Dissolution de la compagnie des cent-gardes de l'avocat Vilars. — Formation de nouvelles compagnies de gardes à pied des princes et des princesses. — Nomination d'officiers de terre et de mer. — Lenet affirme au prince de Condé sa parfaite intelligence avec le colonel Balthazar.. 310

APPENDICE

NOTE PREMIÈRE

POUR LE IIᵉ ET LE IIIᵉ VOLUME.

Rectification de nom patronymique concernant le Fouilloux tué
   par le prince de Condé au combat du faubourg Saint-Antoine.
Rectification de nom patronymique concernant le marquis d'Ars,
   tué au combat de Montençais........................... 333

NOTE DEUXIÈME

POUR LE VIᵉ VOLUME, CHAPITRE L.

Mémoire concernant les affaires du prince de Condé.......... 335

NOTE TROISIÈME

POUR LE VIᵉ VOLUME.

Rectification concernant les petites villes de Roquefort et de
   Montségur.
Rectification concernant la maison de Chabans.............. 342

NOTE QUATRIÈME

POUR L'APPENDICE DU Vᵉ VOLUME ET POUR LE CHAPITRE LIX DU VIᵉ VOLUME.

Rectification concernant trois documents qui n'étaient pas inédits.
Rectification de diverses erreurs historiques commises par M. Guirot dans son *Histoire de la révolution d'Angleterre*......... 344

NOTE CINQUIÈME

POUR LE CHAPITRE LIX.

Instruction à MM. de Trancas, Blarut et Dézert envoyés en Angleterre par la ville de Bordeaux.................................. 346

NOTE SIXIÈME

POUR LE CHAPITRE LIX.

Dépêches de M. de Bordeaux à M. de Brienne du 10, du 14 et du 17 avril 1653.
Dépêche de M. de Bordeaux au cardinal Mazarin, du 18 avril 1653.
Dépêches de M. de Bordeaux à M. de Brienne, du 19 et 24 avril 1653.................................. 355

NOTE SEPTIÈME

POUR LE CHAPITRE LIX.

Articles accordés à M. le comte d'Harcourt, du 26 avril 1653.... 372

NOTE HUITIÈME

POUR LE CHAPITRE LX.

Dépêches de M. de Bordeaux à M. de Brienne, du 19 et du 22 mai 1653.................................. 378

NOTE NEUVIÈME

POUR LE CHAPITRE LXII.

La prise de Bellegarde, 6 mai 1653.......................... 384

NOTE DIXIÈME

POUR LE CHAPITRE LXII.

État de la maison de Mme la princesse de Condé, à Bordeaux, 20 mai 1653.................................. 401

NOTE ONZIÈME

POUR LE CHAPITRE LXIV.

Ordonnance pour faire payer neuf mille livres sur une abbaye appartenant au prince de Conti, 10 juin 1653.............. 404

NOTE DOUZIÈME

POUR LE CHAPITRE LXIV.

Lettre de M. du Plessis-Bellière au cardinal Mazarin, 23 juin 1653.. 406

NOTE TREIZIÈME

POUR LE CHAPITRE LXIV.

Lettre de Louis XIV au Souverain Pontife concernant la nomination d'un inquisiteur en Catalogne, 6 juillet 1653........... 408

NOTE QUATORZIÈME

POUR LE CHAPITRE LXV.

Lettres du maréchal de Turenne au cardinal Mazarin, du 20 et 23 juin, et du 1er juillet 1653.
Lettre de Fabert au cardinal Mazarin, du 4 juillet 1653........ 409

NOTE QUINZIÈME

POUR LE CHAPITRE LXVI.

Prise du château et de la citadelle de Bourg, 14 juillet 1653... 415

NOTE SEIZIÈME

POUR LE CHAPITRE LXVII.

Dépêche de M. de Bordeaux à M. de Brienne, 7 juillet 1653.
Dépêche de M. de Gentillot à M. de Brienne, 8 juillet 1653.
Dépêche de M. de Bordeaux à M. de Brienne, 10 juillet 1653.
Mémoire pour M. de Bordeaux, 10 juillet 1653.
Dépêche de M. de Bordeaux à M. de Brienne, 14 juillet 1653.
Dépêche de M. de Bordeaux au cardinal Mazarin, 17 juillet 1653.
Dépêches de M. de Bordeaux à M. Brienne, 17 et 24 juillet 1653. 427

NOTE DIX-SEPTIÈME

POUR LE CHAPITRE LXVIII.

État de la vaisselle d'argent de la princesse de Condé mise en gage, 15 juillet 1653... 455

APPRÉCIATIONS DIVERSES

Sur ces *Souvenirs du règne de Louis XIV*.................... 457

FIN DE LA TABLE DES MATIÈRES DU VIIe VOLUME.

www.ingramcontent.com/pod-product-compliance
Lightning Source LLC
Chambersburg PA
CBHW050249230426
43664CB00012B/1892